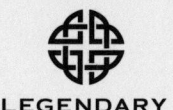

LEGENDARY

듄: 익스포저

그레이그 프레이저   조시 브롤린

서문 브라이언 허버트

〈듄〉과 〈듄: 파트2〉는 프랭크 허버트의 소설을 바탕으로 한다.

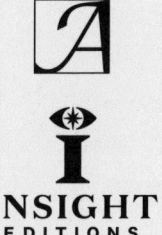

INSIGHT
EDITIONS

SAN RAFAEL • LOS ANGELES • LONDON

Created by Insight Editions, LP

듄의 눈

나의 아버지 프랭크 허버트는 전문 사진작가였다. 아라키스의 신비로운 사막 세계를 중심으로 한 소설 《듄Dune》을 쓴 천재 작가로 더 유명할 뿐이다. 그의 고전 소설 《듄》은 오늘날 전 세계 수 백만 명의 사람들이 읽었으며 45개가 넘는 언어로 번역되었다.

아버지는 나에게 글 쓰는 법을 가르쳐 주면서, 자신은 카메라 렌즈를 통해 장면을 보듯 글 쓰는 걸 좋아한다고 했다. 나는 그 말을 넋을 잃고 들었다. 이 말을 하면서 《듄》에서 하코넨 남작을 처음 묘사한 부분을 보여 주었는데, 아버지는 아주 조금씩 열리는 카메라 렌즈를 통해 보는 것처럼 여러 페이지에 걸쳐 남작을 묘사하고 있었다.

장이 시작되면서 남작은 모습을 드러내지 않고 그림자 속에서 말한다. 그다음 아버지는 이렇게 썼다. "두툼한 손이 행성 모형 위에 내려와 회전을 멈추었다…." 그리고 "두툼한 손이 다시 움직여 모형의 표면을 더듬었다." 그다음 대화가 이어지고 서사가 나오는 동안 남작은 "행성 옆의 그림자… 어둠 속에 잠긴 그림자 속에서" 움직인다.

여러 페이지에 걸쳐 하코넨 남작, 페이드 로타, 파이터 드 브리즈가 레토 공작을 상대로 계략을 짜는 동안 독자는 그림자 속에 잠긴 사악한 악인을 보지 못한다. 남작의 두툼한 손과 깊게 울리는 낮은 목소리만 들을 수 있을 뿐이다. 아버지는 장이 끝나는 지점에 가서야 카메라 렌즈를 완전히 열고 그 가공할 악당을 소스라칠 정도로 상세히 드러낸다.

아버지는 대작으로 불릴 만한 이 소설로 전 세계 수백만 독자의 마음을 사로잡았다. 1941년, 젊은 시절의 아버지는 캘리포니아의 〈글렌데일 스타Glendale Star〉에서 기자 겸 사진작가로 일했다. 그는 항공 임무와 개인 비행에 참여했고, 최소 5,000장의 항공 사진을 찍었다. 이후 제2차 세계 대전 중에는 버지니아주 포츠머스에 있는 거대한 규모의 노퍽 해군 조선소에 파견되어 미 해군 예비군 소속 잠수함 V-6의 2급 사진사로 복무했다. 전쟁이 끝난 후 가장 친한 친구인 하위 한센과 카메라 용품 가게를 열어 보려고도 했지만, 이 사업은 결국 실현되지 못했다.

아버지는 1960년대 초에 〈샌프란시스코 이그재미너San Francisco Examiner〉의 야간 사진 편집자로 일하다가, 나중에는 거기서 와인 비평가이자 특집 기사 전문 기고가로 일하면서 종종 사진을 찍어 게재했다. 1970년대와 1980년대에는 그의 경력이 최고조에 이르면서 많은 사진을 찍었는데, 특히 세계적인 베스트셀러가 된 소설 《화이트 플레이그The White Plague》를 위한 조사 차 아일랜드로 여행을 가서 찍은 사진들이 많다.

아버지는 카메라 삼각대와 장비들을 자신의 집필 책상 옆 서재에 두는 걸 좋아했고, 1985년에는 히말라야 여행을 떠나기 위해 구매한 귀한 새 카메라 장비들을 자랑스럽게 보여 주기도 했다. 아버지는 유명 셰르파 가이드가 동행하는 오지 여행에서 에베레스트산을 등반한 최고령자가 되고 싶었지만, 결국 그 꿈은 이루지 못했다.

하지만 작가 프랭크 허버트로서의 꿈은 대부분 이루어졌음을 알 수 있다. 아버지의 위대한 소설 《듄》은 스무 곳이 넘는 출판사에서 거절당하며 어렵게 시작했지만 엄청난 성공을 거뒀으니 말이다. 아버지는 1983년에 멕시코시티의 추루부스코 스튜디오Churubusco Studios(1068년 올림픽이 열렸던 경기장 근처)에서 첫 〈듄〉 영화(1984, 데이비드 린치 감독—편집자 주)의 카메라 롤링을 개시하는 클래퍼보드를 쳤다. 그리고 첫 신의 첫 번째 테이크를 친 클래퍼보드를 받았다.

아마 아버지는 새로운 〈듄〉의 영화 세트장에서 그레이그 프레이저가 찍은 감동적인 사진들과 조시 브롤린이 쓴 영감이 넘치는 시를 즐겁게 감상했을 거다. 이제 우리는 그레이그와 조시의 눈을 통해 영화 제작 경험과 아버지가 창조해 낸 장엄한 우주에 대한 새로운 해석을 보게 될 수 있다.

2023년 7월, 시애틀에서 브라이언 허버트

▶ 브라이언 허버트는 유명한 공상 과학 소설 작가인 프랭크 허버트의 아들로 다수의 뉴욕타임스 베스트셀러를 쓴 저자다. 여러 문학상을 받았고 공상 과학 분야에서 최고로 영예로운 상의 후보로 올랐다.

듄: 익스포저

존재하지

않는 것은

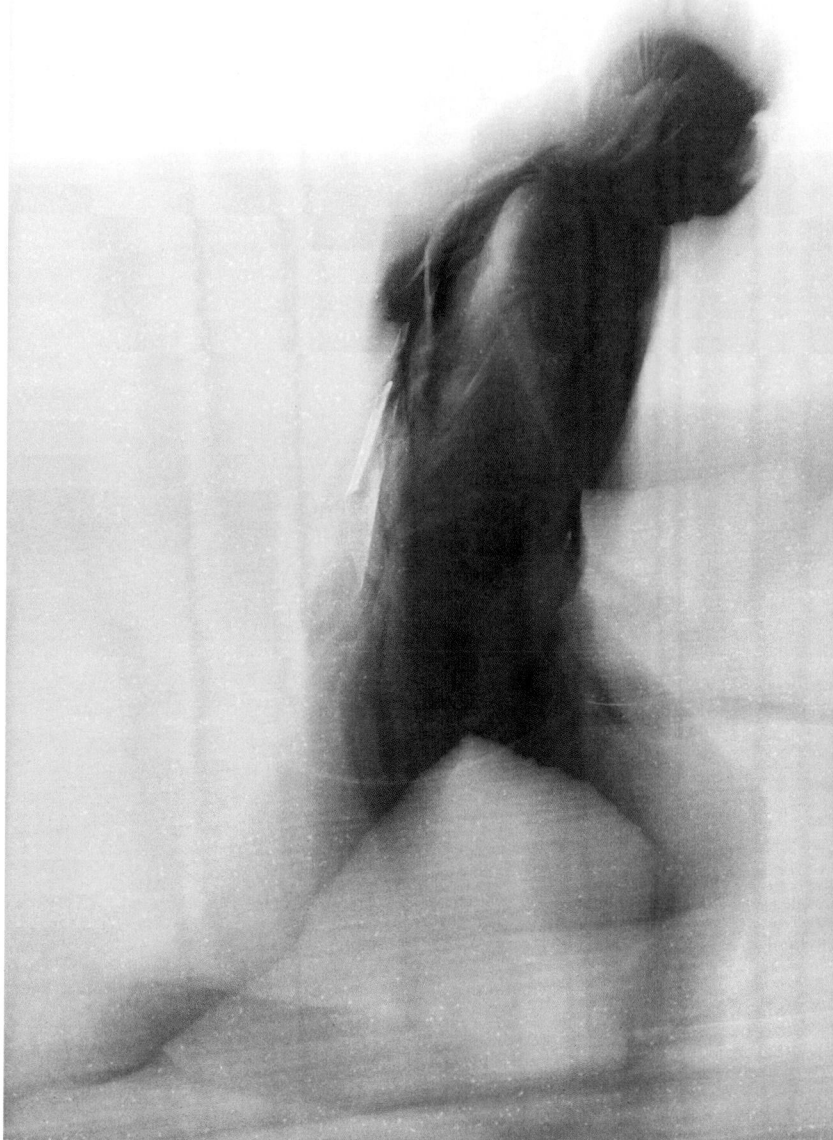

존재하

죽일 수 없다.

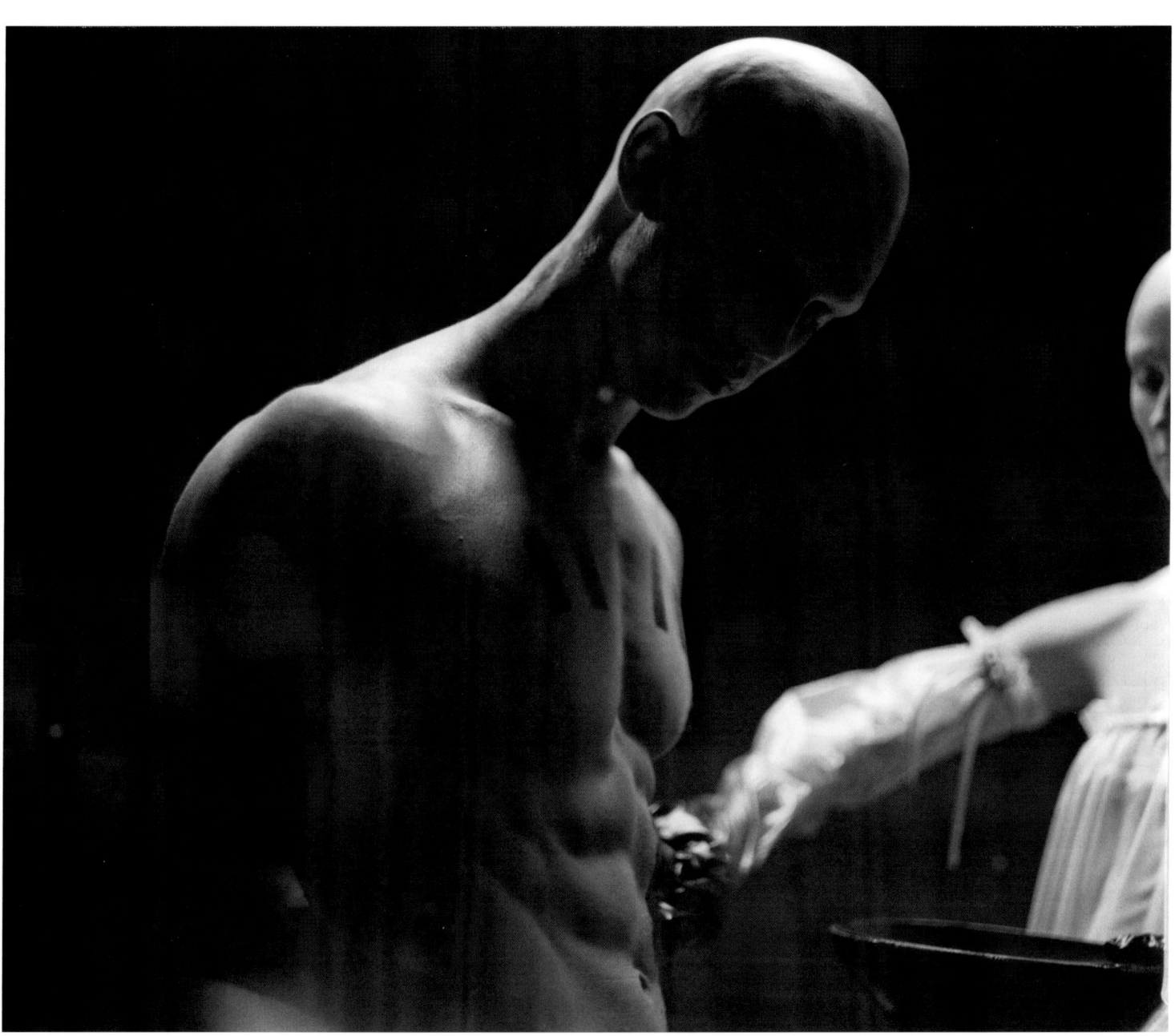

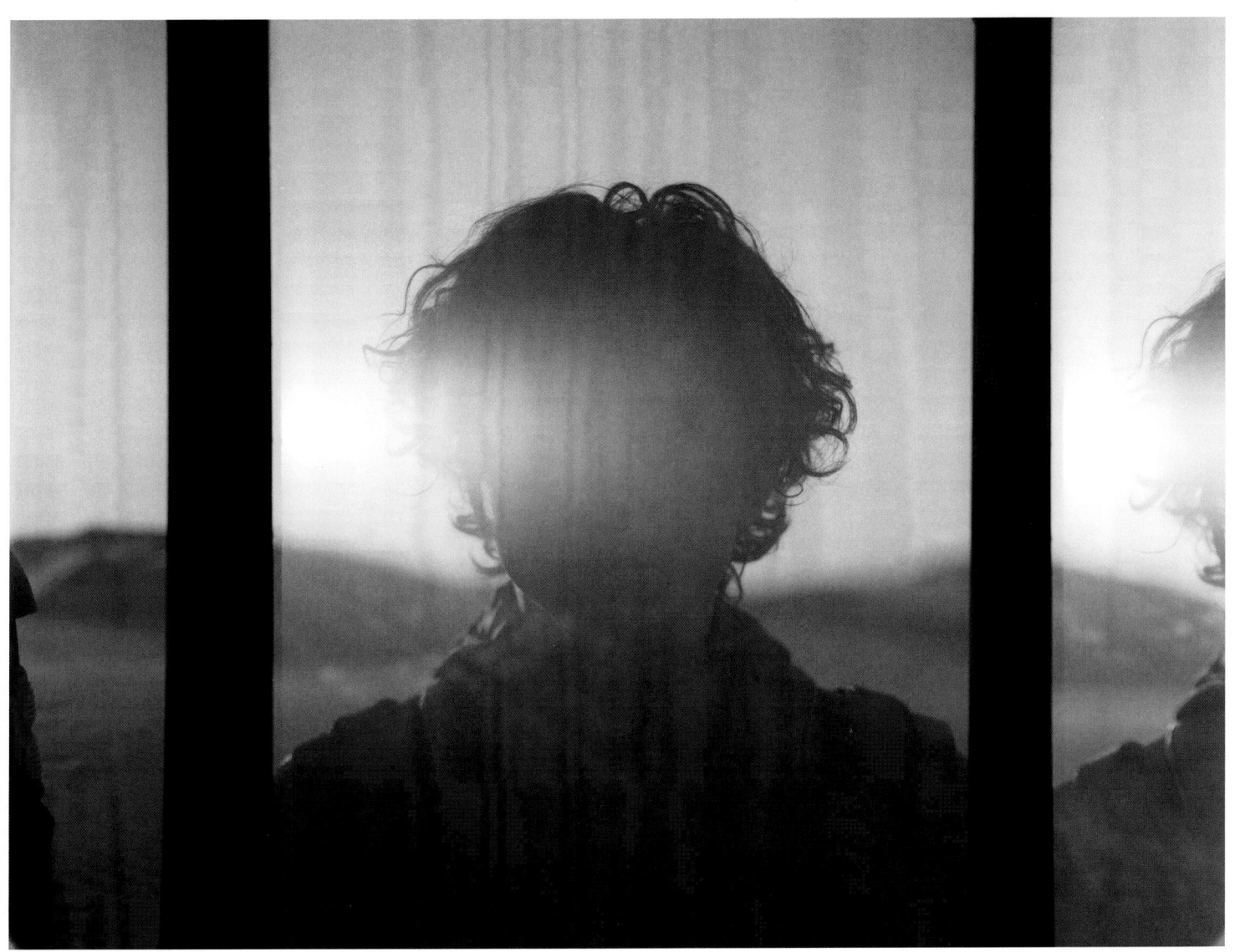

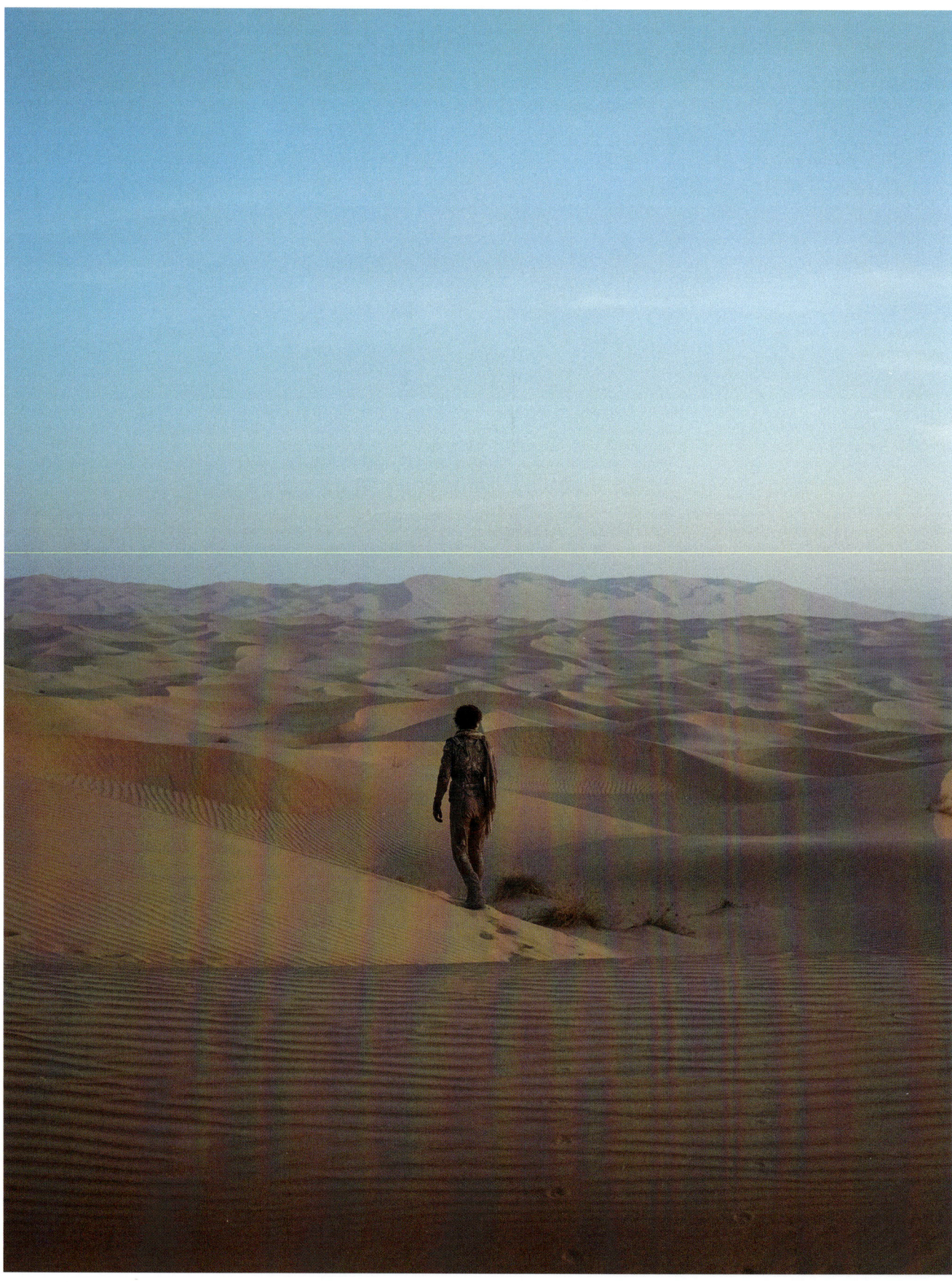

수정처럼 맑은 벌판의

대양 같은 모래가 일렁일 때

우리의 자아는 소멸한다.

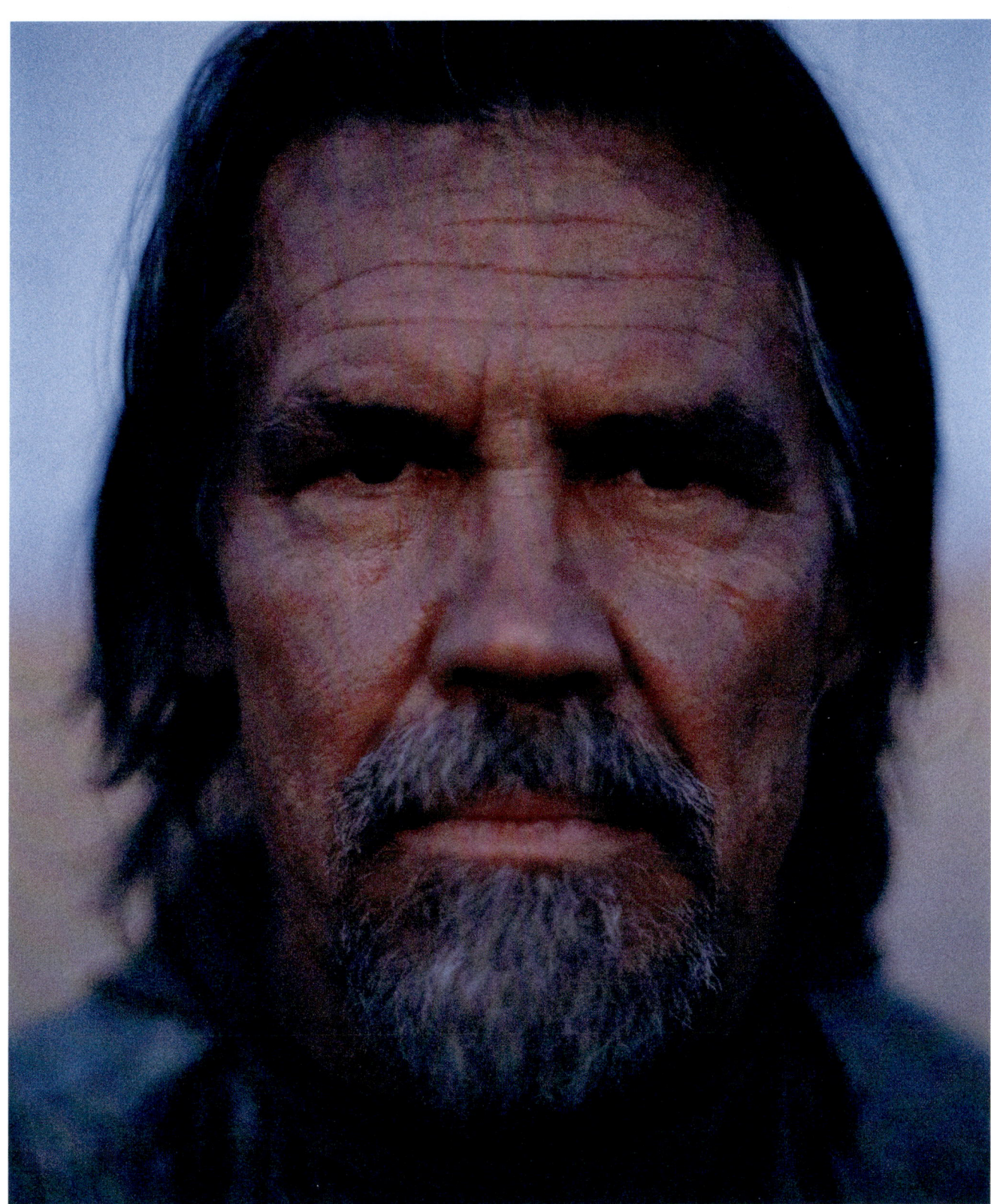

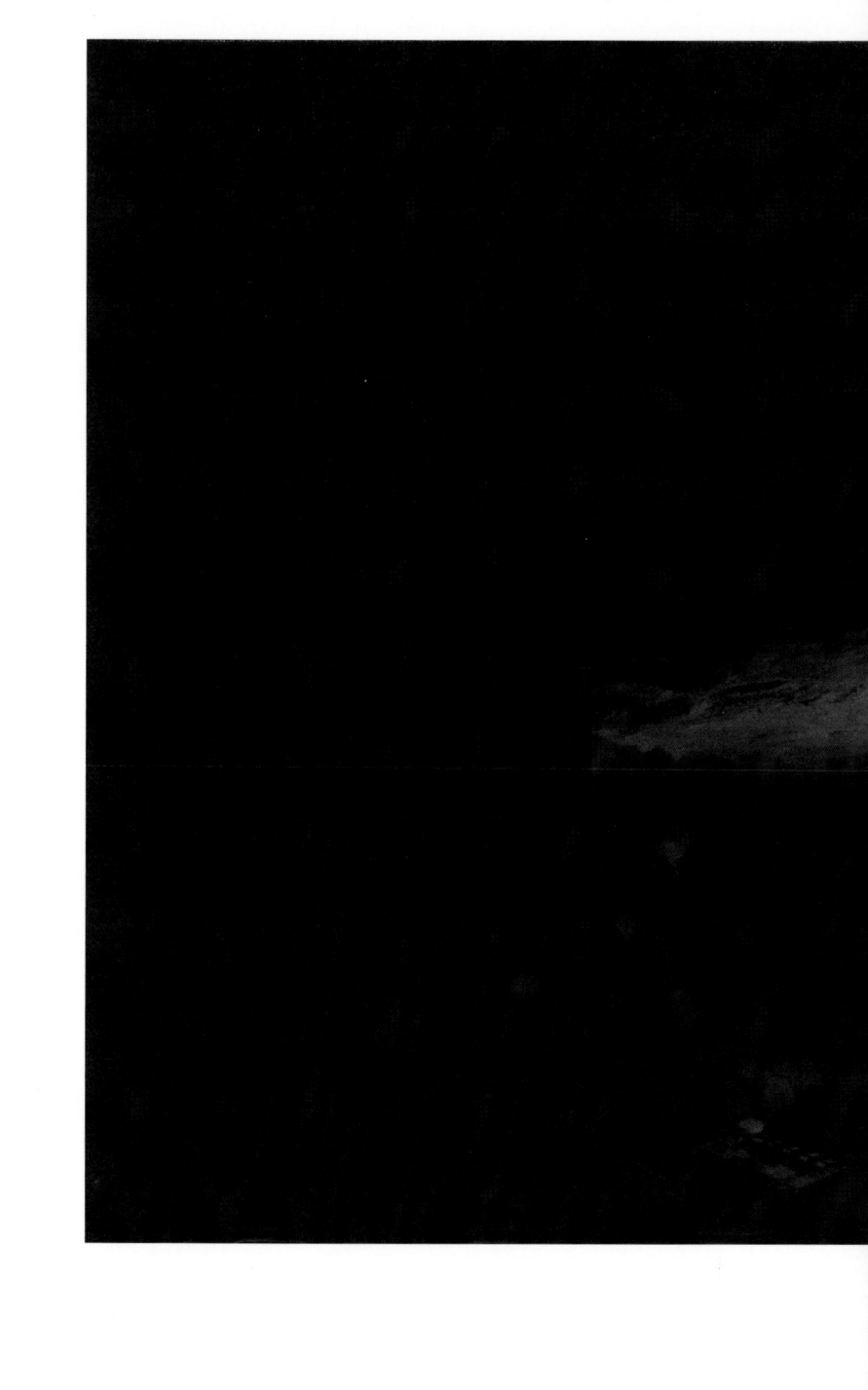

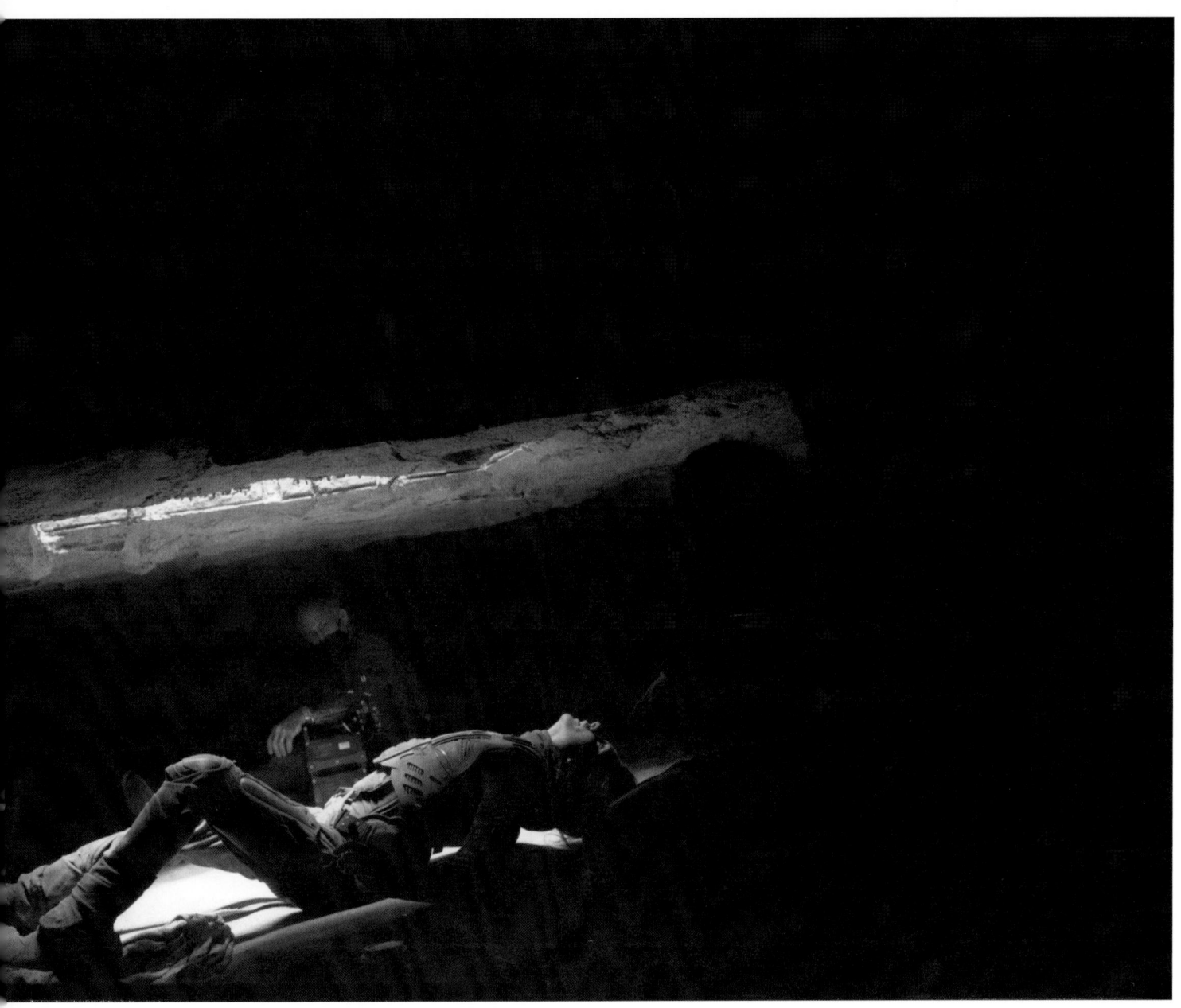

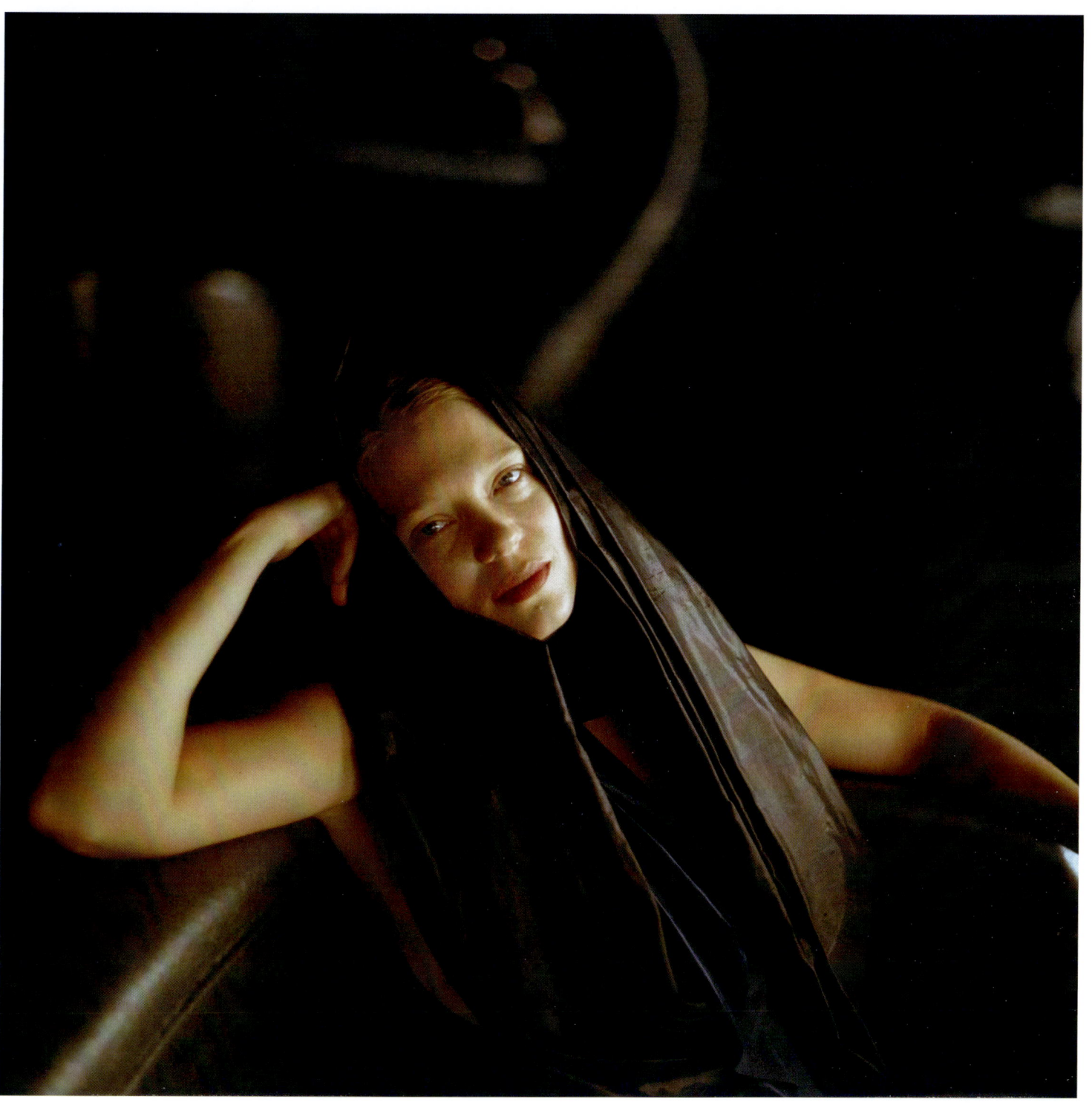

마담
그녀는 예술이다.
마담의 상상에서
누구도 예상하지 못할 말들이
새어 나온다.

당신은 좌절된 과학 실험,
실험의 실패는
당신의 부정에서 나온 결과이다.
우리에겐 전혀 예상치 못할 때
온몸을 관통하는 무자비한 야성이 필요하다.
휘몰아치듯 헤집고 가는 사랑이나,
갈빗대가

부러질 정도의

웃음이나,
아플 만큼의
갈증이 있어야 들리는

침묵이.

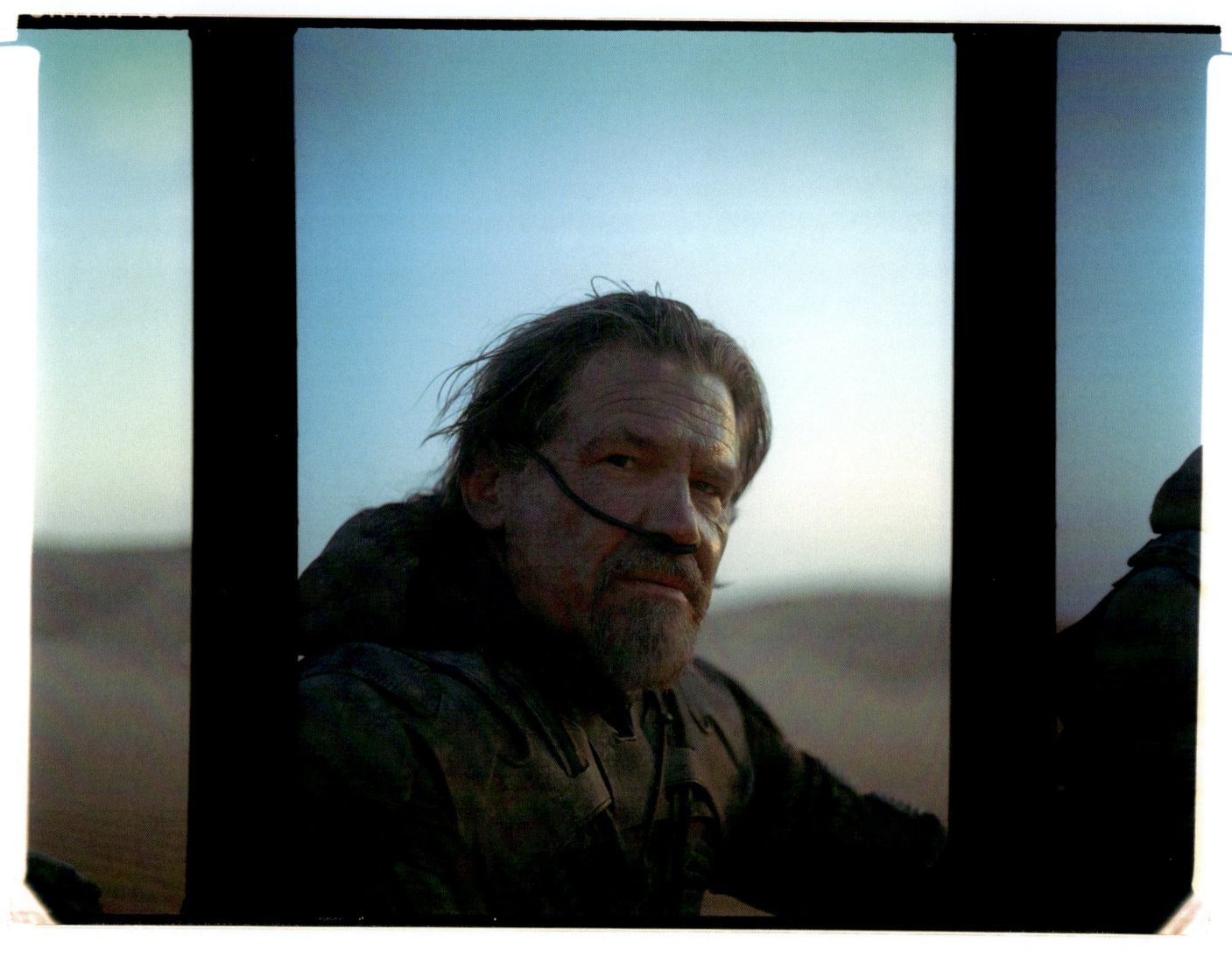

깎아 만든 모래가 밤을 향해
숨을 살살 불어넣으면
금세 날이 저문다.

칼을 높이 들어 모두를 승리로 이끄십시오. 우리가 의지한 건 도련님입니다. 당신입니다, 도련님. 자신을 증명하는 고통스러운 영광을 얻기 위해 저 모래 장벽을 넘으셨잖습니까. 부정하는 것은 도련님답지 않습니다. 도련님이 불 속으로 뛰어들고 그 불 속에서는 많은 사람이 매달리는 강요된 의식 체계가 불타 없어집니다. 인격 발달의 괴로운 과도기도 거치지 않고 어른인 척하는 어느 청소년의 감금된 삶 말입니다. 하지만 도련님은 자유롭습니다. 자유로이 느껴도 되고, 도련님이 안전하게 여기는 주변을 넘어 더 큰 세상에 얼마든지 관심을 가져도 됩니다. 미소를 지을 수도 있고 진한 보랏빛 선율이 울려 퍼지는 넓은 풍경을 마음껏 포용해도 됩니다. 달콤한 그 빛깔이 나를 능가하여 도련님의 눈 속에 있고 그 하늘로 도련님은 날아갈 겁니다. 그리고 나는 위를 올려다봅니다. 모두가 고대하는 일이 일어나길 바라며.

뜨겁게 달궈진 사막이 있습니다.
그 안에서는 방향 감각을 잃게 됩니다.
모래는 도련님이 무기력해질 때면
일으켜 세워 세상의 정점에
올려다 줄 겁니다.
그러면 도련님은 사막의 지평선을 보고
그 방대함을 알게 될 겁니다.
드넓은 지평선이 떠받치고 있다는 것을.
바로 당신
을

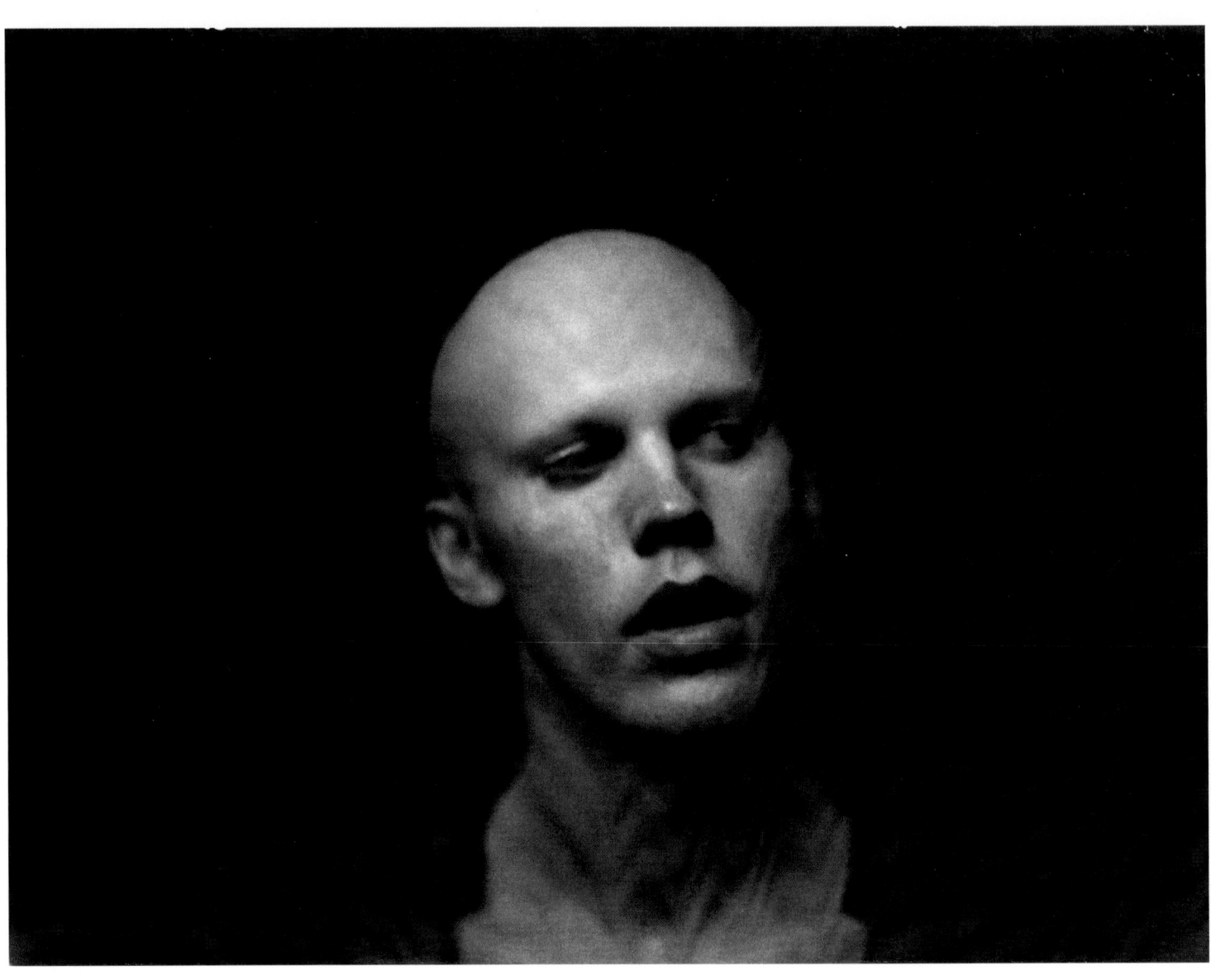

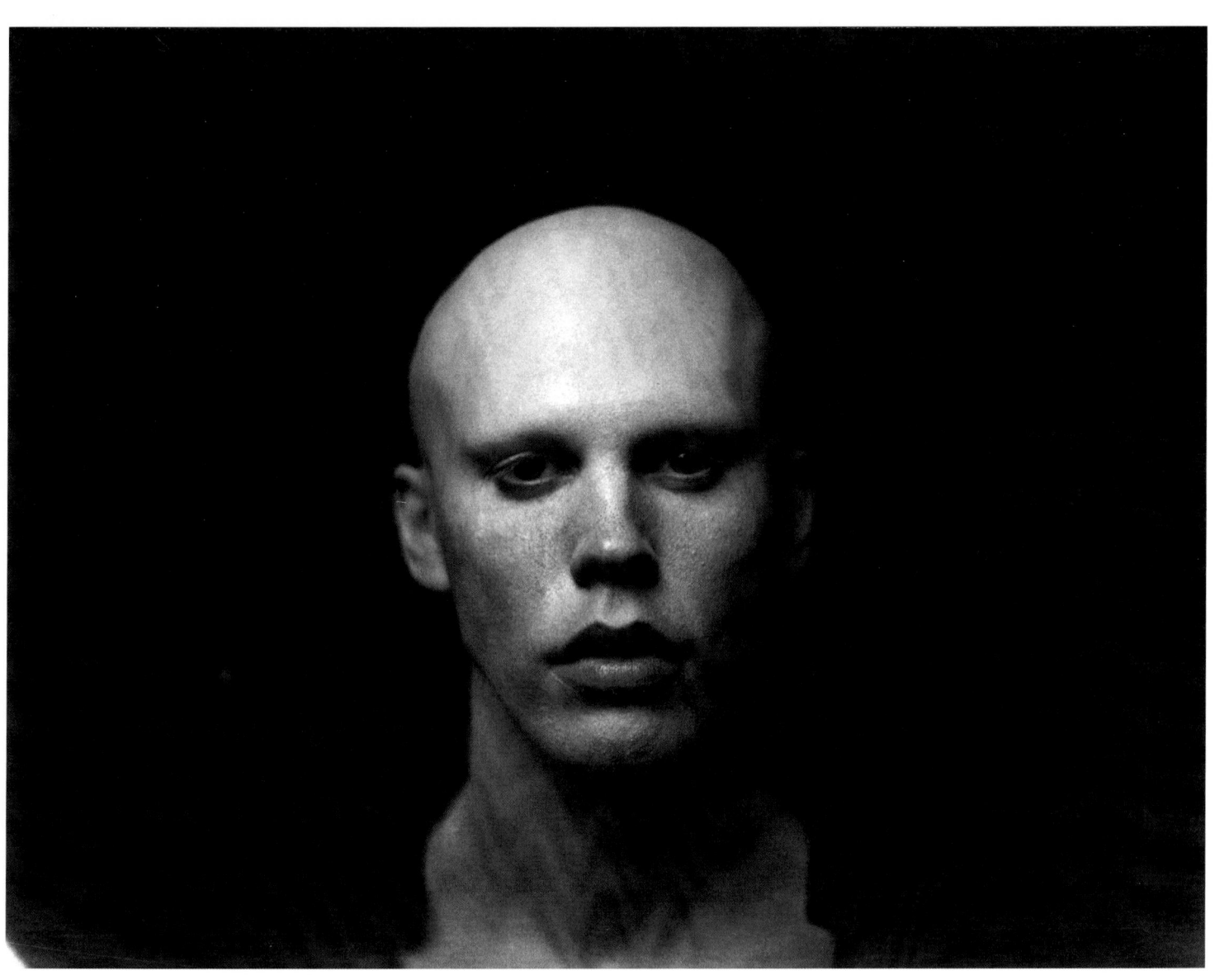

우산은 후광에 그림자를 드리운다.
무지개 속에
피어난 그 모든 색채 아래
숨 쉬고 있는
재능처럼 검게.

당신의 기술이 담긴
선명한 팔레트를 훑으며
배우가
진실을 찾는 동안
촬영 팀은 녹아내리는
저 태양을 등지고
검은 윤곽이 되어
지켜본다.

조각같이 근사한
얼굴로
순진한 모습을 한 채
여기로 여행 왔을
어떤 자아도
이제 야성을 드러낸다.

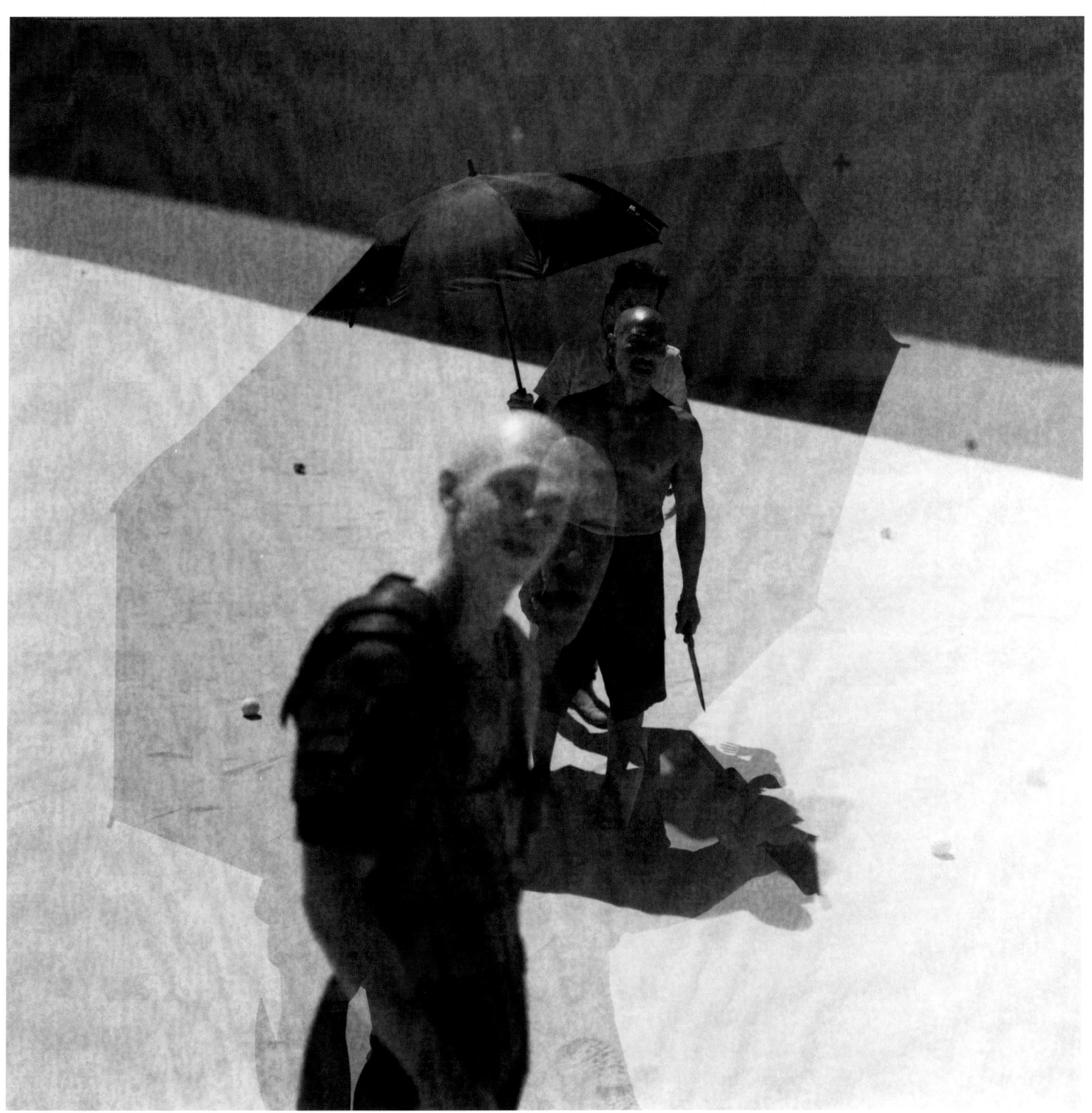

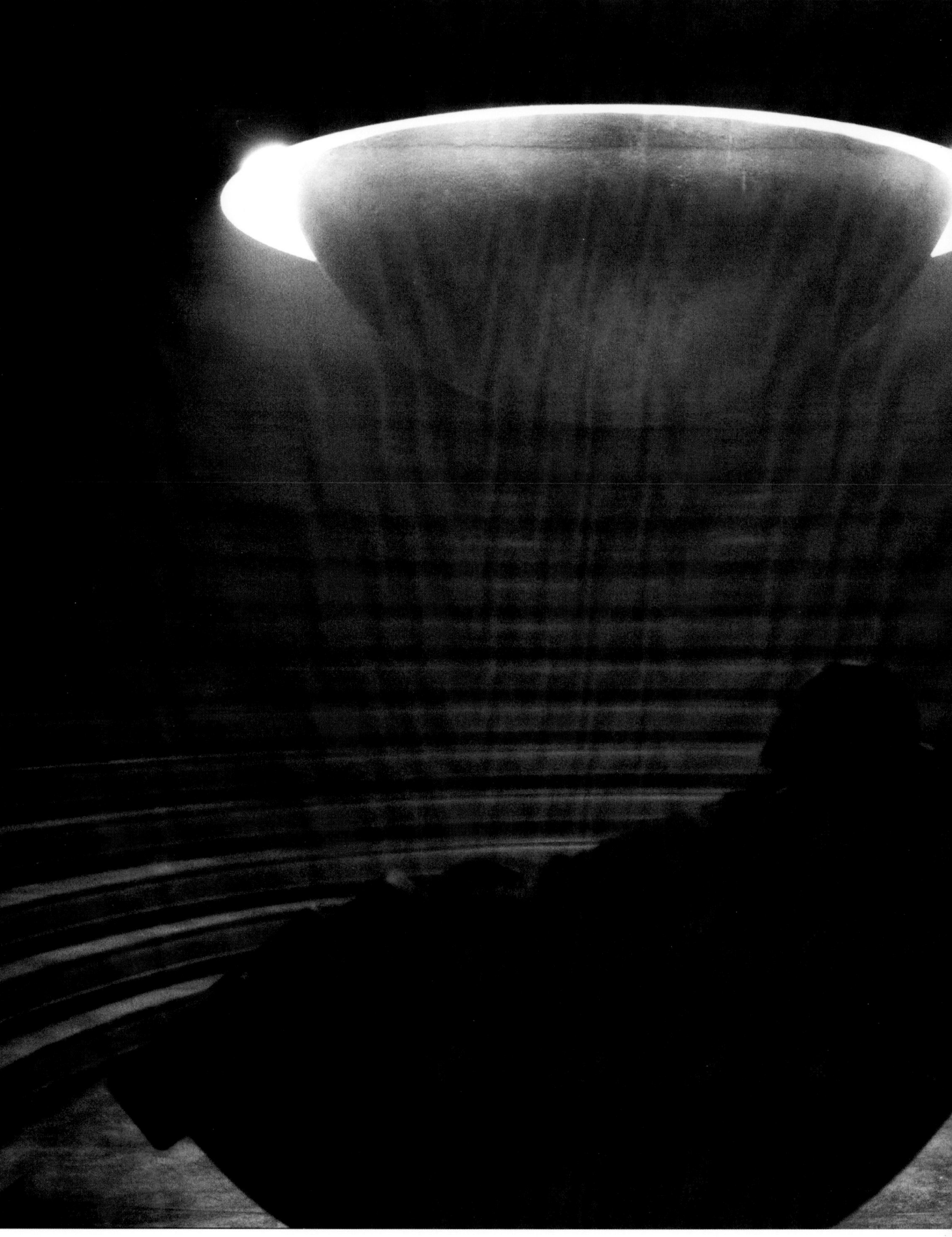

노인이 내 손을 찾을 동안 마음을 추스르고 특별한 울림을 주는 것에 가까이 다가간다. 이 일은 참 고되다. 내가 가장 큰 위안을 받는 건 옛 세대와 함께하는 시간이다. 내가 모르는 언어로 말하지만 목소리와 포옹 속에서 흡입할 수 있는 고풍스러운 정취가 깃든 미소. 그들은 이 시대와는 거의 동떨어진 세대다. 우리는 모래에 앉아서 어디로 가야 할지, 무엇을 해야 할지 지시를 기다린다. 더 생동감 있게 마음 깊은 데서 우러나오는 인간적인 연기를 하려면 어떻게 접근해야 할지 머릿속으로 계속해서 그려 본다. 인적 없는 외딴곳에서 모래에 파묻혀 보내는 시간이 길어질수록 나는 물, 동료애, 충실한 마음, 명예, 투지 같은 가장 기본적인 욕구를 더 잘 알게 된다.

차를 몰고 집에 돌아가면 내 손을 감싸 쥐던 가죽 같은 손이 그리워질 때가 있을 거다. 수영장과 그림들, 매일 에이전트와 통화하는 일상이 있는 집에 돌아가면 전부 다 내려놓고 싶을 때가 있을 거다. 머나먼 고원이나 사막으로 떠나 나를 덮은 대부분을 벗어 던지고 그 고대의 모래밭으로 돌아가고 싶은 마음이 절절해지는 거다. 우리가 자신의 가치를 계속 확인하려 애쓰지 않아도 얼마나 성공한 사람들인지 수많은 몸짓으로 말하는 그 사람들 곁에 있고 싶은 마음 말이다.

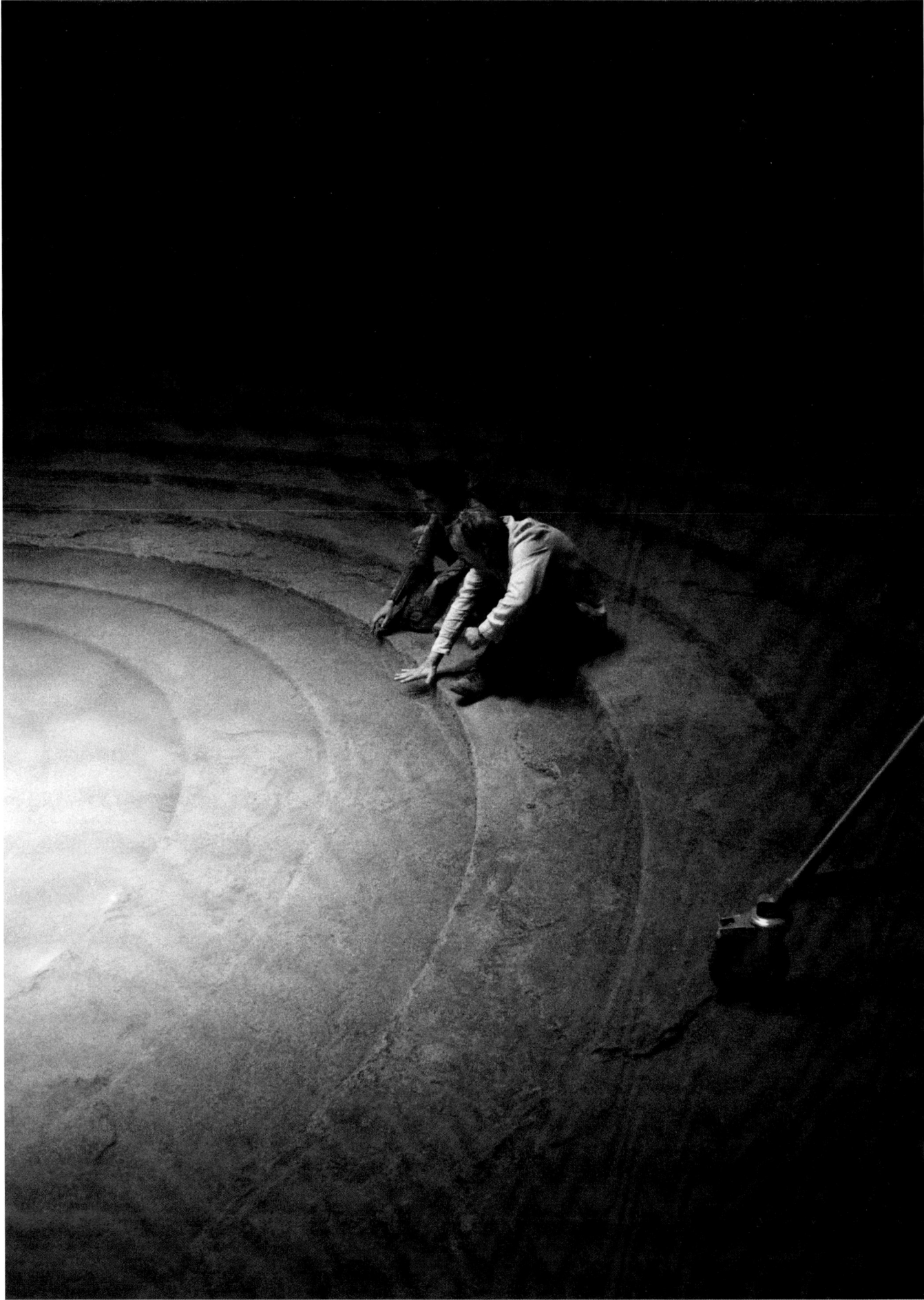

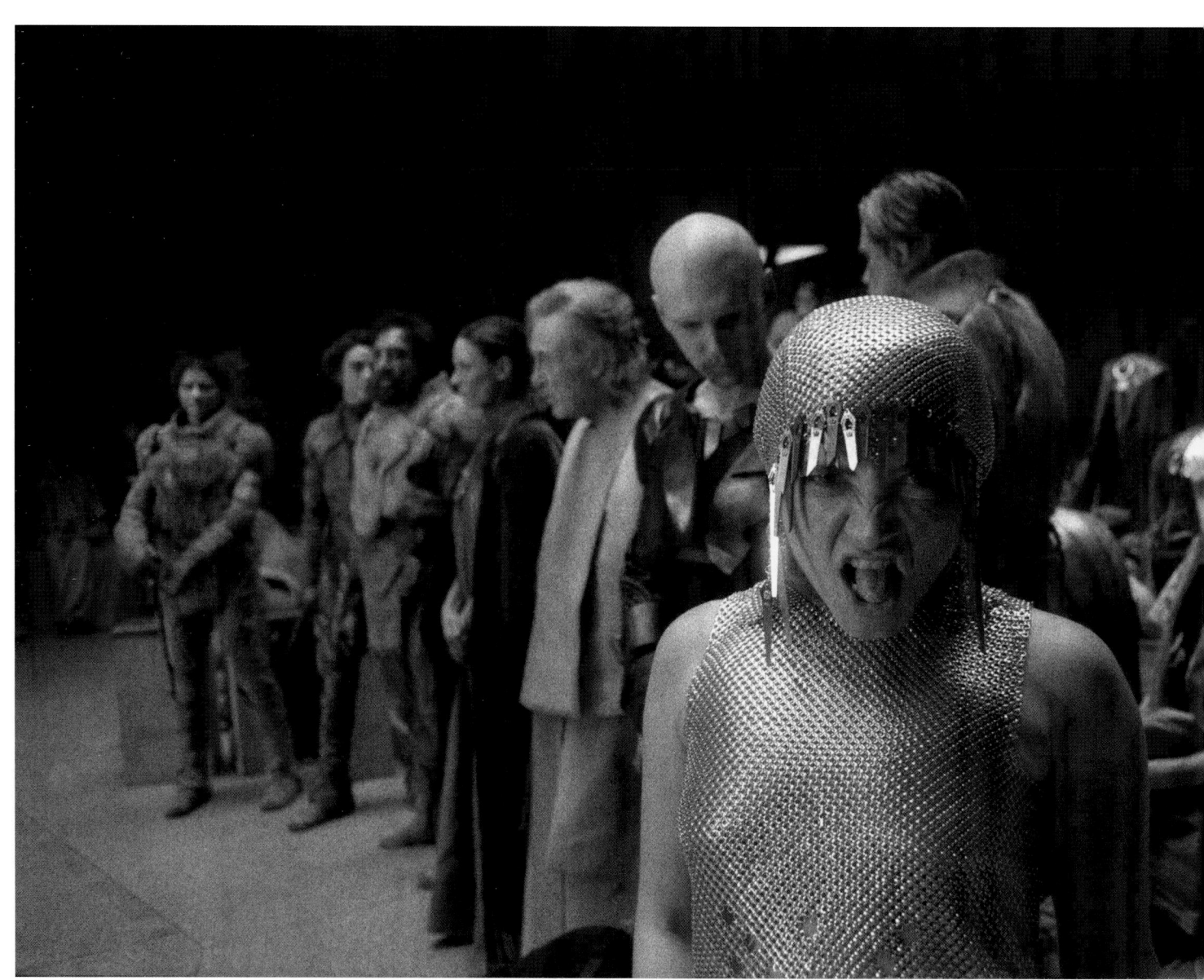

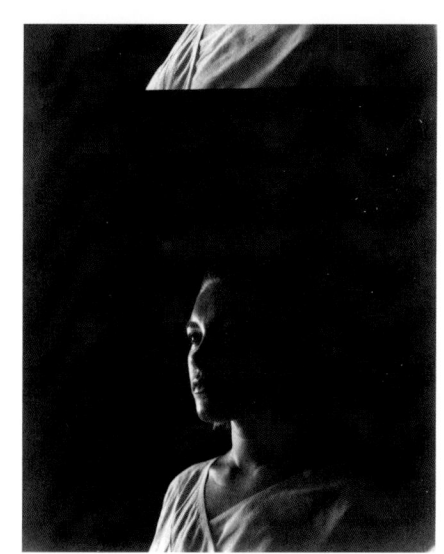

이 여성 배우의 시선이 중요하다. 반짝이는 베일로 얼굴을 가렸어도 부드러운 오렌지빛 웃음 뒤에 숨겨진 장난기로 두 눈이 빛난다. 늘 웃을 준비가 되어 있다. 배우의 뒤에 선 사람이 자기 머리 위로 태양을 들어 올리면 무대 위에 일렁이는 배우의 반짝임은 비록 스스로 깨닫지 못하더라도 그 자체로 연기가 된다.

마릴린 먼로가 처음 은막에 등장했을 때 태양처럼 눈부시게 빛나는 존재로 부상할 거라는 건 누구나 바로 알 수 있었다. 이 무대 위의 태양처럼 누군가 혹은 무언가가 멈추라고 소리칠 때까지 말이다. 이 배우의 세포들은 마릴린 먼로처럼 희박한 공기의 더 높은 지대로 부상할 준비를 하고 있음을 느낄 수 있다. 〈듄〉의 초호화 배역진에 둘러싸여 있더라도 말이다. 이렇듯 그녀의 재능이 그녀를 만든다.

그녀는 촬영 중 대기 시간에 공주 예복을 입은 채 대자로 눕는다. 우리 모두 피곤하지만, 오로지 이 배우만 걱정 없이 거기 누워 있다. 그런 평정심은 이 배우가 아무렇지 않게 드러내는 왕족의 면모 중 하나다. 이미 캐릭터를 꼭 빼다 박아 그 화신이 된 걸 보면 결국 그녀는 그 누구도 감히 근접하지 못할 용암이 될 운명이라고 생각한다.

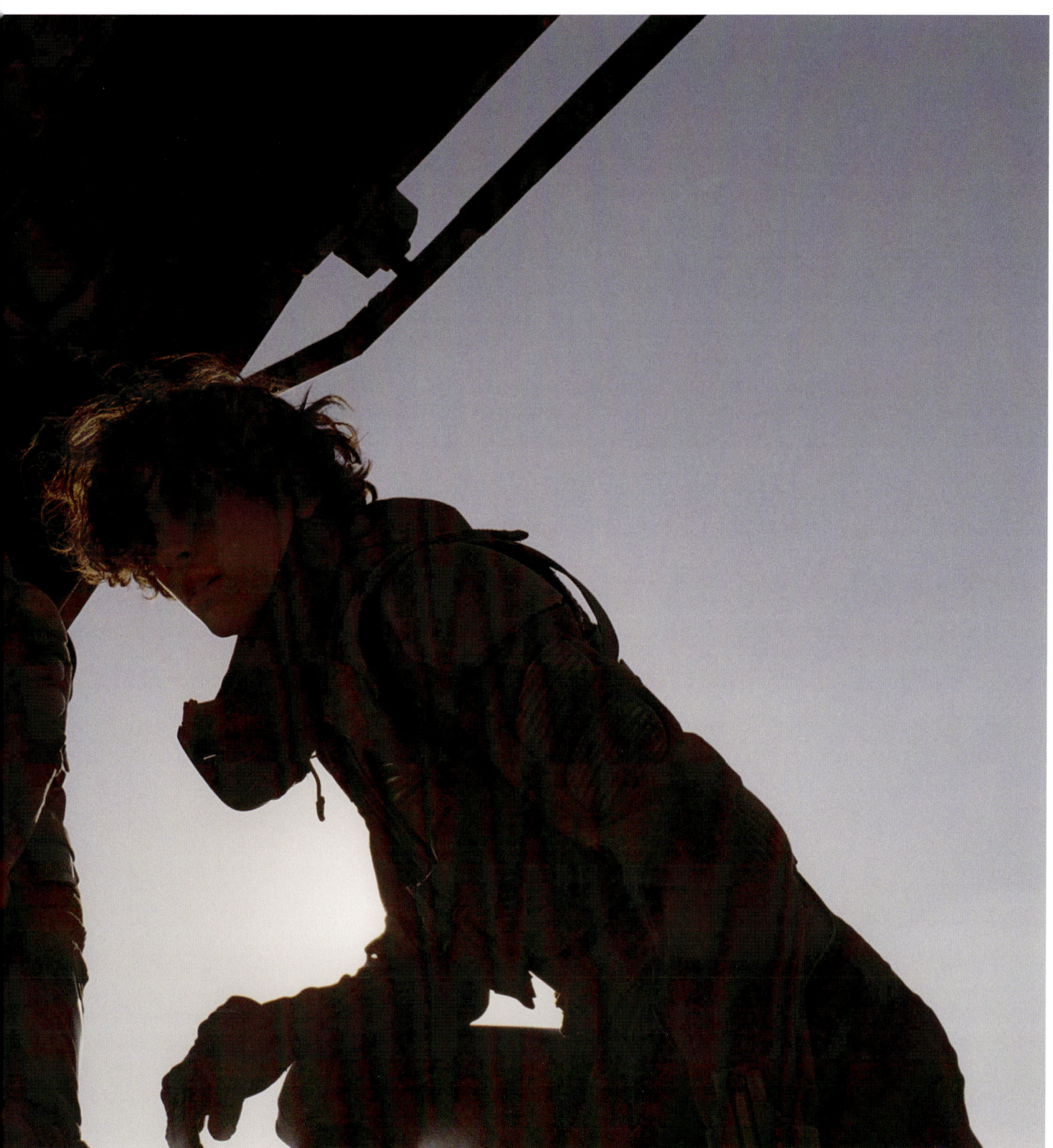

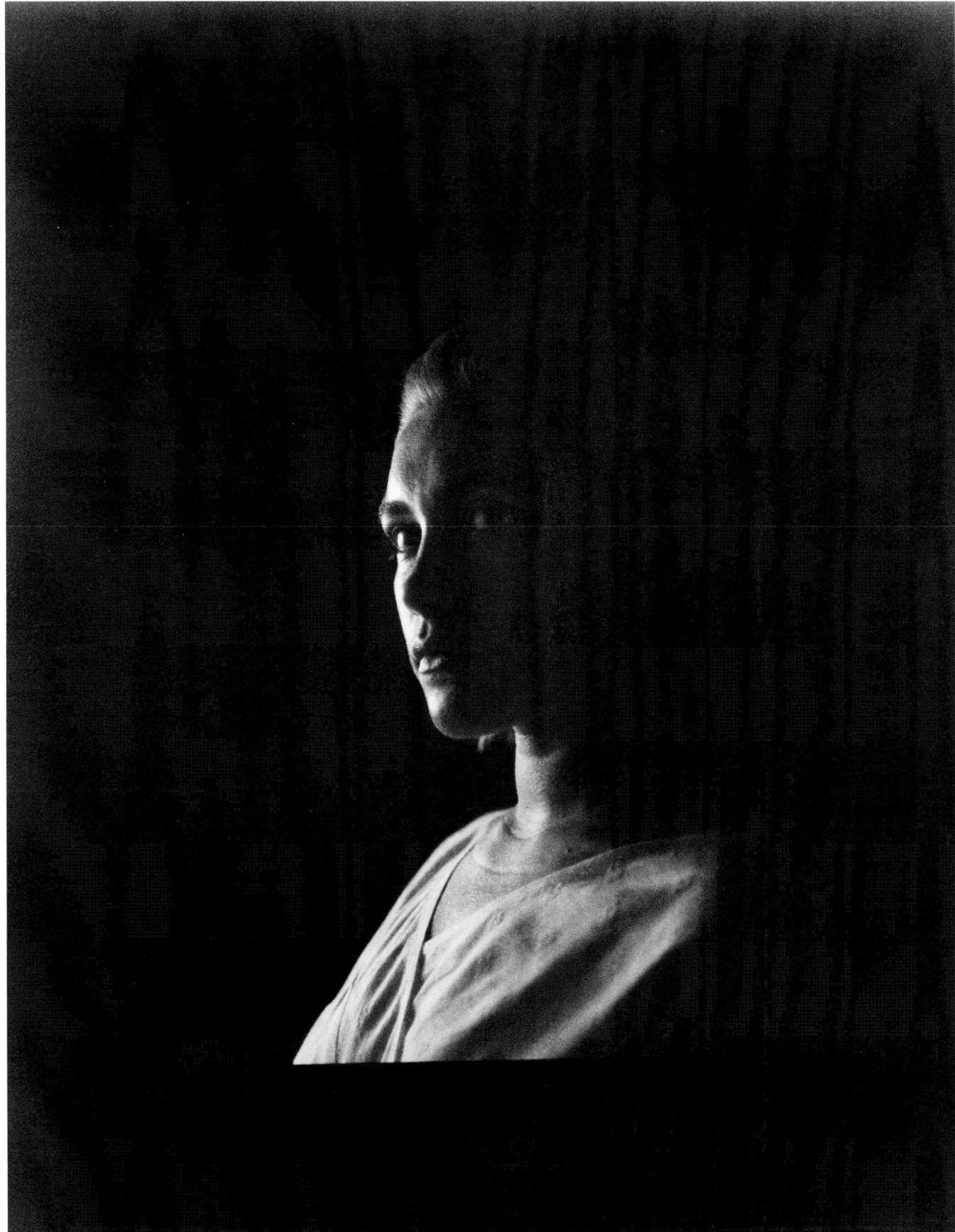

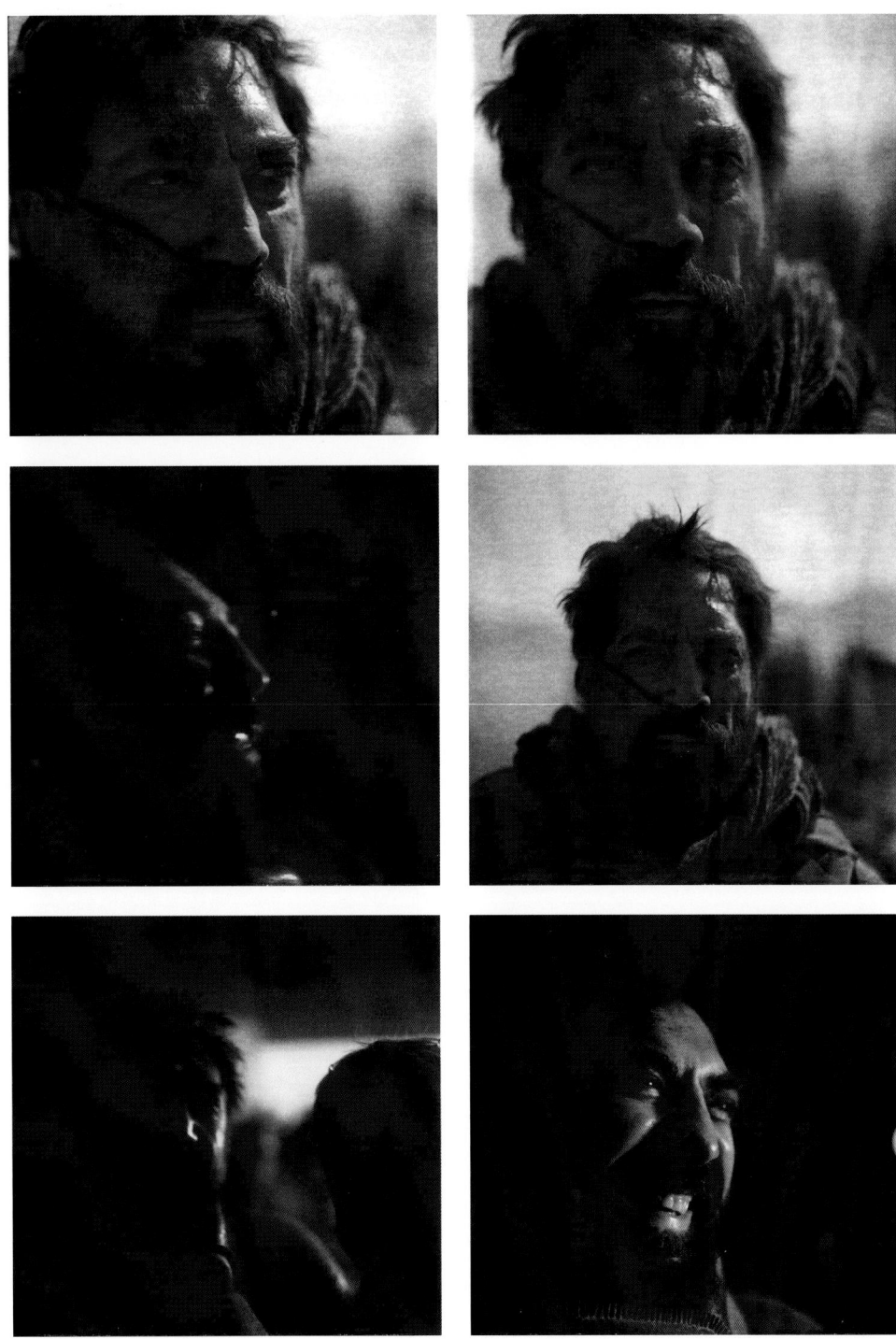

우리는 먹고사는 어려움을
웃어넘기며 굳은 결의의
춤사위로 연기한다.

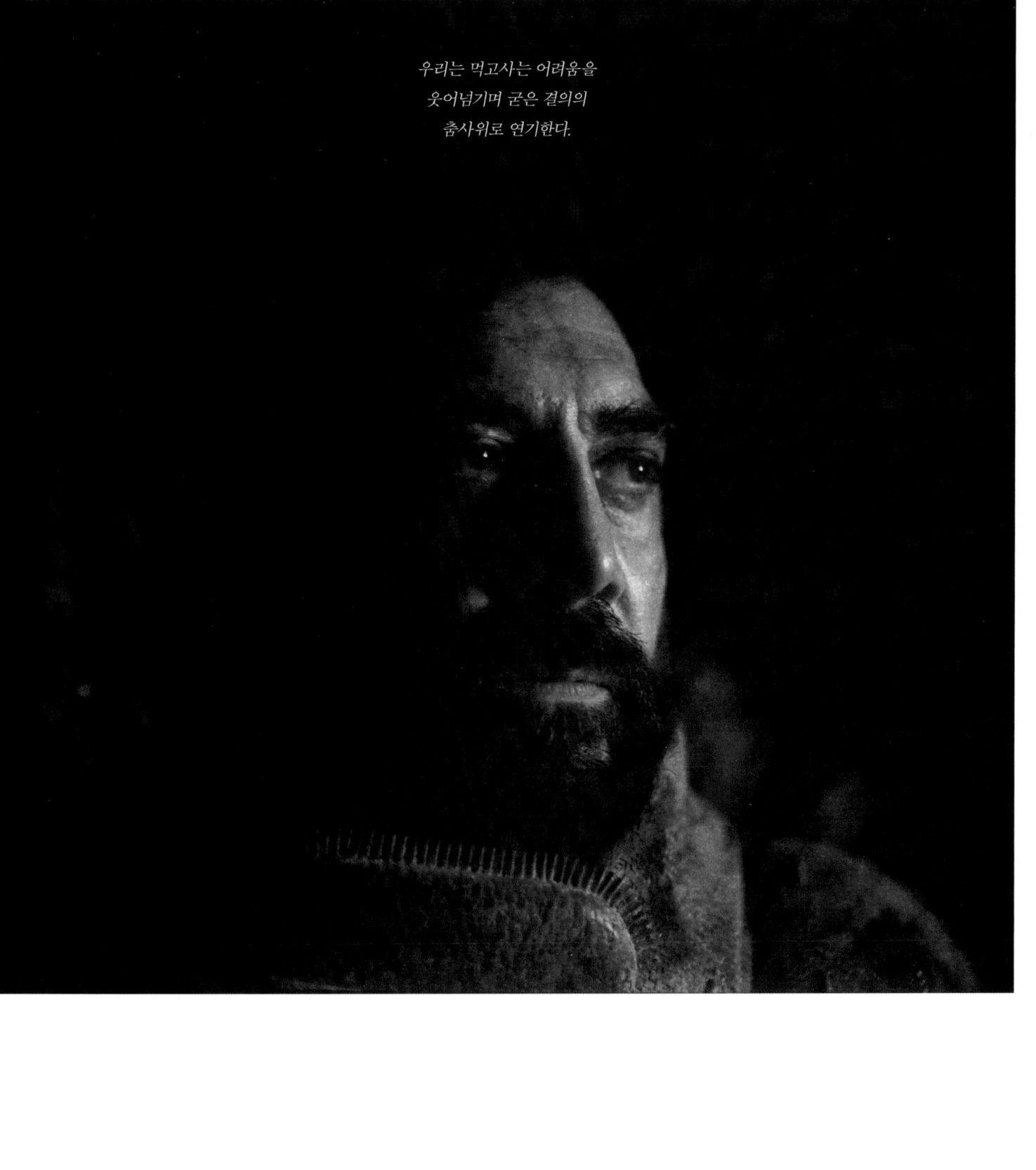

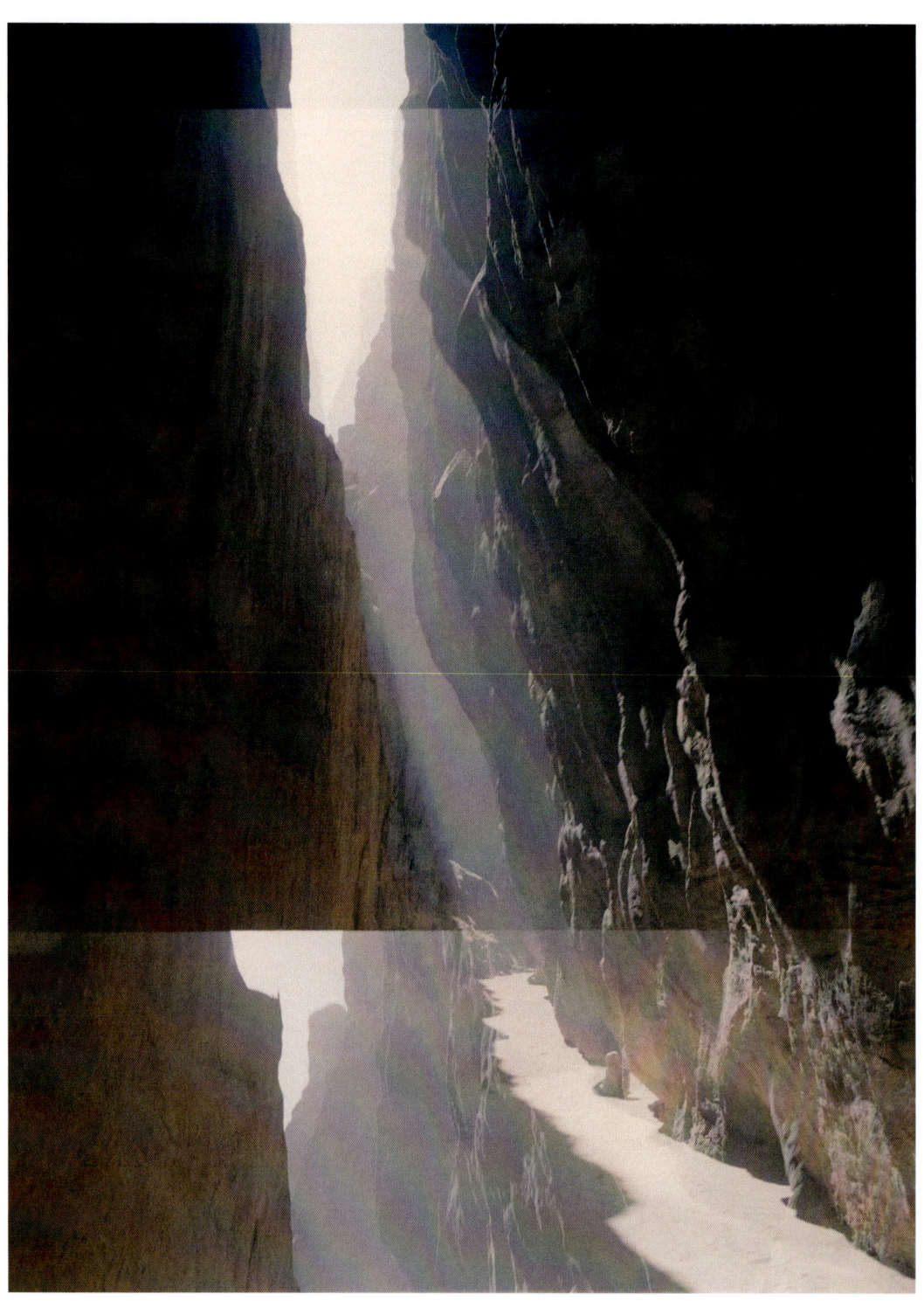

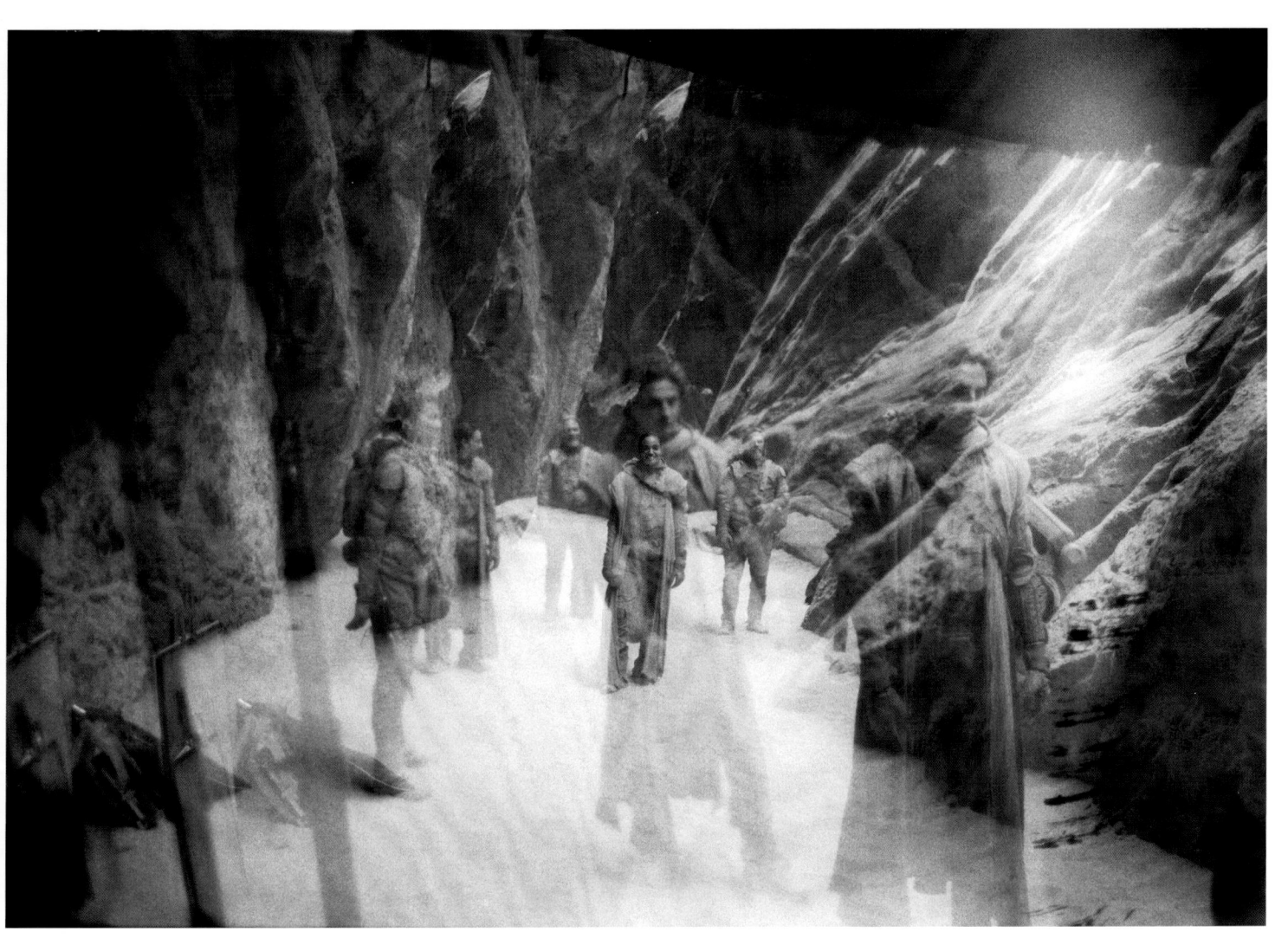

진보주의자들은

움직이는 그림의 착시를

일으키는 요지경처럼

지금 자신의 내부로 퍼지는

모든 생각을 느끼면서

더 안전한 감옥으로 퇴보한다.

단단히 심어 놓는 입맞춤처럼

무작위로 닥쳐오는 야성은

결코 알지 못할 수도

있다.

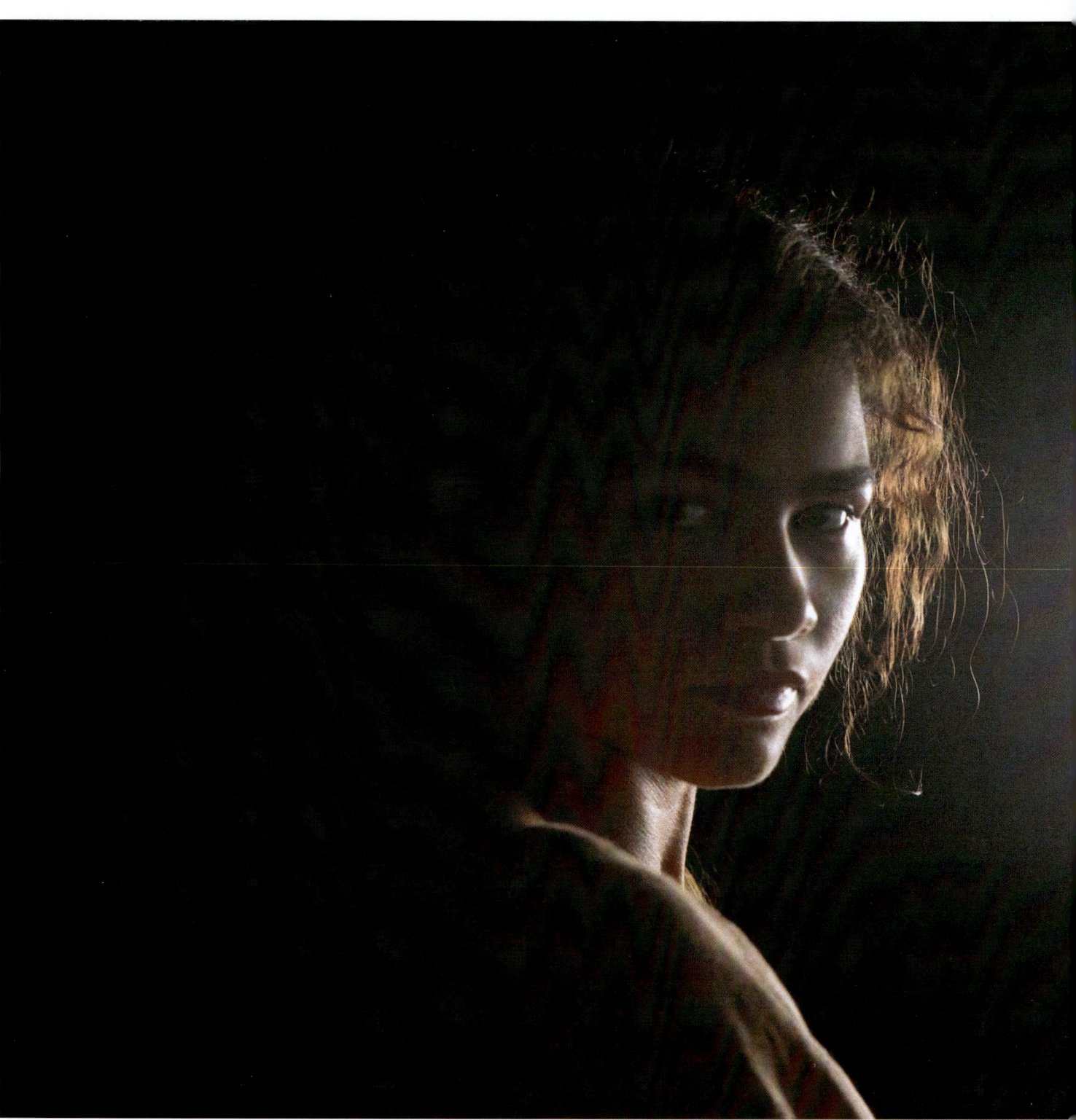

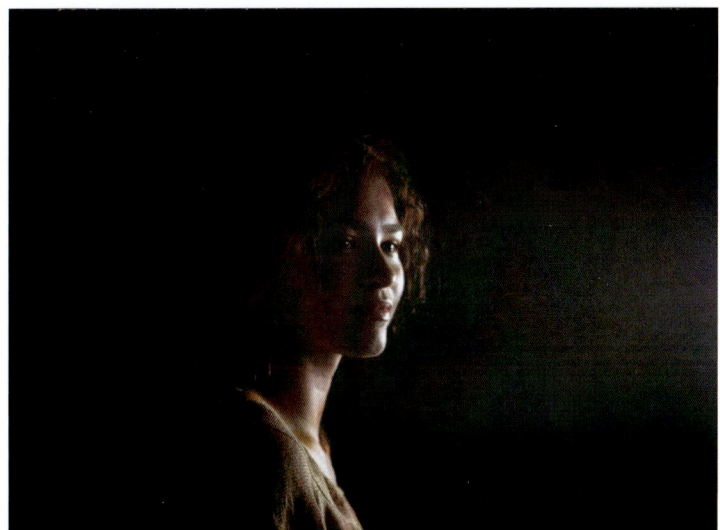

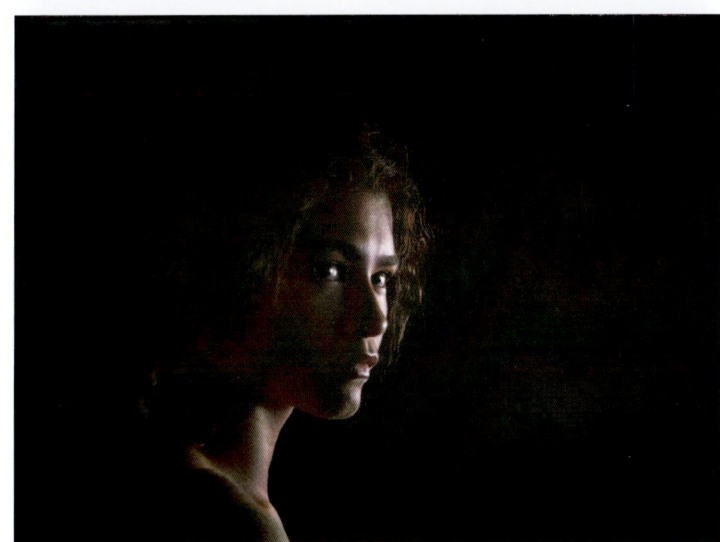

강렬한 흥분이
당신의 눈 흰자위에
자리를 잡았다.

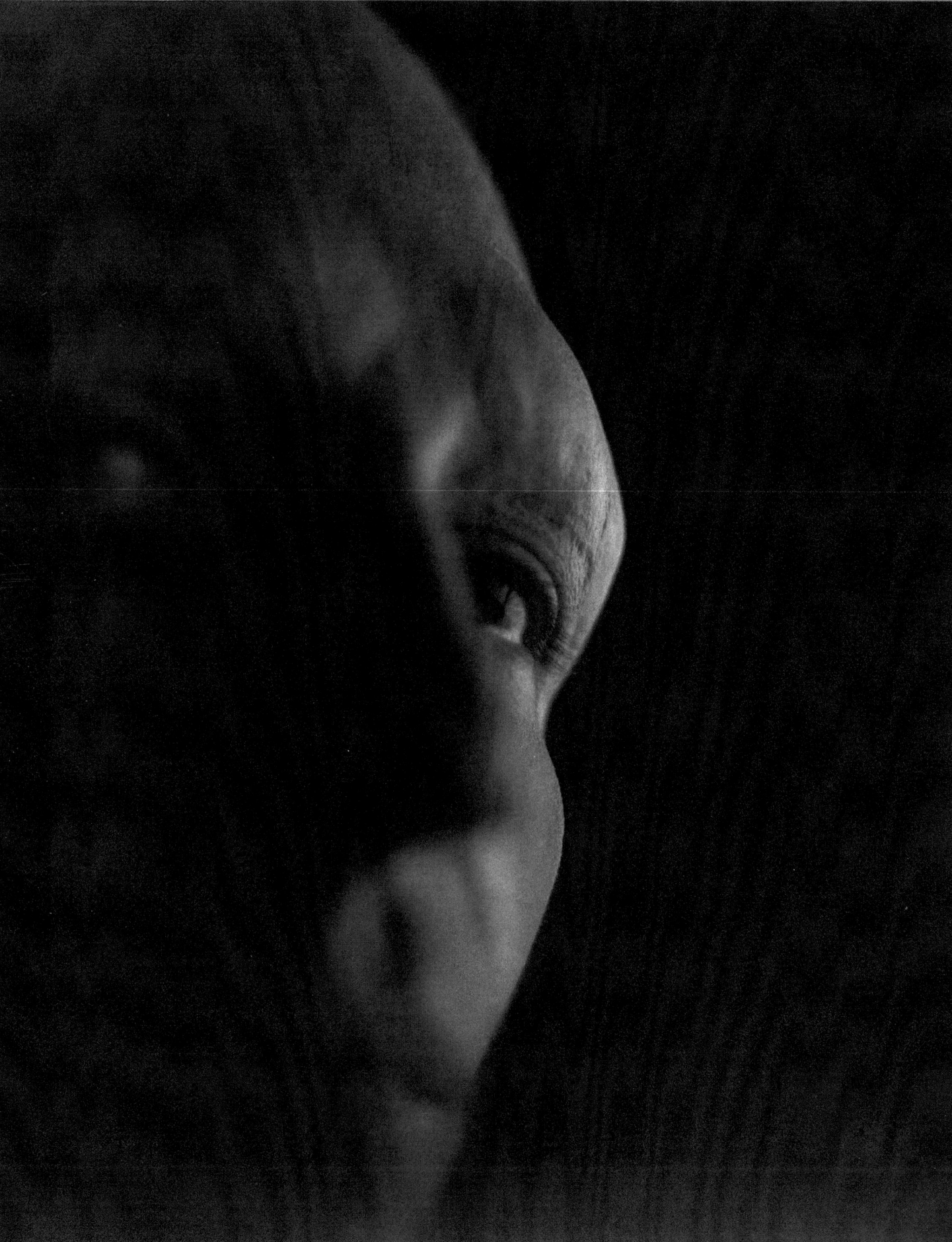

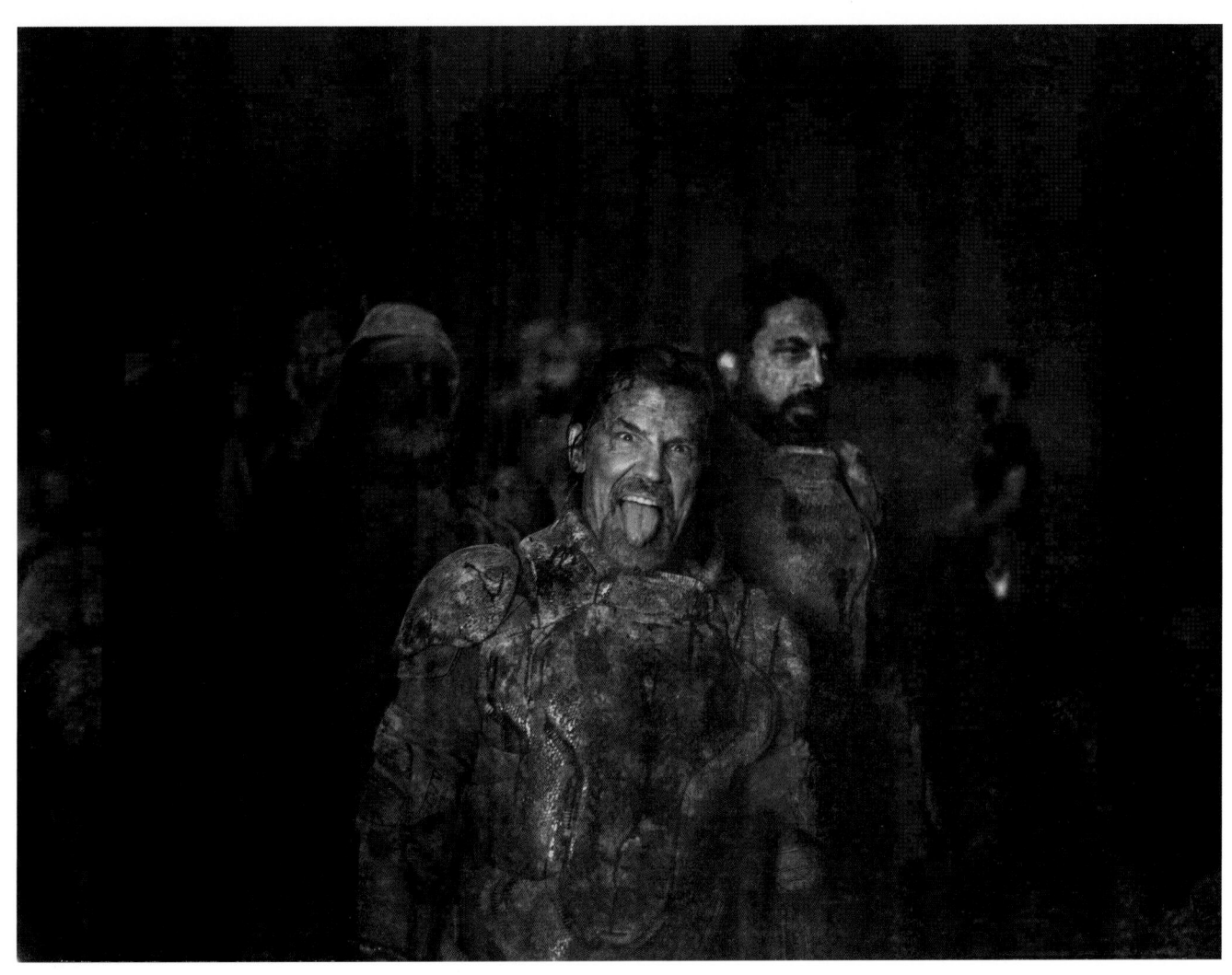

친애하는 드니,

여러 달 동안 모래를 뚫고 떠돌아다니느라 수분 중량을
적어도 매일 1~2킬로그램씩 잃었습니다. 지금 내 노래를
불러도 되겠습니까? 밀수업은 급물살을 타고 있고 종이에
베인 곳은 땀이 스며들어 굉장히 따갑습니다. 그걸 찍어야
해서 찍고 있다는 건 압니다만 내가 잠시 끼어들어 구름 한 점
없는 붉은 태양과 함께 가족을 동반하고 연주하던 몇 곡조를
소리쳐 불러도, 아니 중얼거리듯 불러도 될까요? 무기 다루는
걸 업으로 삼고도 일제 공격을 가해 적을 쓰러뜨리지 못하는
슬픔에 애가 타 감성이 둔해졌지만, 반격에 반격을 거듭하다
축하 꽃가루 터뜨리듯 적을 폭파하는 노래를 불러도 된다면
말입니다.
　　　　　　　진심을 담아,

　　　　거니

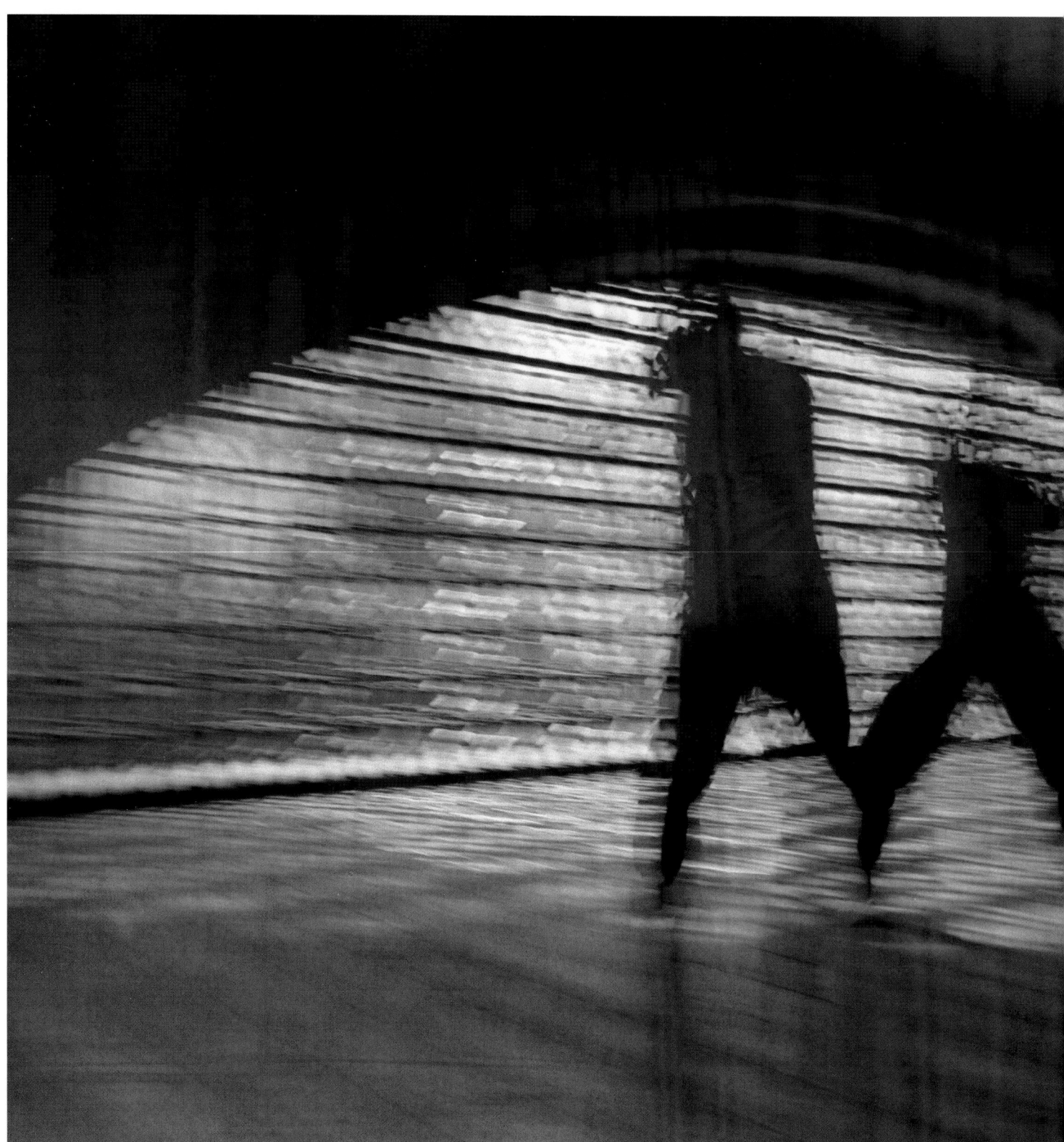

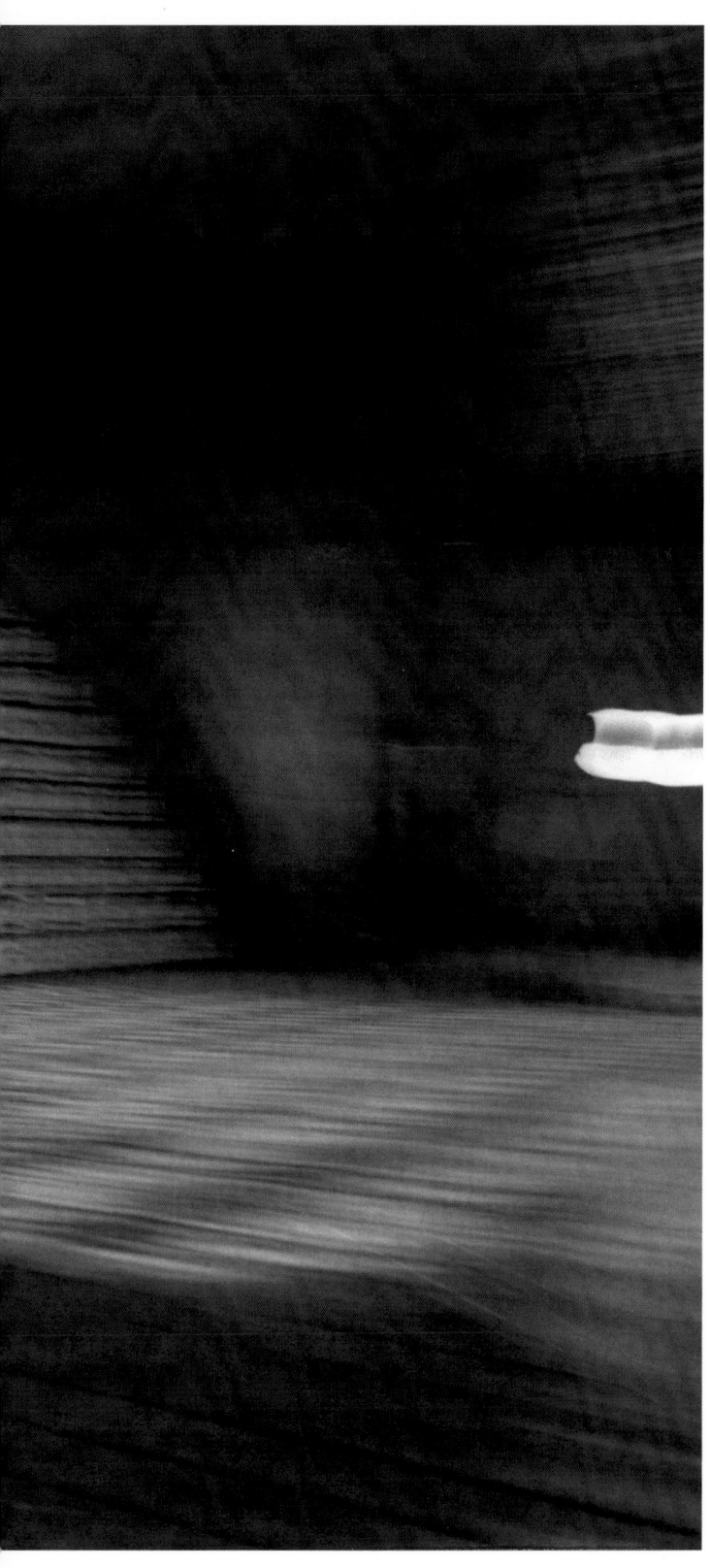

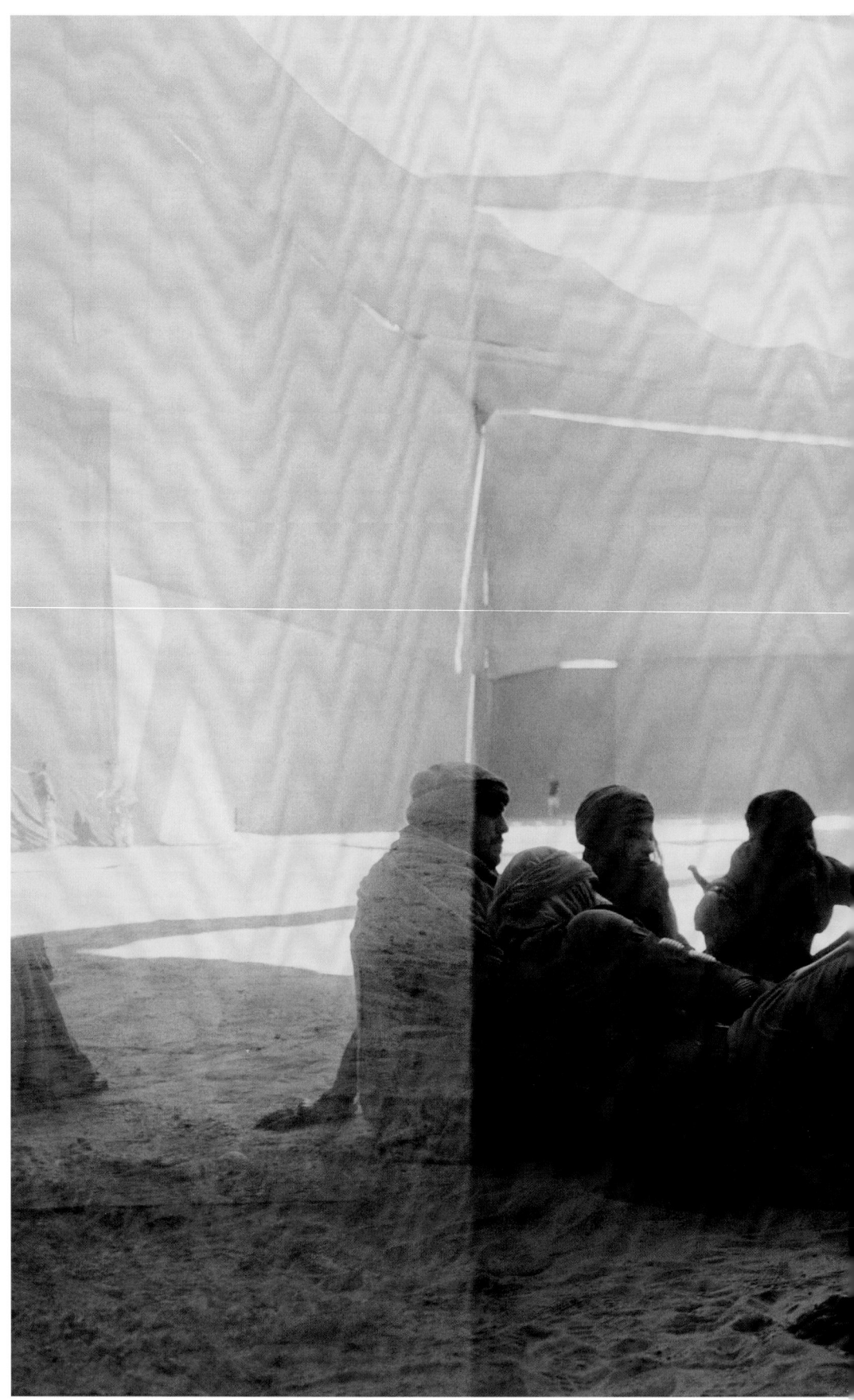

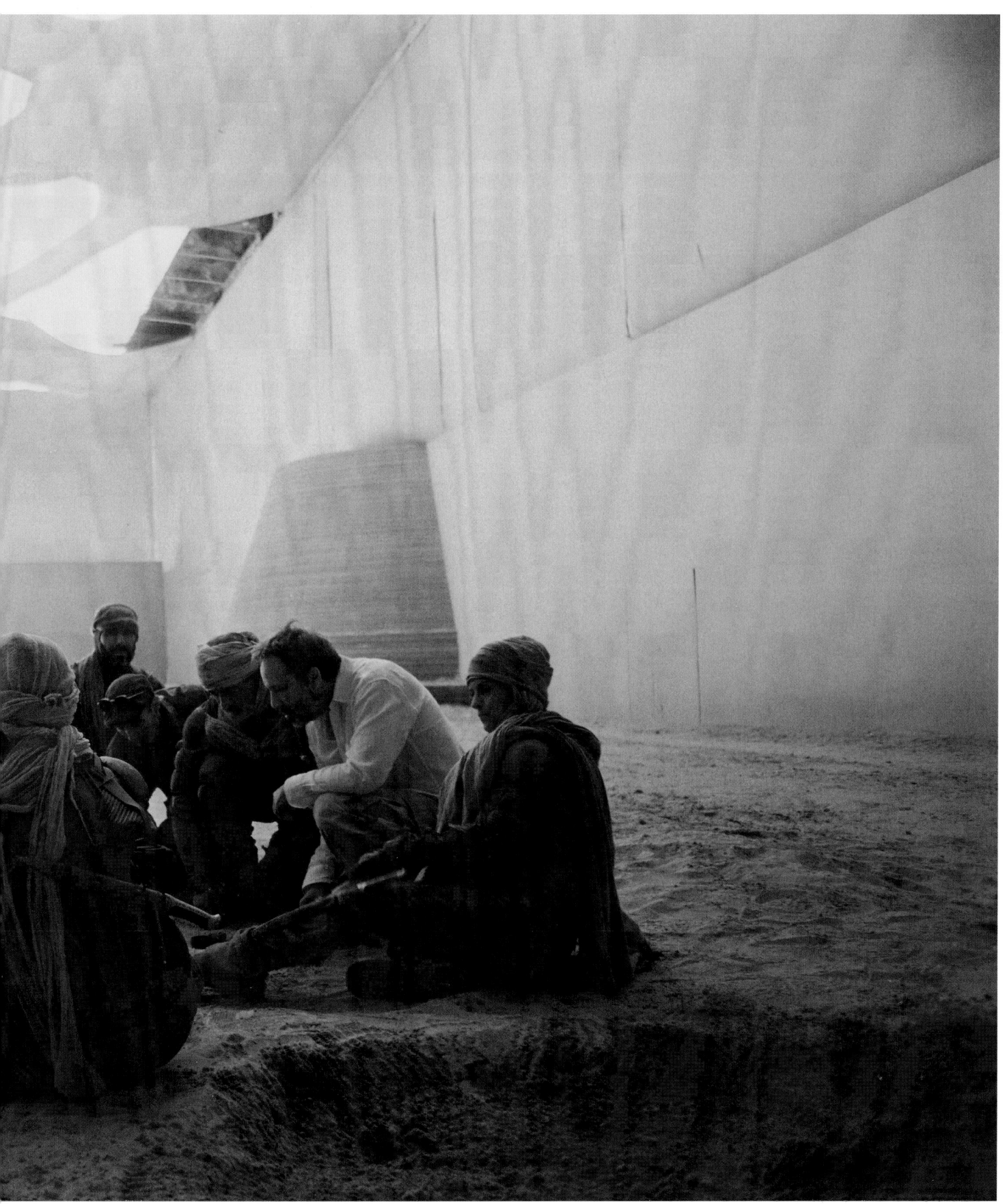

촬영장은 전쟁터 같다. 도착하기 전부터 최선과 최악의 상황에 대비해 훈련을 했지만, 그 모든 건 오로지 머릿속에서만, 상상을 맡은 시냅스 안에서만 펼쳐졌다. 촬영장에 도착하면 현실의 전기가 흐른다. 한 번도 만난 적이 없는 이들이 서로를 바라보고 무슨 맥락인지 모를 말들을 내뱉기 시작한다. 사람들이 빤히 얼굴을 들여다본다. 메이크업 담당, 각본 기록 감독, 촬영 감독, 케이터링 팀이 간식을 먹겠냐고 묻는다. 곧이어 감독이 당신을 손짓해 부르더니 조용히 따로 대화할 수 있게 촬영장의 어느 컴컴한 구석으로 데려간다. 이럴 때마다 곤란한 상황에 처한 듯한 기분이다. 그 누구도 동의하지 않았을 험난한 일에 대의를 위해 투입되기 직전인 자신이 너무 쉬운 사람이라는 느낌이 든다. 생살이 드러난 것처럼 신경이 날카롭다. 120볼트가 흘러야 할 몸에 220볼트가 흐르는 기분이다. 하지만 지금이 최적의 상태인 듯, 신체의 모든 장기가 편안한 것처럼 연기하는 데는 전문가다. 밤잠을 네다섯 시간 자고 종일 머릿속으로 대사를 리허설한다. 가끔은 몇 주 뒤에나 할 대사를 미리 연습하다 보니 뇌가 돌이킬 수 없을 만큼 트고 갈라져 살짝 피가 나는 느낌이다.

촬영 중인 외국에서 술을 마시고 취하면 누가 알아보거나 필름이 끊긴 상태로 터무니없이 늦은 시간에 밖에 나가 문제에 휘말리지 않게 가게 주인이 보호해 준다. 아침이 오면 누군가의 침대에서 깨어난다. 여자가 전날 입었던 옷을 그대로 입고 있어서 스파이스와 관련된 배역을 연기한다는 건 알겠는데 당장은 기억나지 않는다.

앞으로 넉 달 동안 머물게 될 이 도시로 타고 날아온 비행기에서 내리며 이 모든 게 머릿속에서 펼쳐진다(그렇다, 다시 머릿속 생각으로 돌아왔다). 전에도 이곳에 와 본 것 같다는 생각이 든다. 호텔에 갔더니 라벤더 향 방향제를 뿌린 객실 안 작은 플라스틱 책상에 황갈색 봉투가 놓여 있다. 봉투를 열고 배역과 스태프 목록을 보며 전에 함께 일했던 사람, 어느 정도 위안을 줄 만한 이름이 있나 찾아보다 어떤 이름을 알아보고는 차라리 목록을 안 보았더라면 좋았을 거라고 생각한다. 별다른 이유는 없다. 그냥 그런 것이다.

침대에 누워서 계속 여기서 살았단 듯이 오늘도 여느 때와 다름없는 평범한 날인 척한다. 룸서비스로 술과 아이스크림을 주문한다. 아침이 왔을 땐 이미 미니 냉장고에 있던 술을 모조리 해치운 뒤다. 전화벨이 울린다. 몸을 숙여 수화기를 들어 목청부터 가다듬는다. 살짝 쉬어 매력적인 목소리로 속삭이듯 전화를 받는다. 수화기 너머에서 호텔 아침 식사는 매일 오전 일곱 시부터 오전 열 시까지 무료로 제공된다는 자동 메시지가 나온다. 하루도 빠짐없이.

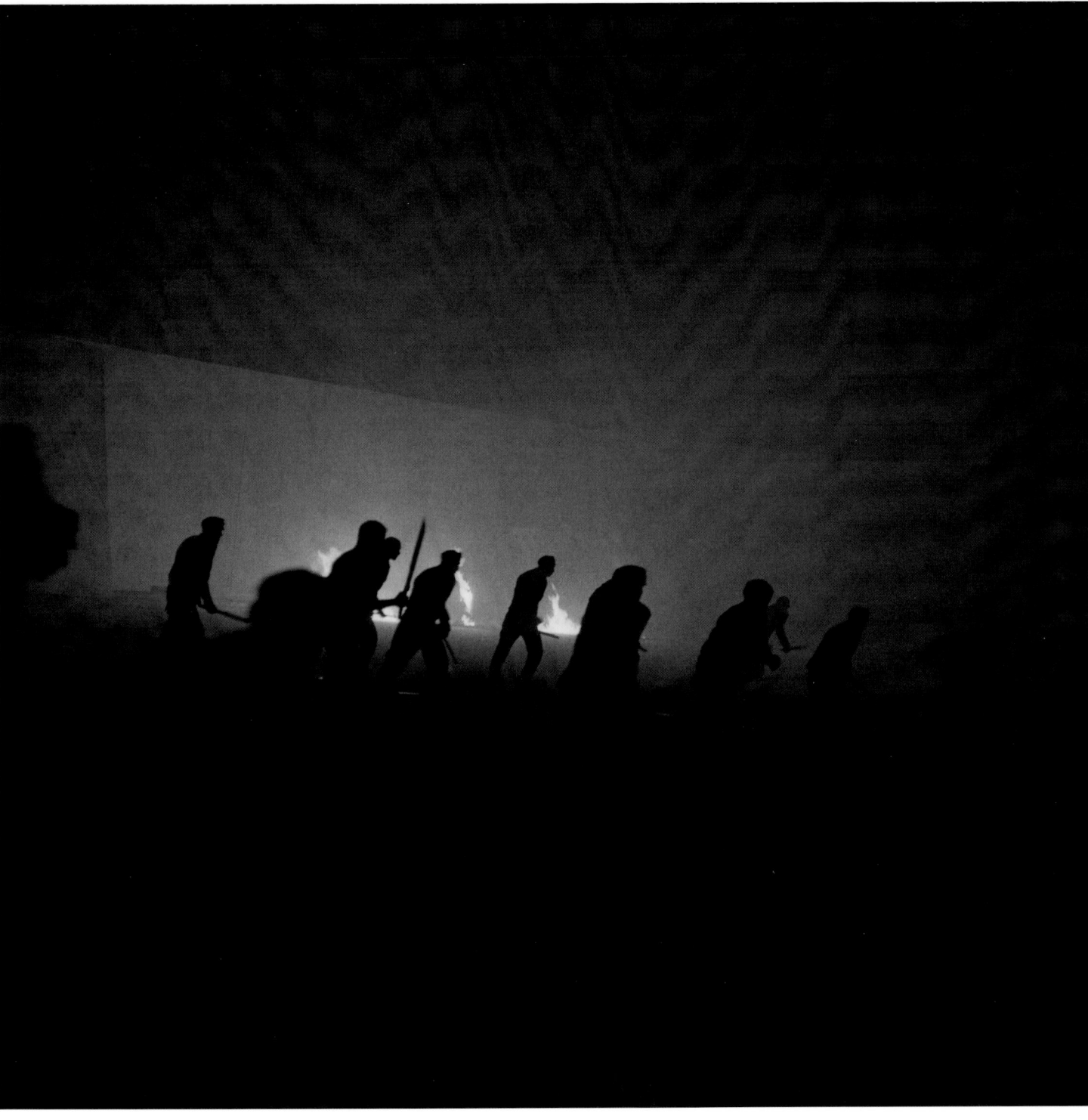

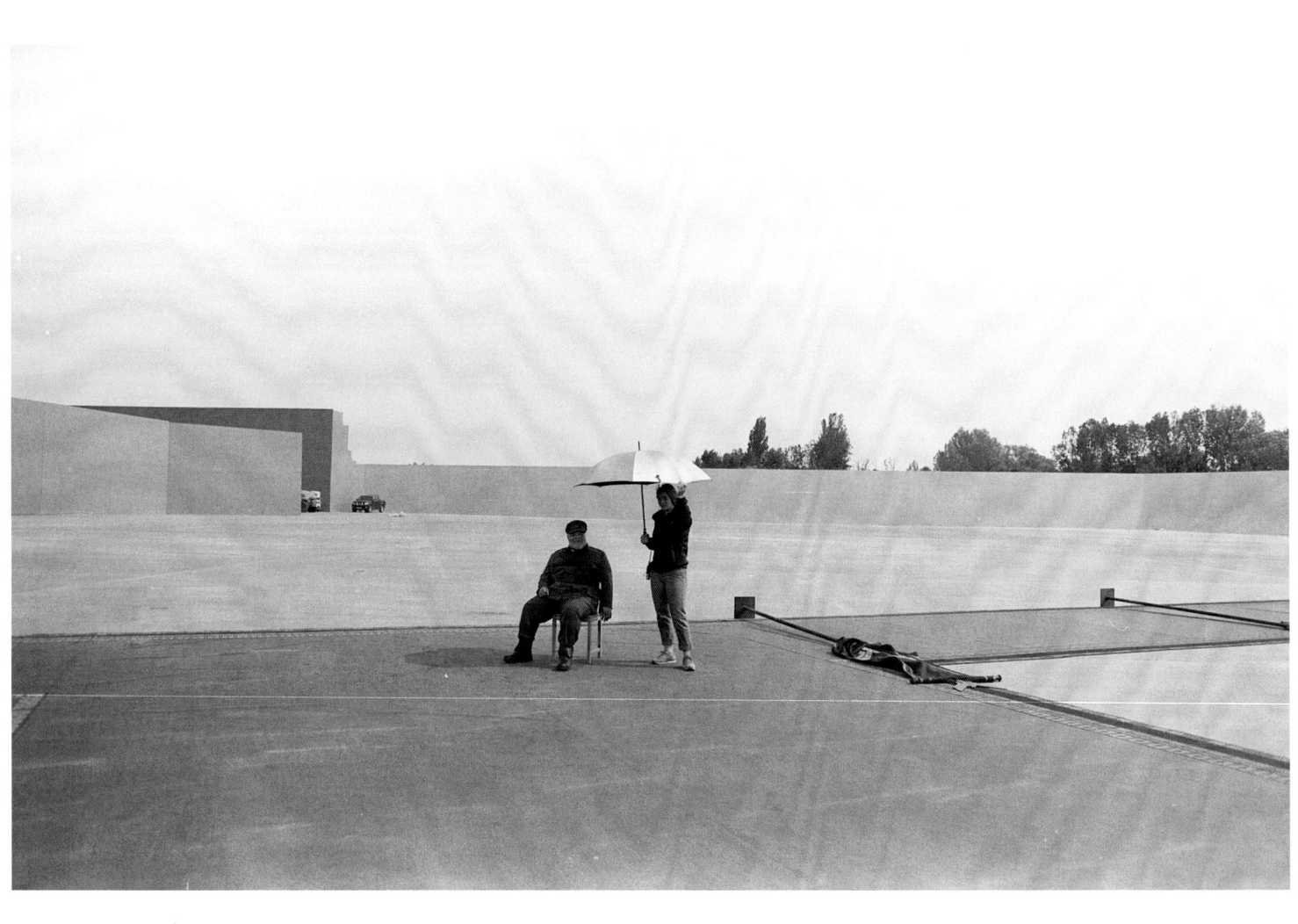

하늘에 몇 없는 구름은 만들어진 배경이 아니다. 이 일을 하며 얻는 땀도 마찬가지다. 바위를 찾아야 그늘이 나오는데 이 부근에 바위는 존재하지 않는다. 때로는 우산 하나를 손에 든 사람이 나타나지만 그 우산의 그늘은 들고 있는 사람에게까지만 미친다. 어쩔 수 없다. 적자생존이니까.

모래에 묻혀 있는 사람들이 있다. 알맞게 파 놓은 구멍 안쪽에 누워 있어 보이지 않는다. 그들은 그 구멍 안에서 살아 있는 사람이 저렇게 있을 수 있나 싶을 정도로 오래 머무른다. 나는 달 위를 걷듯이 힘들게 모래 위를 걸어 묻혀 있는 이들에게 다다를 거다.

그들은 저속 촬영으로 찍은 영화처럼 갑자기 모래에서 탄생하여 자신이 흘린 땀에 뒤범벅이 된 채 검을 들고 찌를 태세로 달려올 거다. 나는 뒤에 카메라가 있다는 건 잊고 배운 안무로 싸울 테고. 어느 시점부터는 내 의지와 상관없이 와 있는 어느 행성에서 집에 있는 픽업트럭보다 훨씬 큰 수확기를 타고 범법자들과 함께 여행하며 싸우고 있을 거다. 번쩍이는 전구와 둥글납작하고 볼록한 마이크 헤드 아래 깔아 놓은 빨강이나 베이지색 러그가 모조리 망각 속으로 자유 낙하를 할 때 나에겐 일생일대의 싸움을 벌이는 순간이 올 거다. 그 순간만은 이 바보 같은 일이 죄다 현실이 될 것이다. 책 속에 던져진 여덟 살 먹은 아이가 되어 책이 데려다준 세상에 발을 디딜 거다. 다른 세포 발달을 거쳐 전혀 다른 사람이 되어 지금의 부모 밑에서 태어난 내 인생, 이 고된 노역, 학교에서 끈질기게 괴롭히던 놈들에게 벗어나 안식일을 맞이하리라.

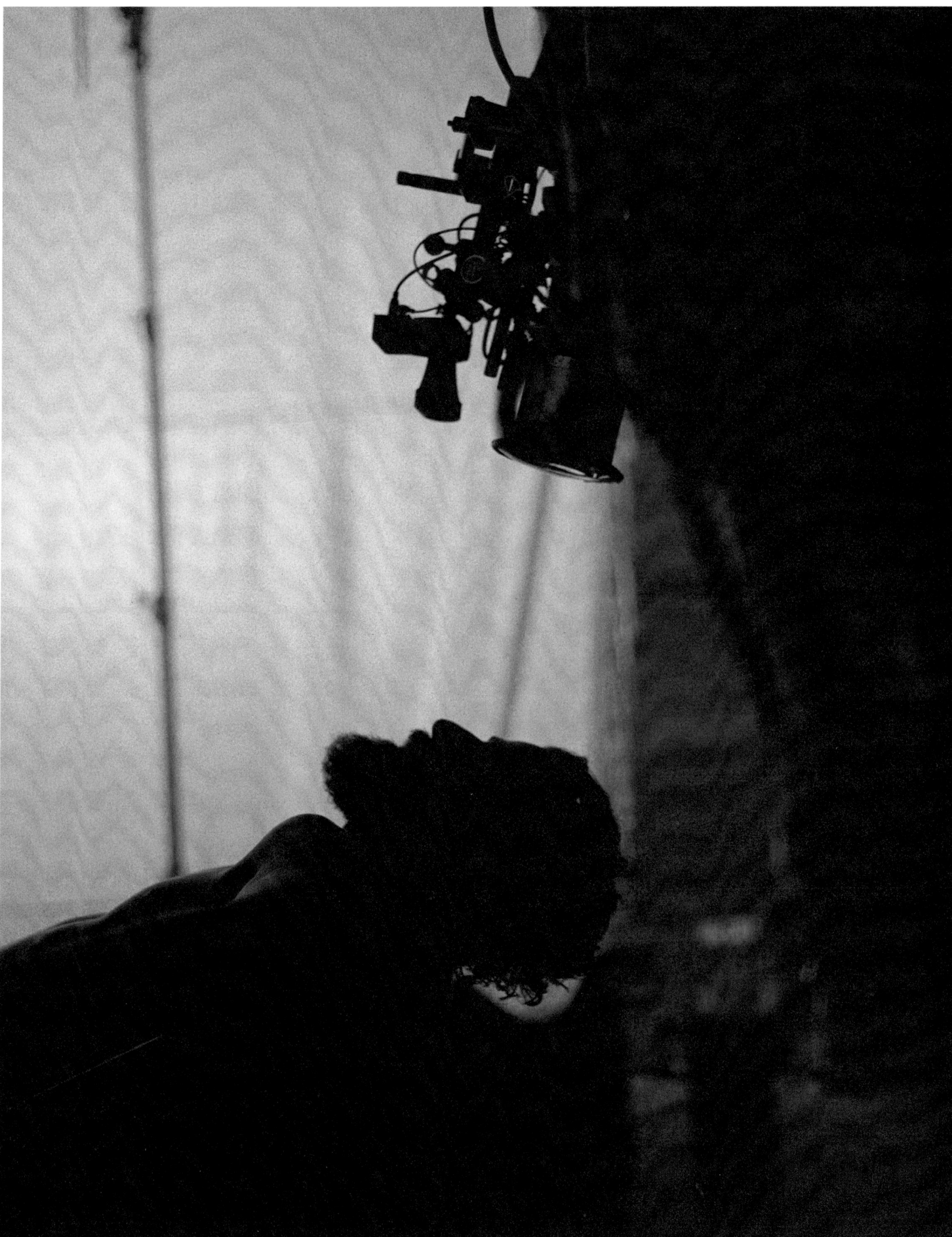

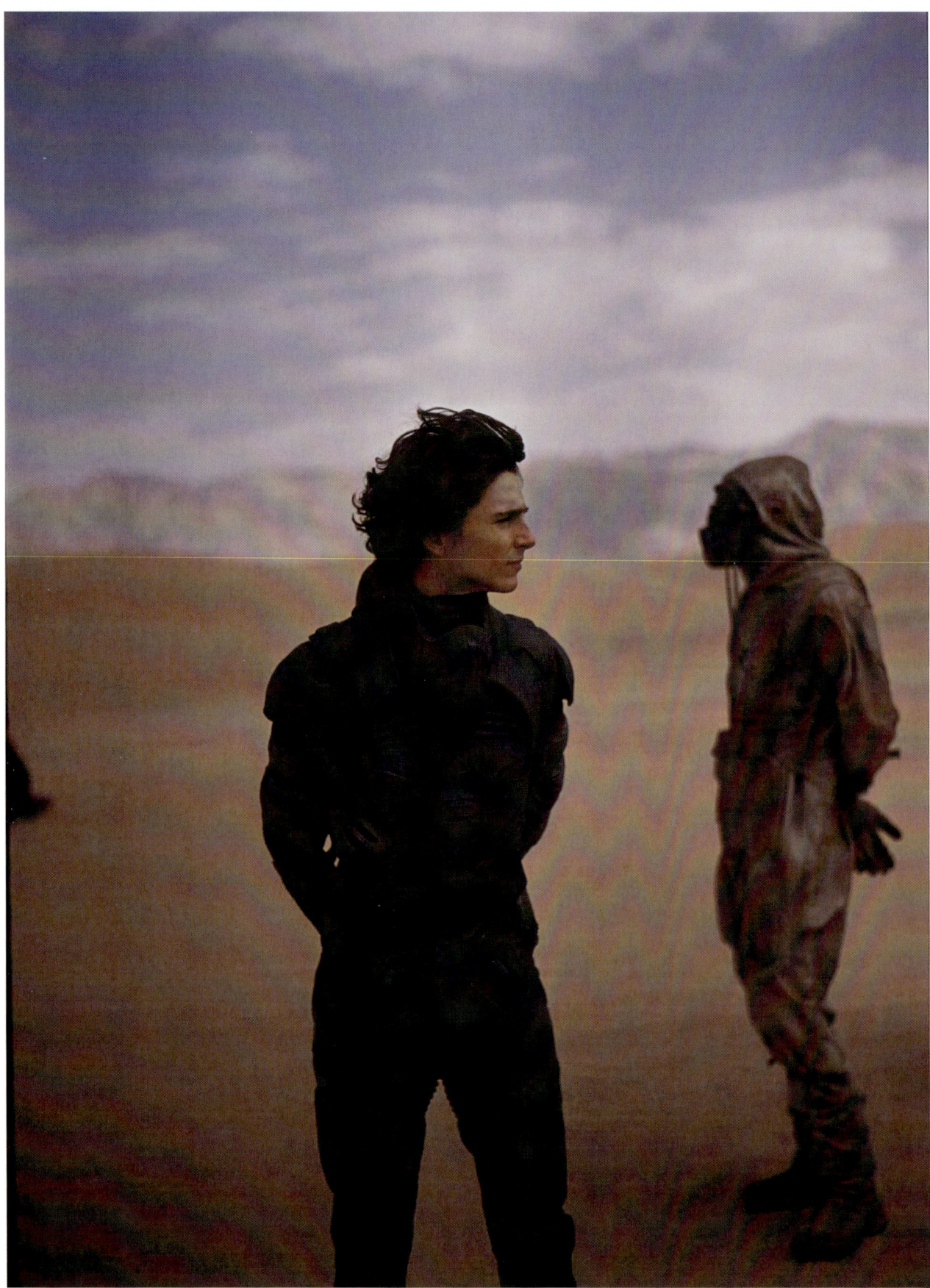

오늘은 바람이 분다.
서쪽에서 불어온다.

겨울이 지나가고 봄이 찾아왔지만
바람은 경고를 한다.
대비해야 할지 모를
나중 일에 대해
어느 불길한 공기가 속삭인다.

바람은 모든 게 붕괴할 거라고 말하려 한다.
아니면 조금씩 떨어져 나갈 거라고.

투쟁하는 사람들이 있고
웃음도 있을 테지만
오직 어린이들의 웃음소리만 즐겁게
높은 소리로 들려올 거다.

웃음소리는 멀리 떨어져 있다.
바람과 함께라면 그 소리가
들릴지도 모른다.
희미하게 들리는
어린이들의 웃음 위에 내리는
비일지 모를 어떤 것과 함께.

어린이와 바람 같은,
특히 웃음이나 비와는
전혀 상관없는 그 밖의 모든 소리는
투쟁하는 소리에 가려
거의 들리지 않을 거다.

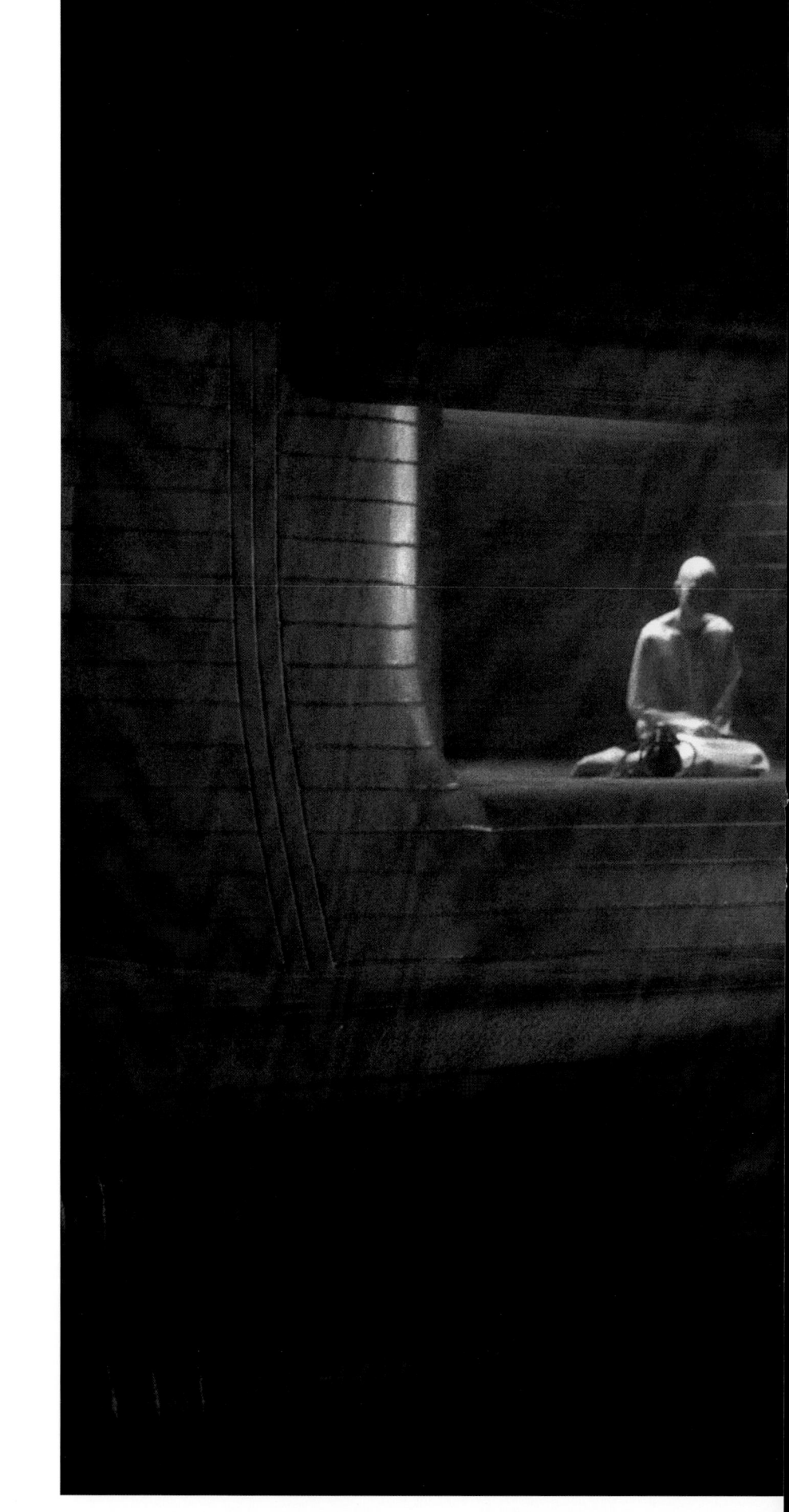

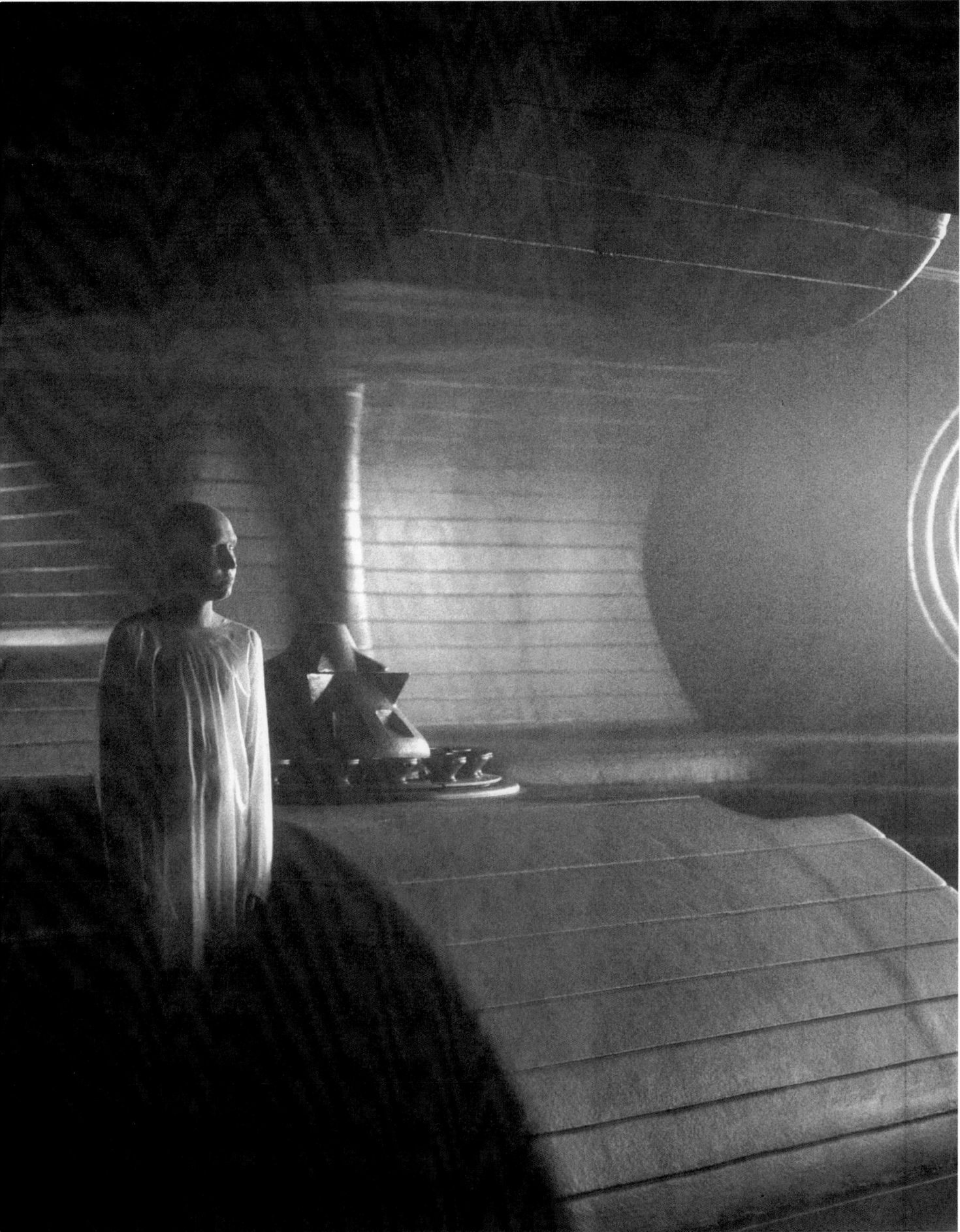

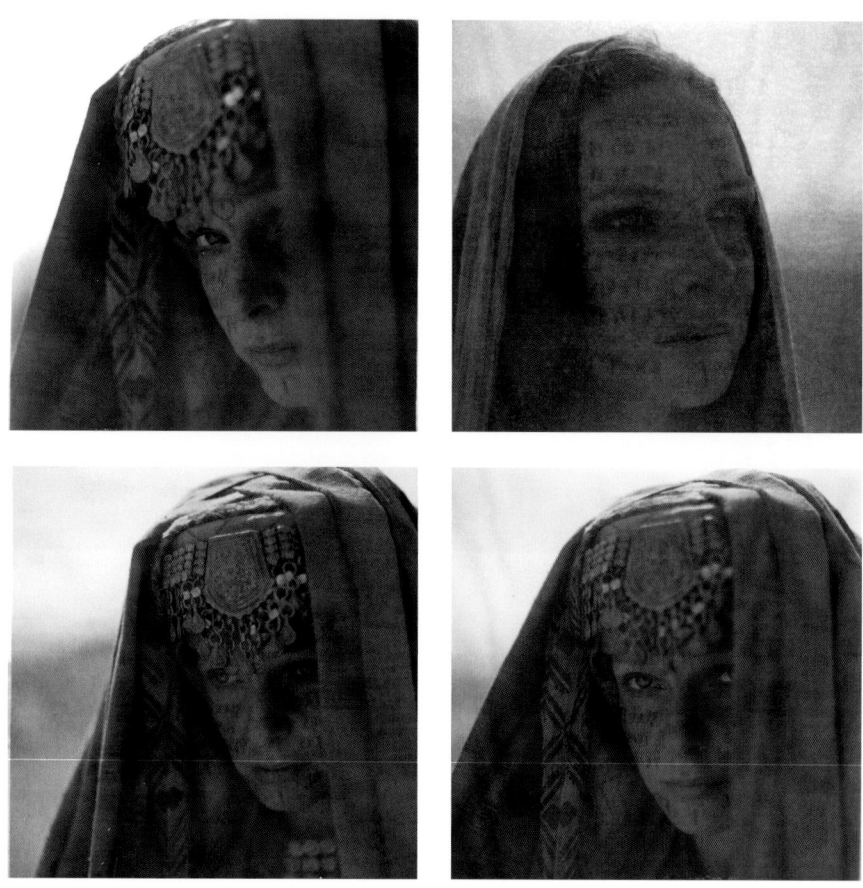

가장 검은 잉크로 나를 칠하라. 내 알비노 피부를 신화로
만들어라. 내 이야기를 후손들에게 전하라. 물론 우리가
과감히 그 미래에 다다를 수 있다면. 손자들과 앉아 성경에
나오는 칠흑 같은 밤으로 뒤덮인 사람들 이야기를 생생히
들려주어라. 달에 손을 뻗어 달을 가진 자의 이야기를. 영광을
추구하고 영광을 거머쥔 자의 이야기를. 네가 부리는 하인의
발톱으로 나를 건드리고 내 피와 모래, 잉크와 침을 섞어
내 피부에 강하게 문질러 스며들게 하라. 나는 당도했노라.
오늘은 나의 날이노라. 다른 자들은 권세를 잃고 보잘것없는
신세가 되어 헌신할 날이노라.

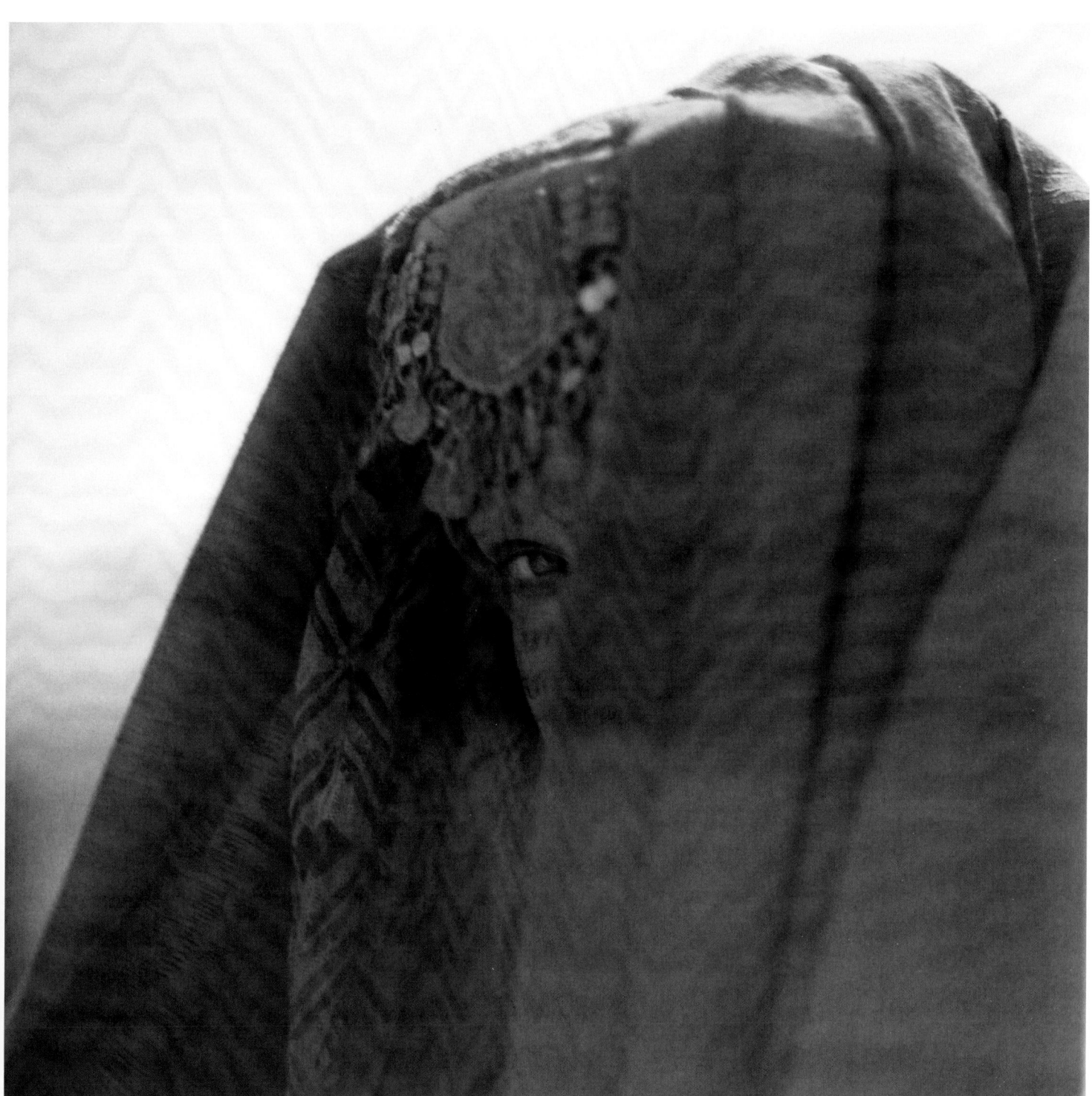

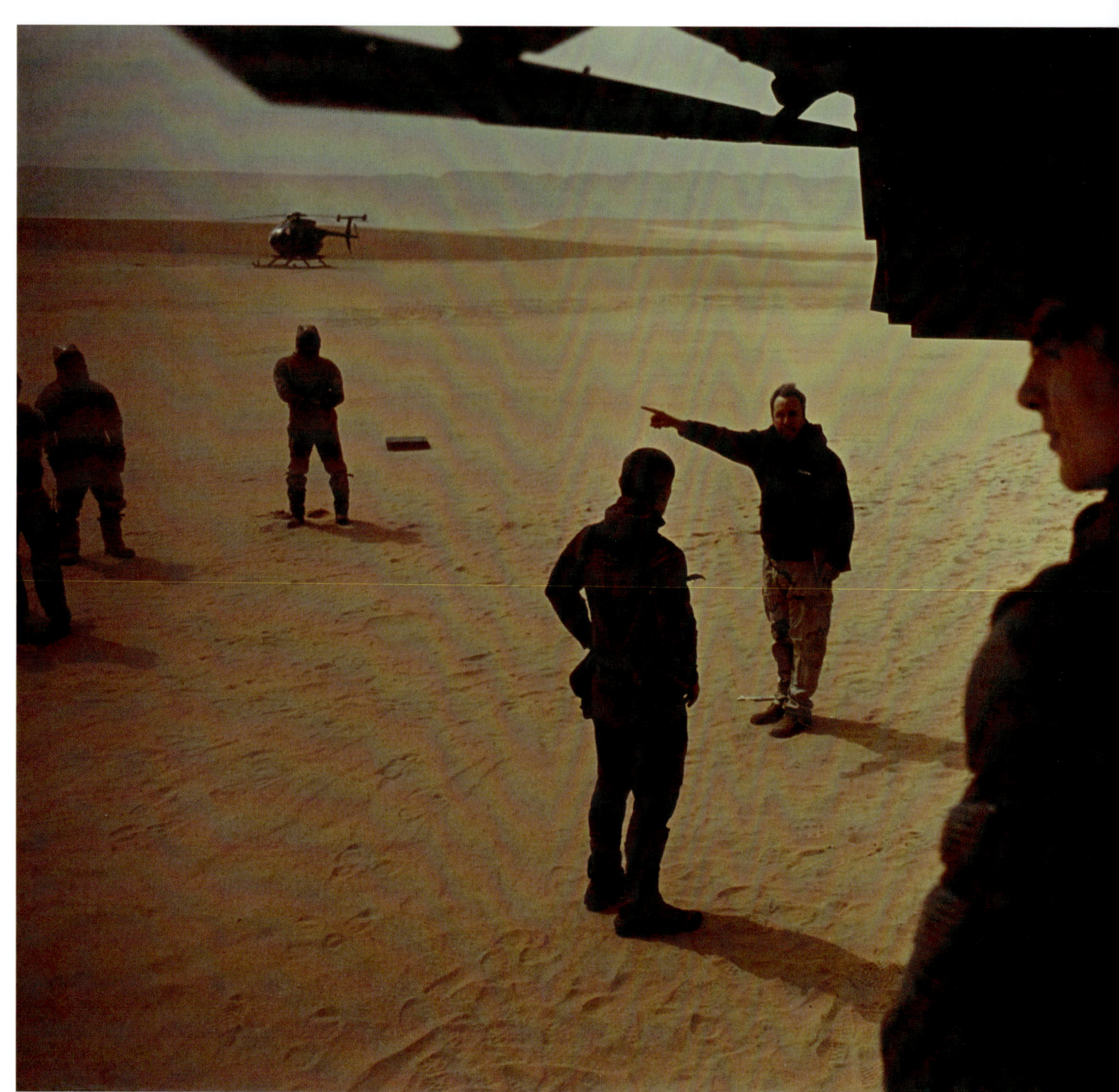

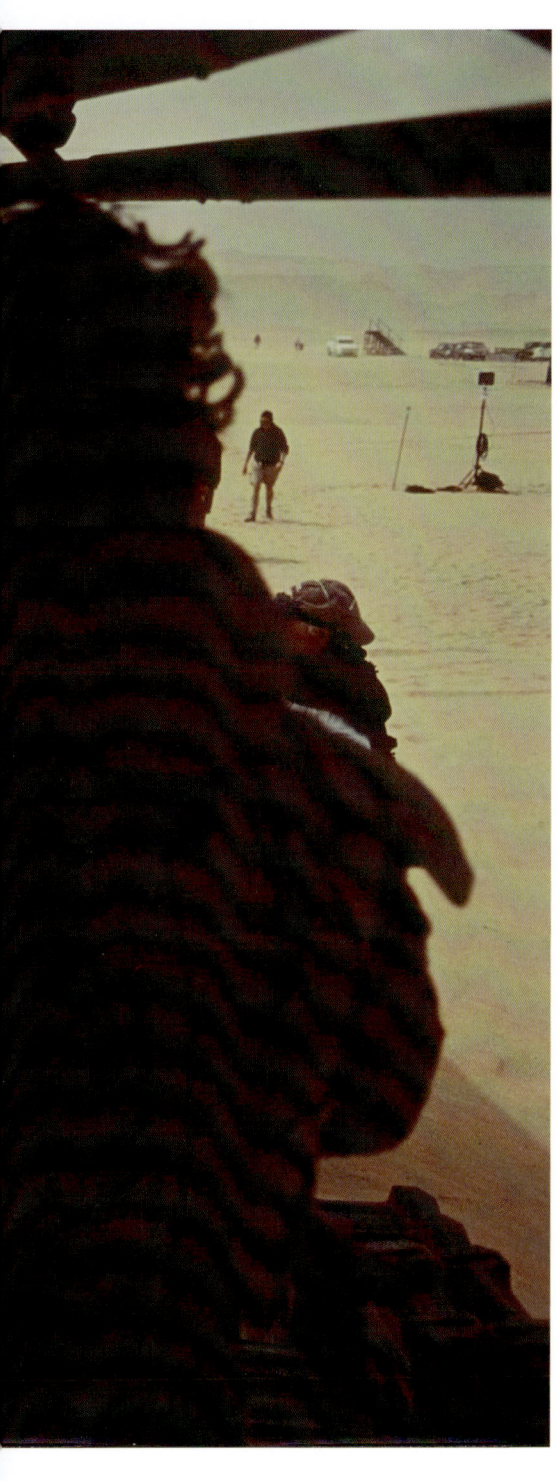

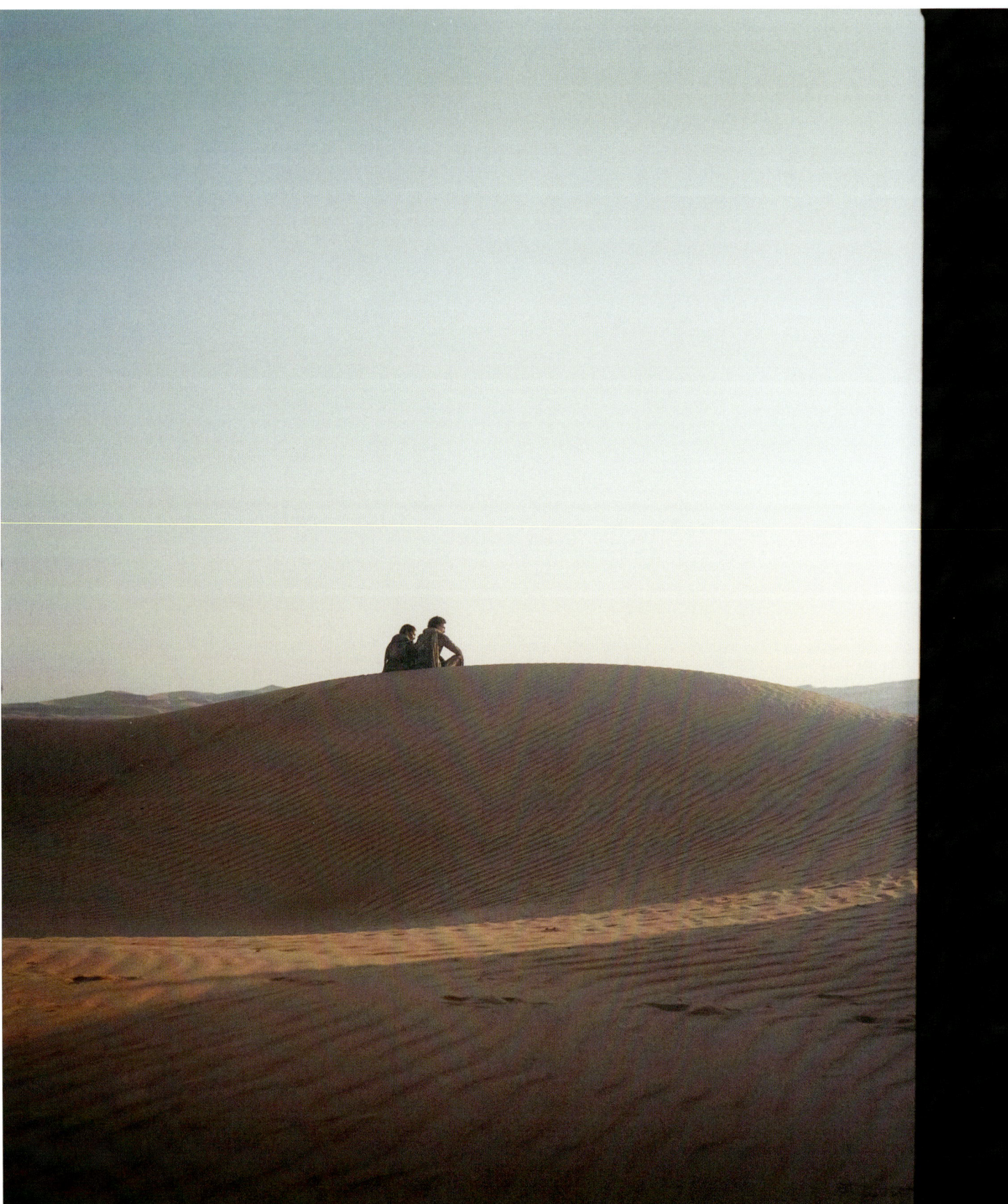

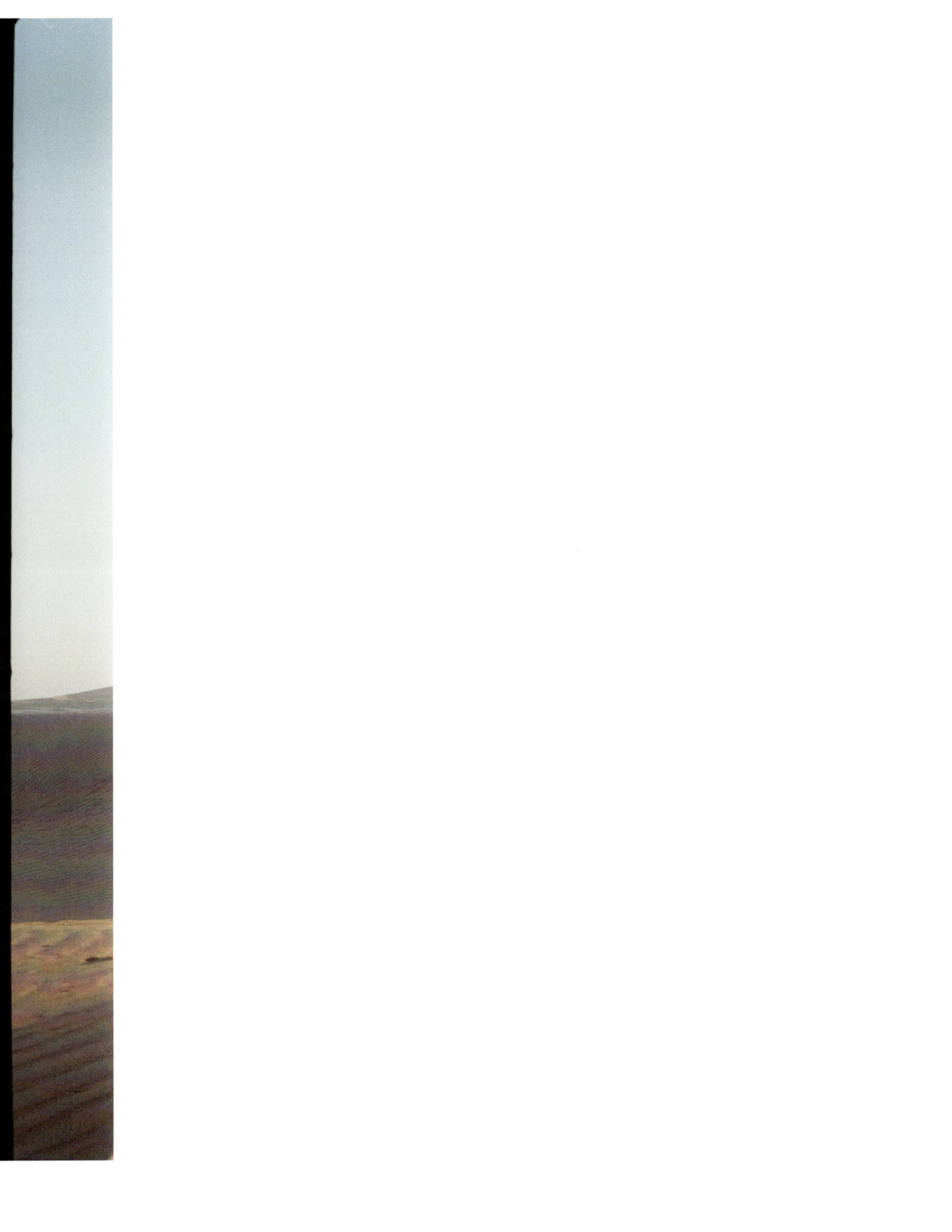

당신이 나를
들여다볼 때
나에게 바라는
왕족의 품위에 대해
신기루가 속삭인다.

당신이 부를
축적하는 일에
내가 보탬을 준 건
전혀 없었다.

그래서 내가
맹렬하게 부풀어 오르는
확신과
허울에 맞서
싸워 나가는 동안
당신의 짙고 푸른
무한의
부드러운 압박은
계속 남아 있다.

건드려지지 않고서.

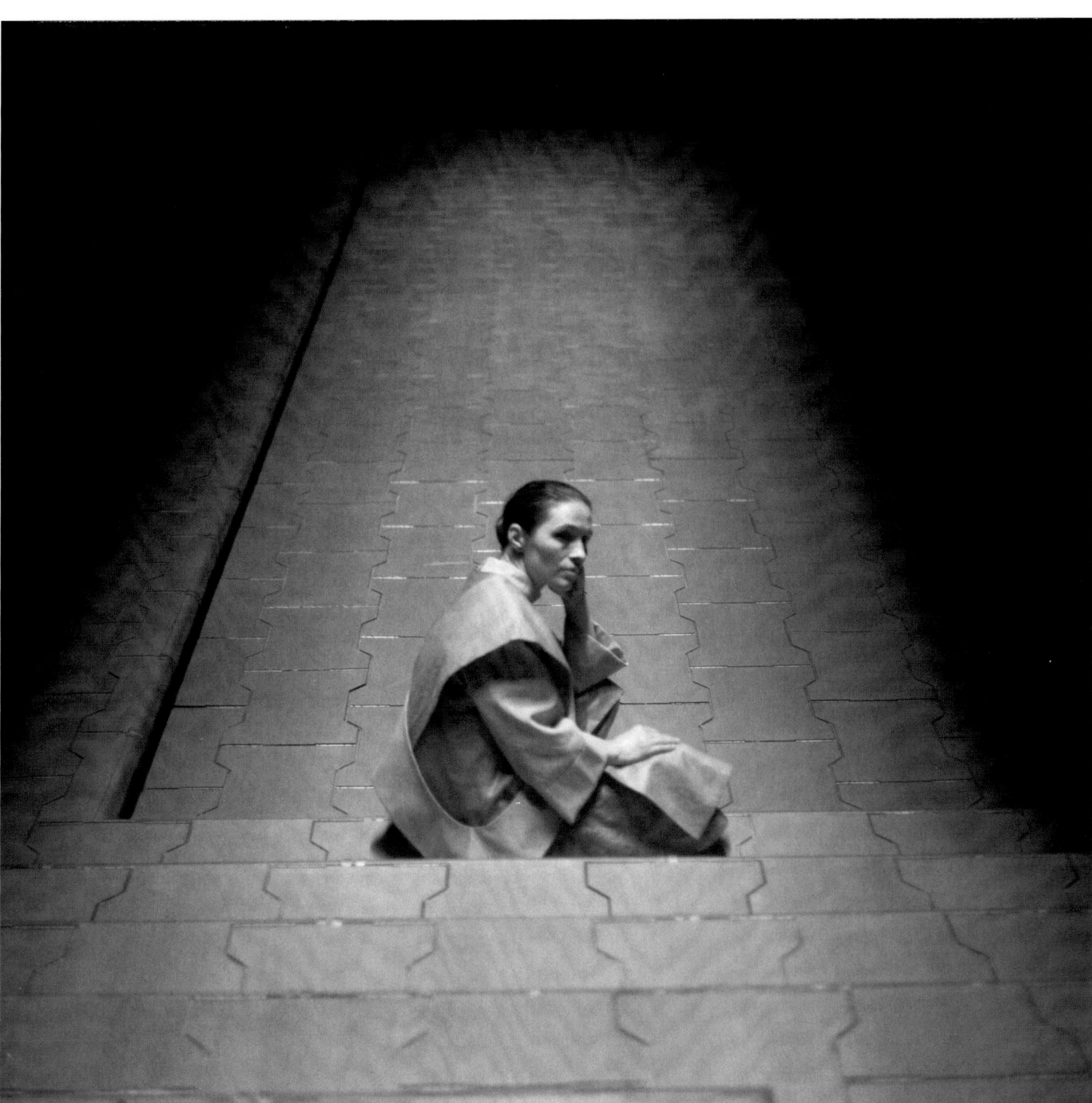

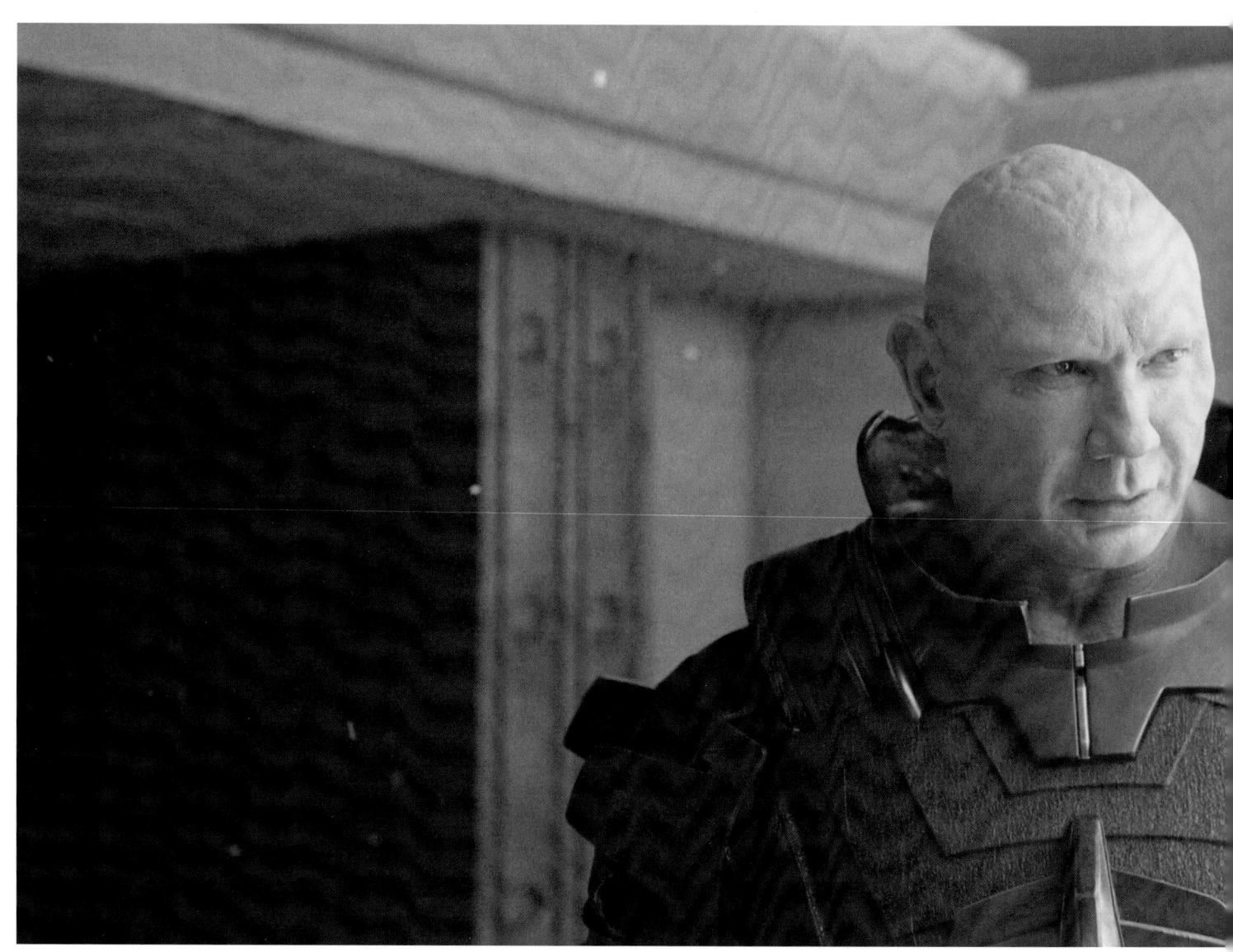

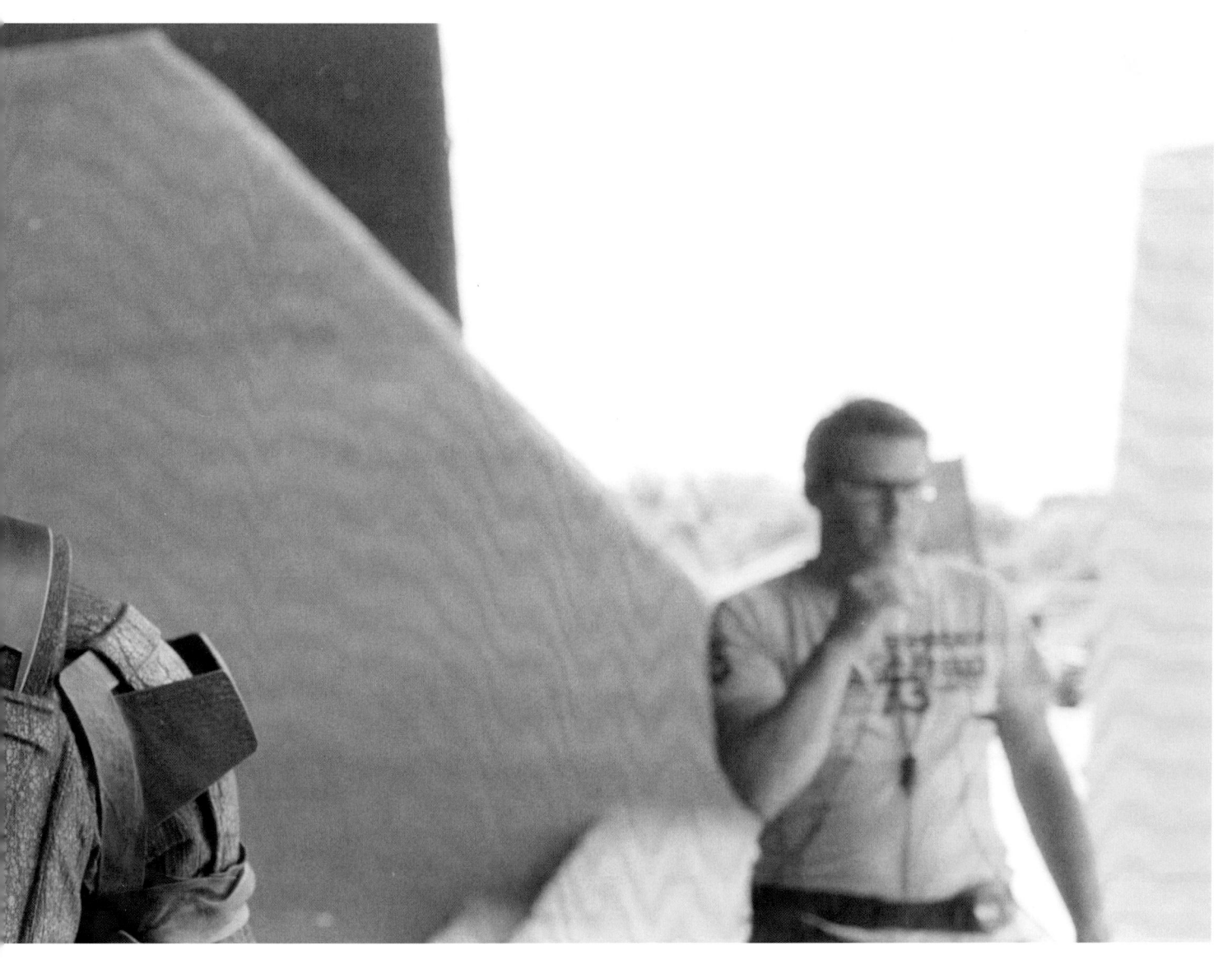

나는 버티스타를 한 번도 보지 못했지만,
버티스타가 거기 있다는 걸 알았다. 모두가 그가 거기 있다는 걸 알았기에.

그는 버티스타다.

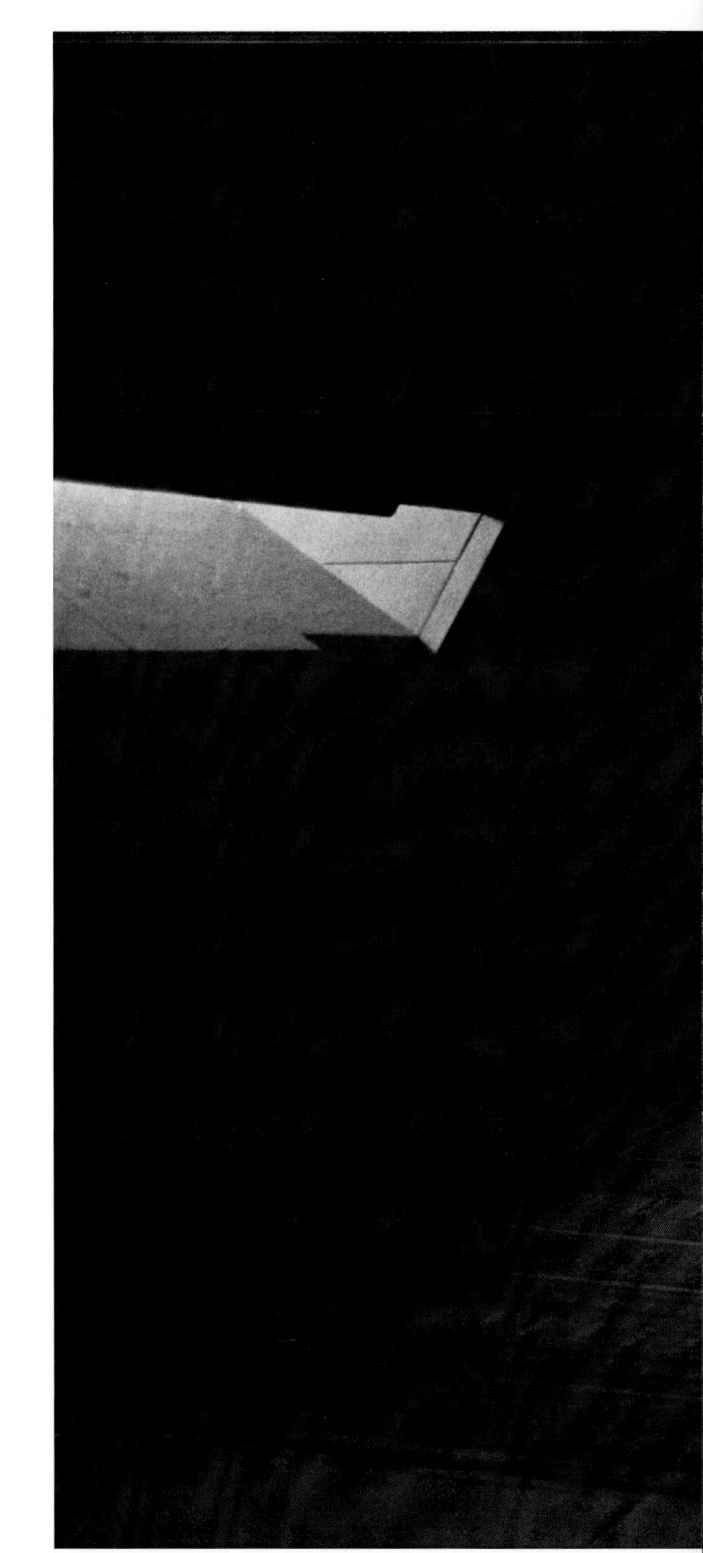

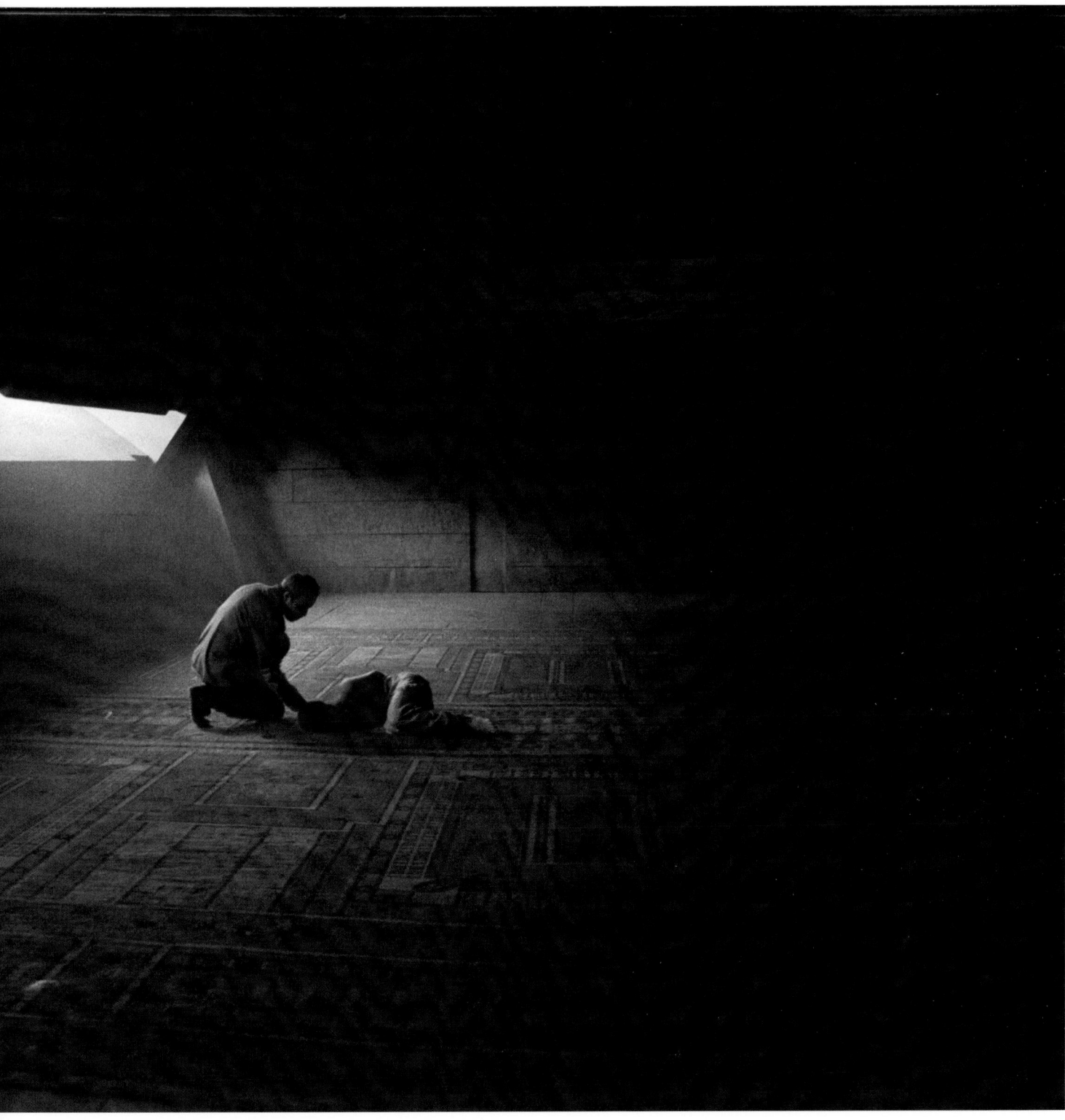

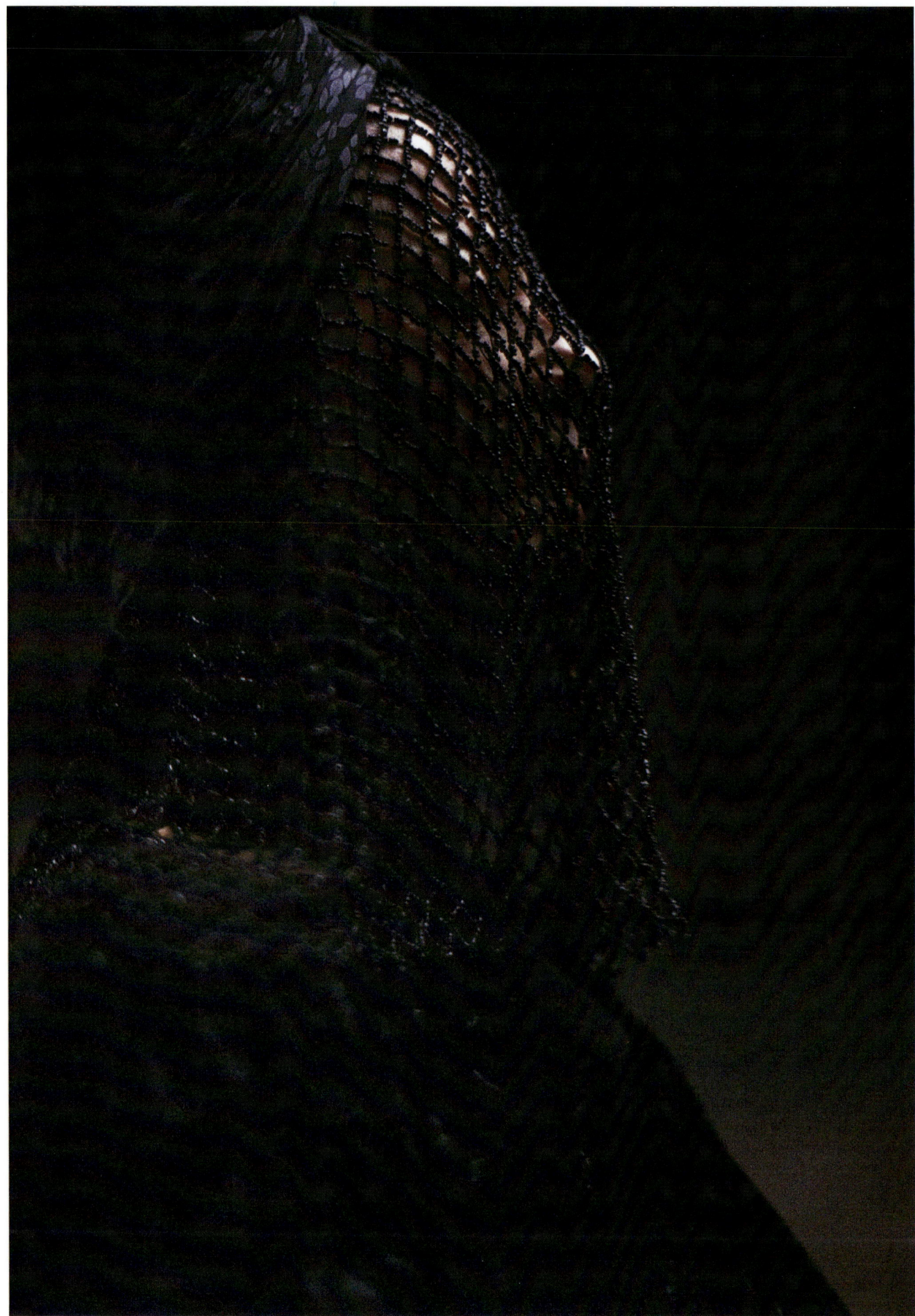

여자는 늘 상냥하지만
언제나
살짝 꾸짖는 표정으로
바라볼 것 같다.

나를.

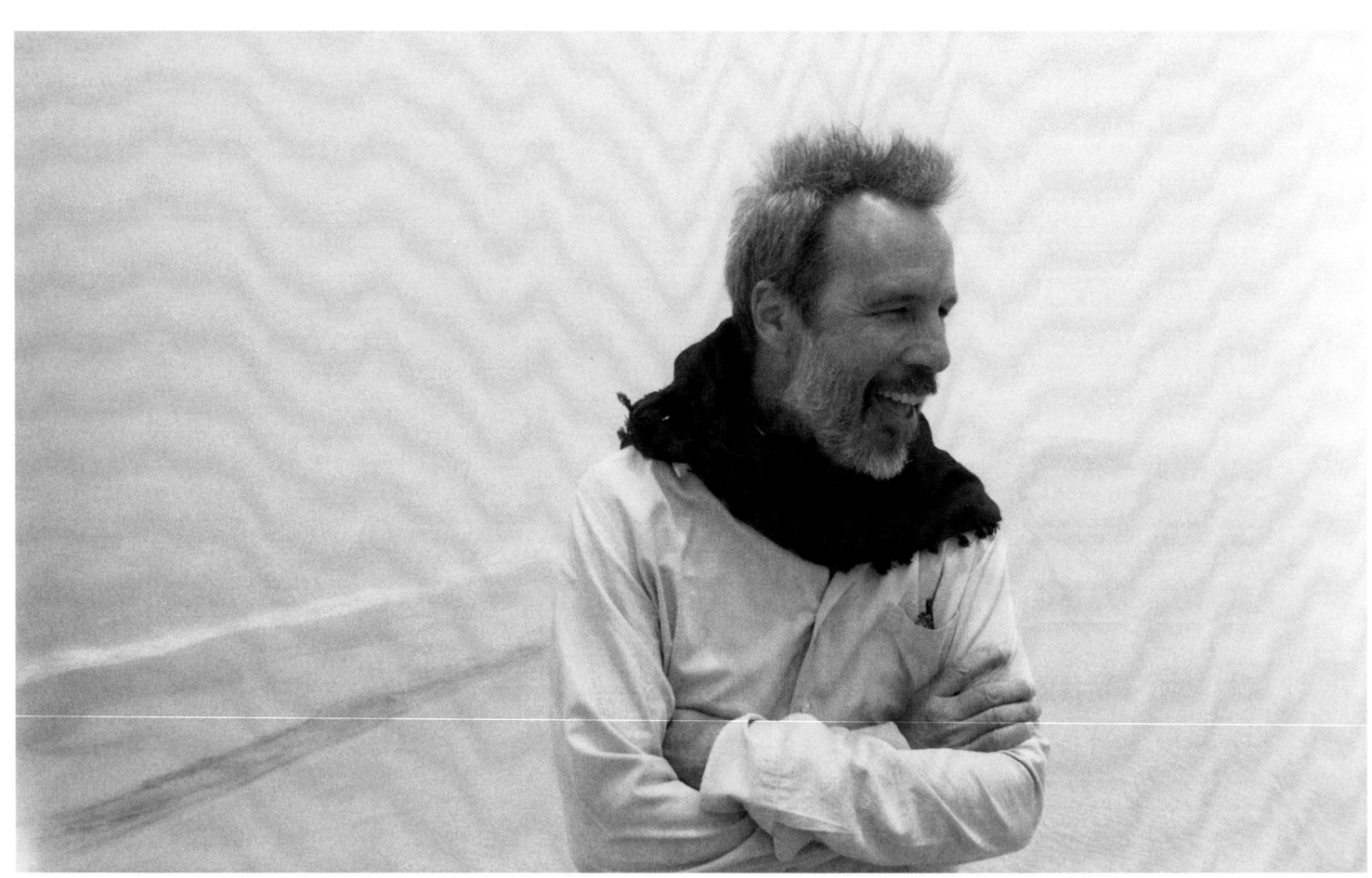

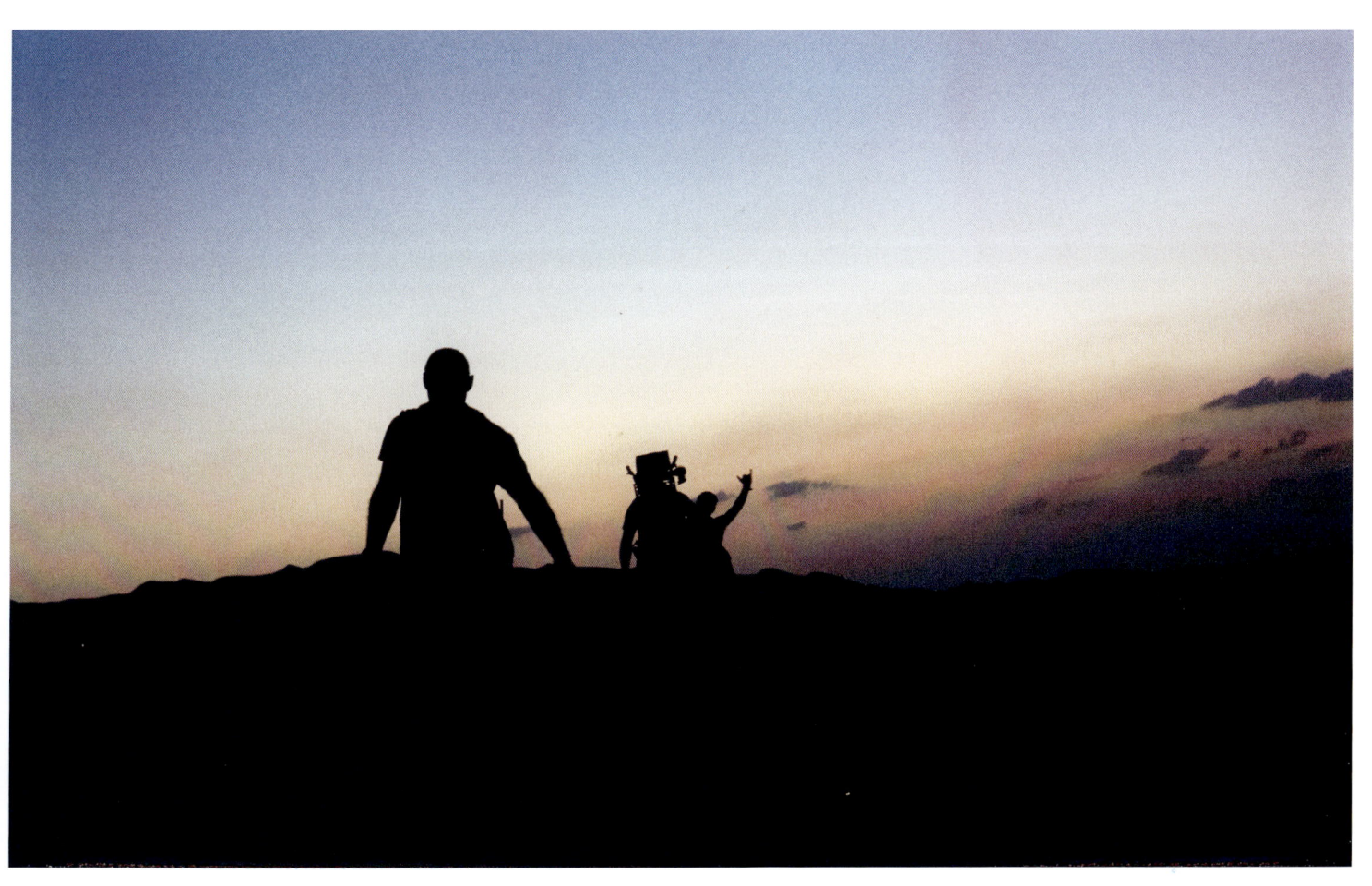

당신의 생각들로부터 나온 웃음이
석양을 색색의 크림으로 칠하고
들이쉬는 숨만으로 휘젓는다.

석양이 당신에게 불을 붙인다.
우리의 깊은 웃음이 자리 잡는 곳에서
밤은 사라진다.

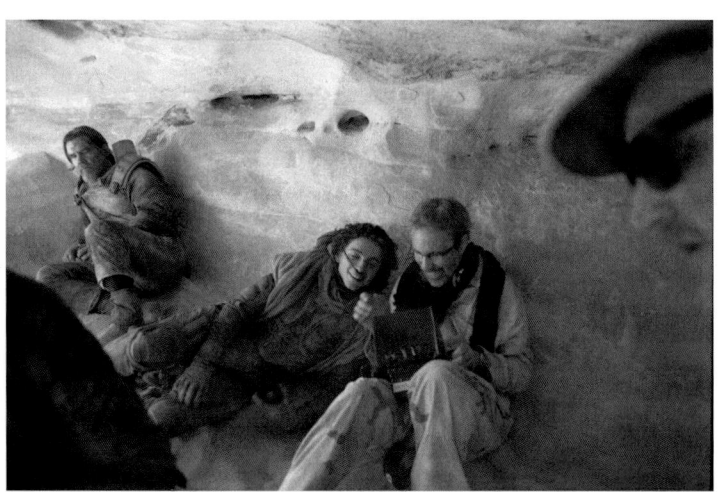

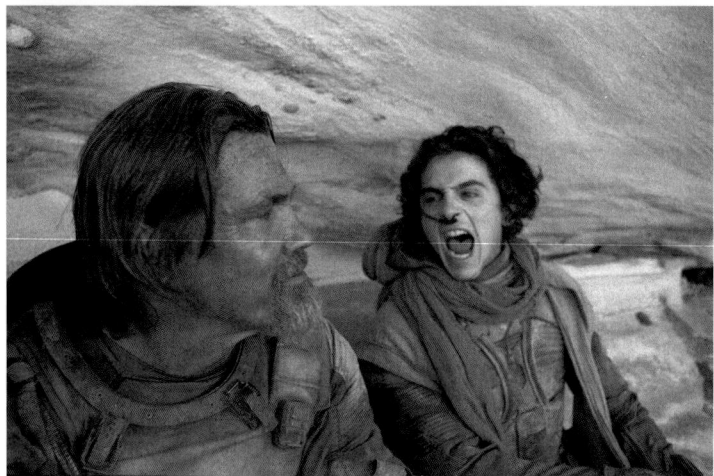

젊은 세대는 어제보다
오늘 더

젊다.

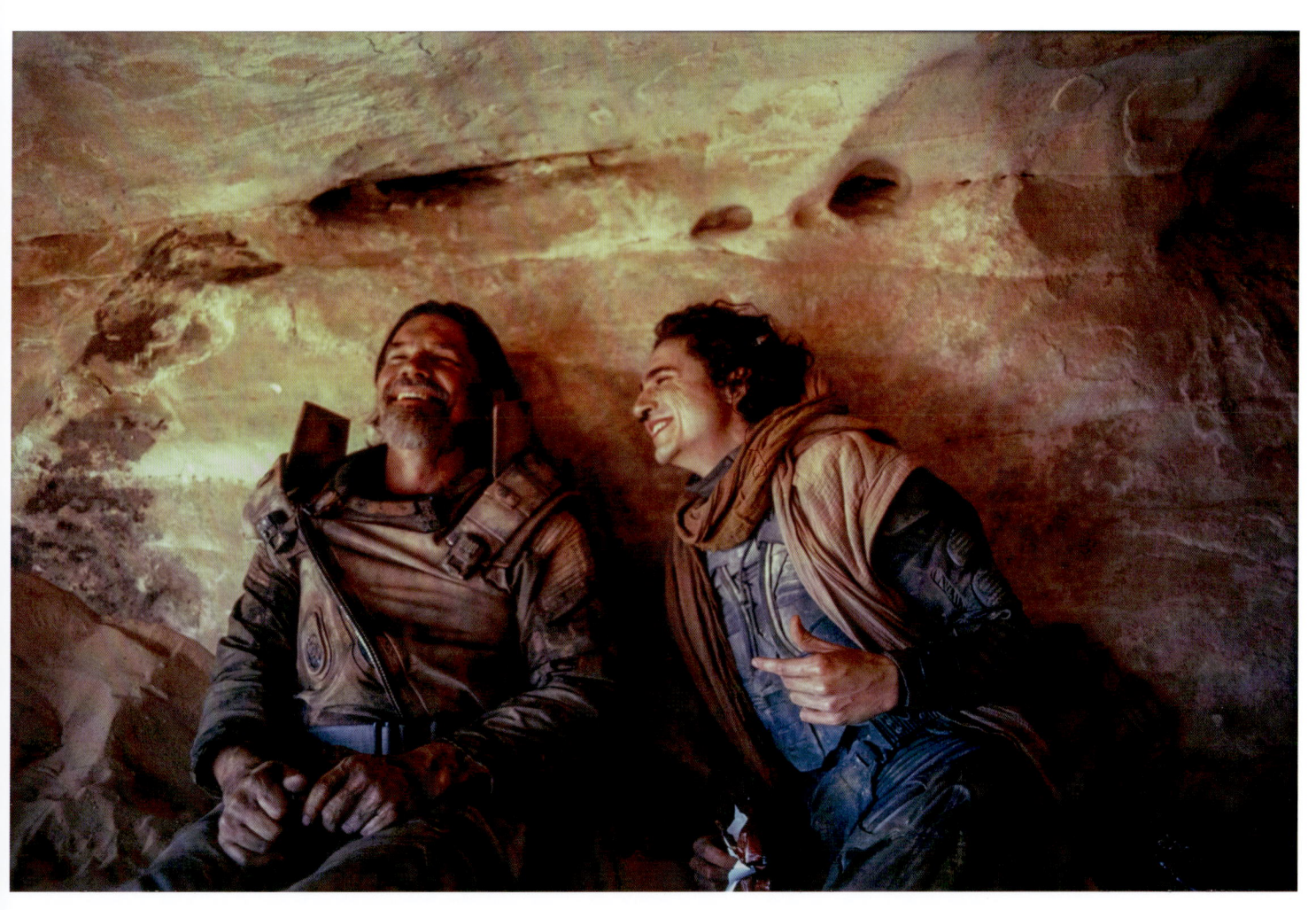

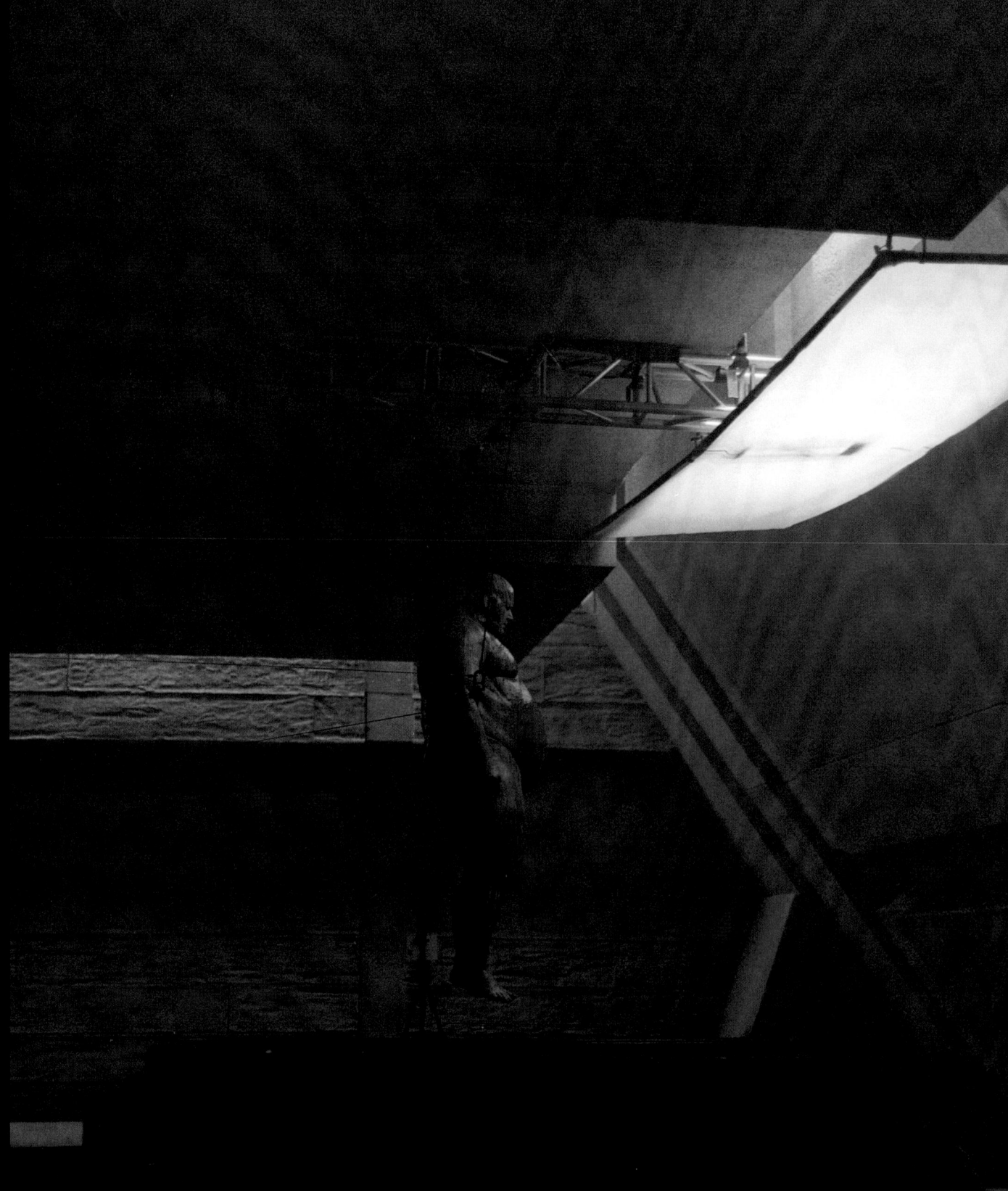

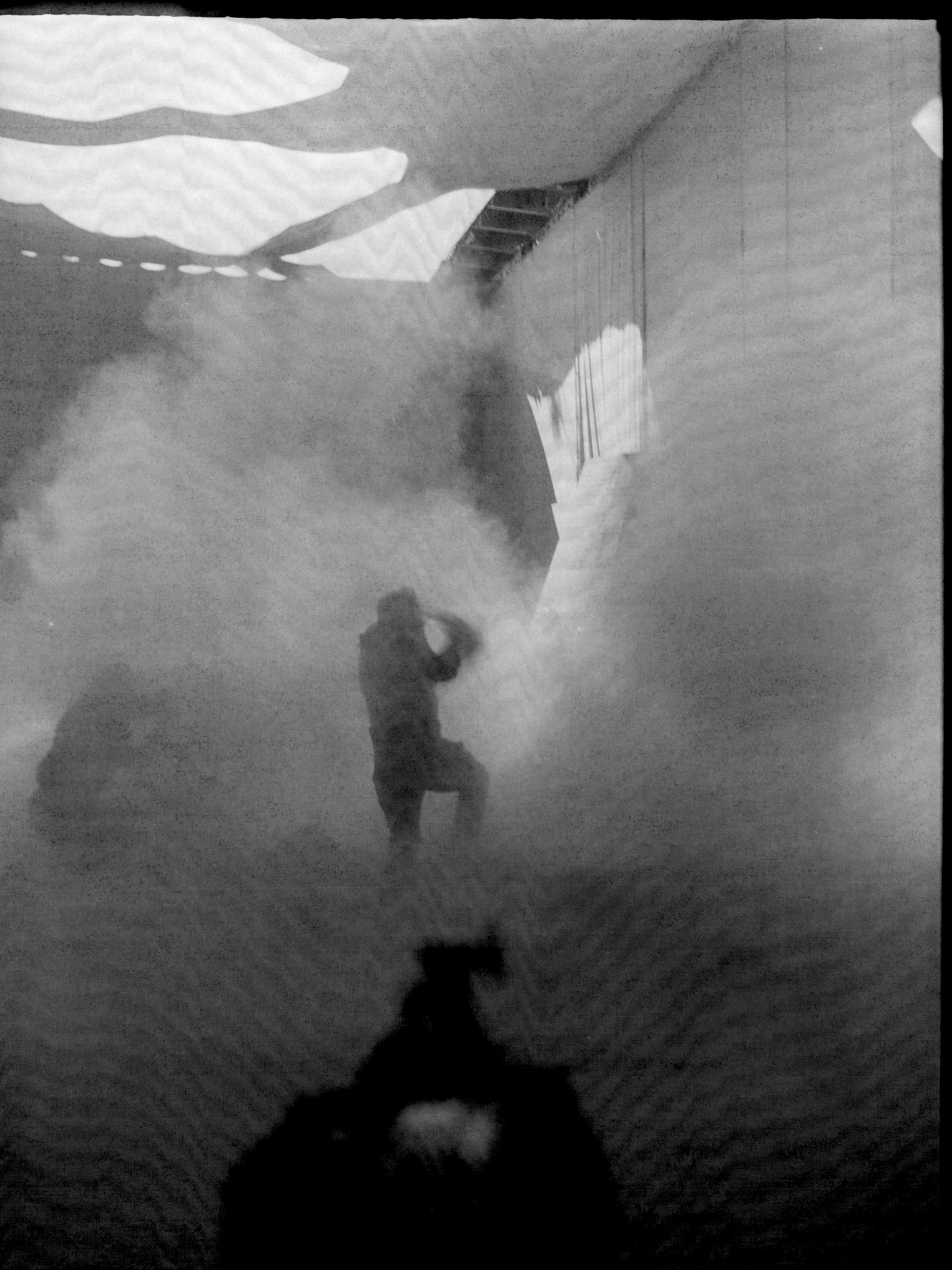

여자는 잠에서 깰 수가 없다. 눈을 뜰 때마다 밖에서 미친
듯이 몰아치는 모래 폭풍이 보인다. 여전히 밖은 어둡지만
넓게 퍼진 거대한 덩어리처럼 움직이는 모래 폭풍은 몹시 화가
난 유령들처럼 유리를 탁탁 치며 지나간다. 어제는 전원이
집합해 모두 정확히 옷을 입고 정확한 포지션에 있는지, 수분
공급은 되고 있는지, 모두가 맞는 장소에 있는지 확인했다.
오늘도 마찬가지가 될 거다. 기중기, 달리 트랙, SUV로 오가며
A팀 전원이 도착하기 전에 미리 막사들을 설치해야 할 것이다.
"카푸치노 한 잔요. 오늘은 거품 좀 적게 해 주실래요?"
그럼요. 되고 말고 이 건방진 자식아. 천 킬로미터도 넘는
거리에 있는 스타벅스에 달려가 주마. 빌어먹을 낙타젖을 짜다
갖다주고 너한테는 거품 없은 귀리 우유라고 해 주마. "바로
드리겠습니다."

여자는 거기 누워 있고 모래 폭풍이 창문을 때리는 소리는
계속된다. 촬영 67일째, 칠성급 호텔에 묵고 있지만 여자는
수영장에 잔물결 한번 일으키지 않았다. 술 한 잔. 여자가
원하는 건 약간의 웃음과 술 한두 잔 그리고 나서 컵은 손에
들려 있는 채로 물속에 가라앉는 것, 푸른색 럼주가 여자의
안팎으로 큰 파도처럼 밀려와 두 눈을 감고 넘쳐흐르는 상상
속 양수에서 둥둥 떠 있는 것뿐이다.

편하게 생각하자. 편하게.

알람 때문에 작동된 어느 중동 라디오 방송에서 이해할 수
없는 말들이 쏟아져 나온다. 대부분 인사말이지만 여자는 단어
몇 개를 배웠다. 하지만 술집에서 주고받던 정감 어린 농담과
넷플릭스가 그립다. 아직도 모래는 계속 빙글빙글 소용돌이치며
여자에게 다가온다. 오늘은 더 힘든 날이 될 거다.

오늘은 다들 짜증이 나서 예민할 거다. 목표는 하루를 금방
보내는 것, 돈을 절약하는 것, 여자와 다른 몇몇 사람들로 인해
기반이 잘 유지된 덕에 모두 행복하고 기분 좋게 지내는 것.

여자가 침대에서 몸을 떼어내 일으키자 발에 모래가 닿는다.
여자는 아직 실내에 있었지만 건축물에 난 작은 틈새를
비집고 모래가 들어와 호텔 방 바닥에 쌓인 것이다. 폭풍을
뚫고 빛이 들어오려고 한다. 하지만 거의 들어오지 못한다.
소파에서 자는 사람이 있다. 돈을 절약하라. 샤워실에 벌써
누가 있다. 돈을 더 절약하라. 여자의 방문을 노크하는 사람이
있다. 커피. 다시 시작하라.

모래는 불타고 낙타의 털 같은 밝은 갈색의 돌풍이 불어오는 가운데

결대 물리칠 수 없는 동물의 형상이 나타나

뜨거운 열기와 함께 당신을

아이리스처럼 푸른 하늘 아래로 끌어당긴다.

곧 받을 돈이 있고

남몰래 연모하던 어느 유명 인사도 볼 수 있다며

애써서 정당화한 걸 모조리 망쳐 버리는 곳으로.

자아의 날카로운 꼬리를 붙잡고 싶은 이유는 무엇인가?

여러 해 되감아 보니 동굴 벽에 내가 끄적여 있고

누가 내 의미를 해독하려고 긁히 가는 모습이 보인다.

이 이야기는 점점 구체화되어 탄력을 받다가

문장들이 쓰여진 달과

모든 일이 끝난 후 어디로 가야 하는지에 대한

예측 사이에서 정체한다.

모래가 가라앉고 우리는 비행기를 타고 집으로 돌아가

책을 꺼내 들고 갓 미용시킨 개를 산책시키면서

내가 인정하는 것보다 더 자주 "네"라고 하게 될 것이다.

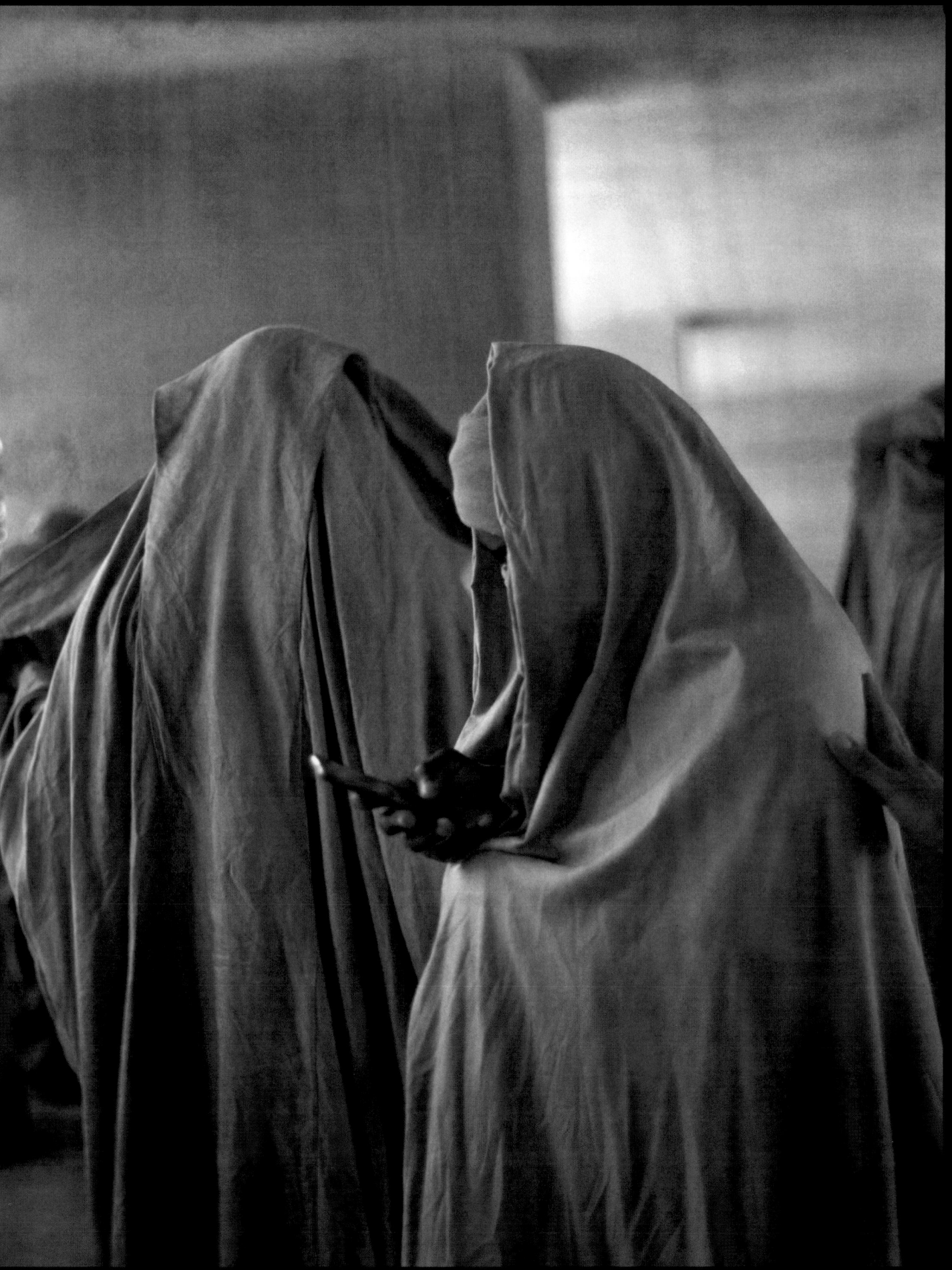

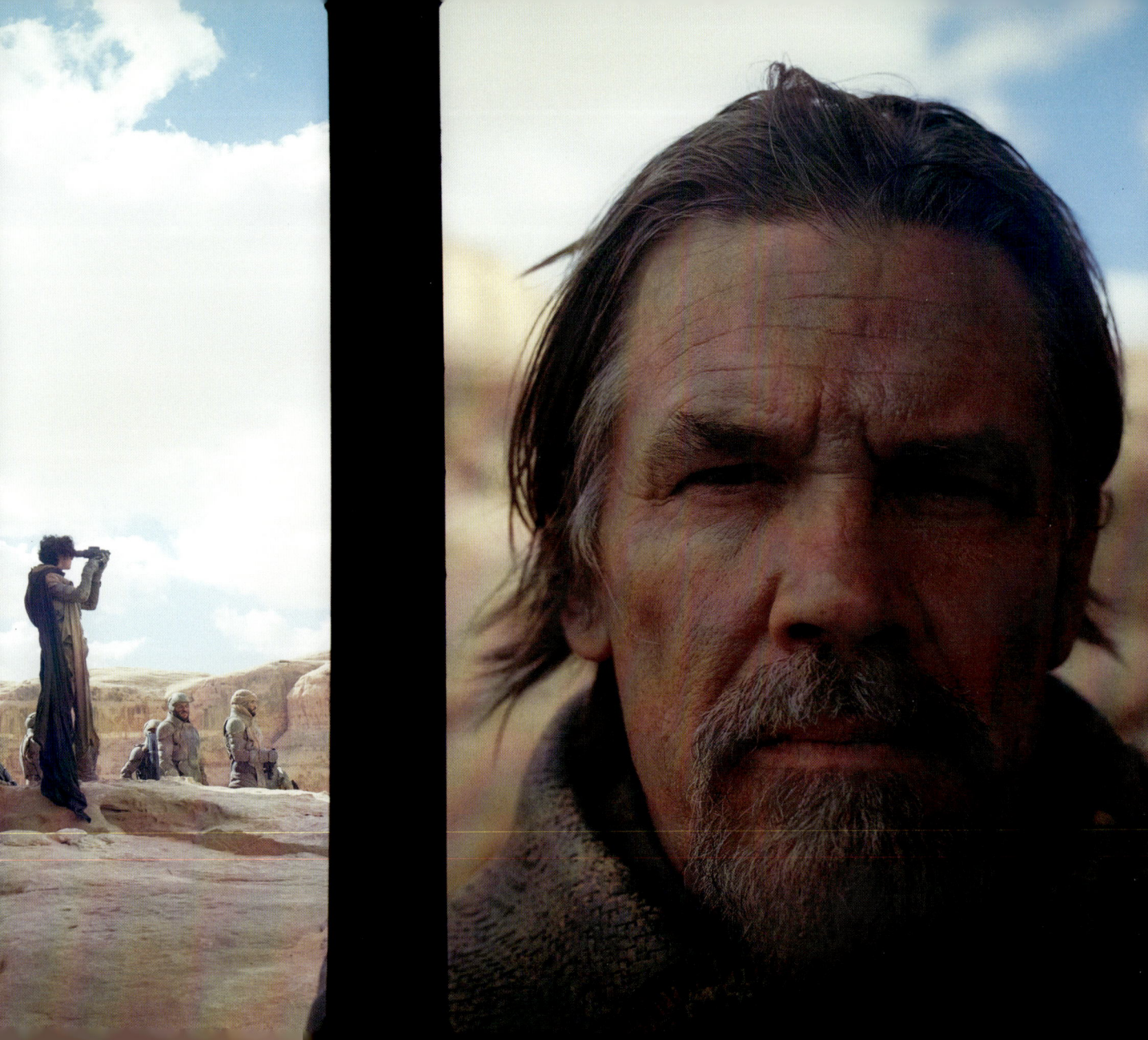

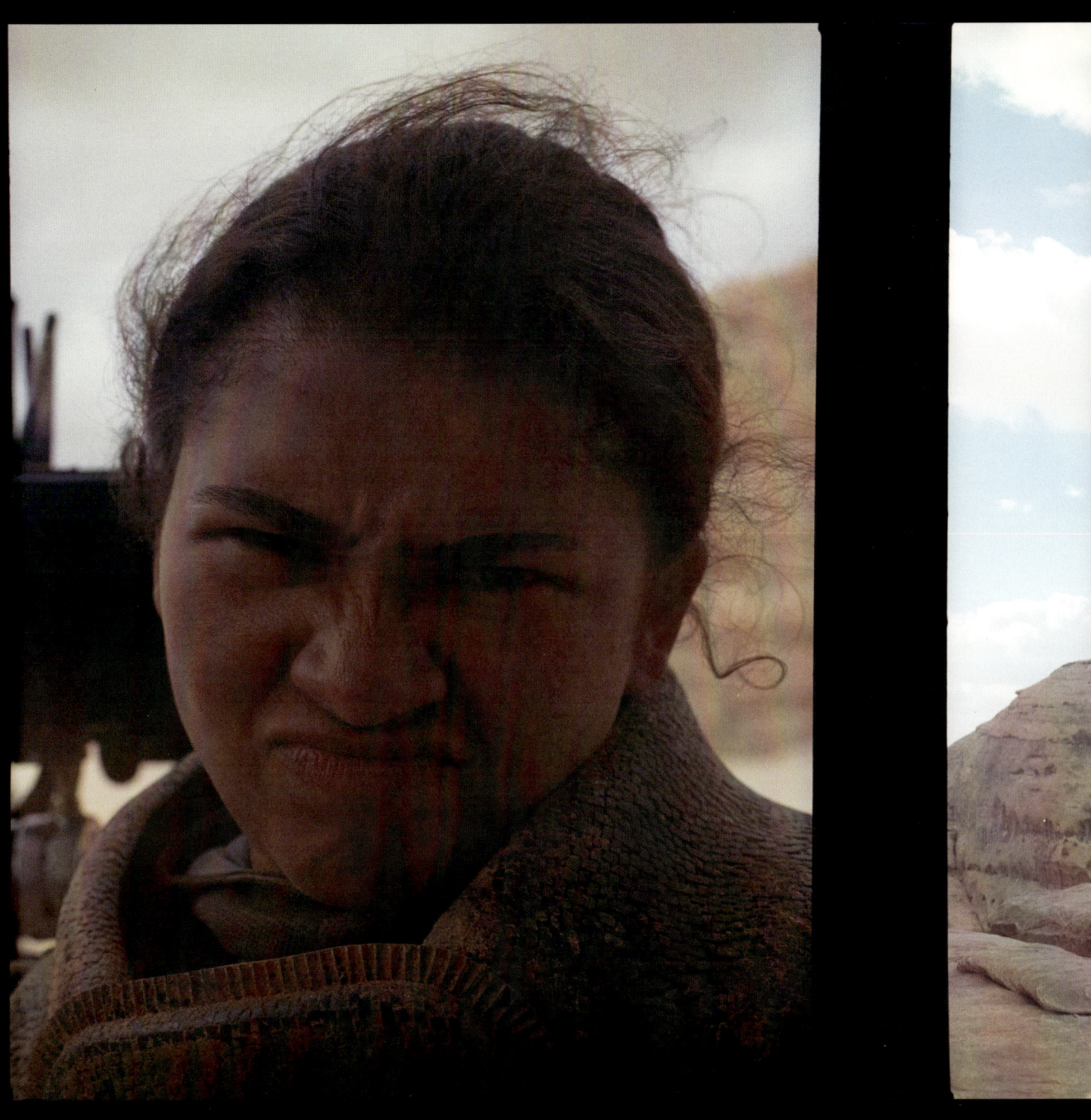

너의 얼굴엔 사춘기가
아로새겨져 있다.

너의 광대뼈가 뛰어오른 곳 위엔
젊음이 충만한 눈, 그 눈이
코를 따라 미끄러져 내려가면 시가 새겨진 듯한 입술이 있다.

내 시선을 사로잡는 너로 인해
나는 내 나이가 두려워진다.

네가 무언가를 권할 거라고
내 안의 어떤 것이 말하는데
내가 아직도
그걸
원하는지
당장은
확신이 없기 때문이다.

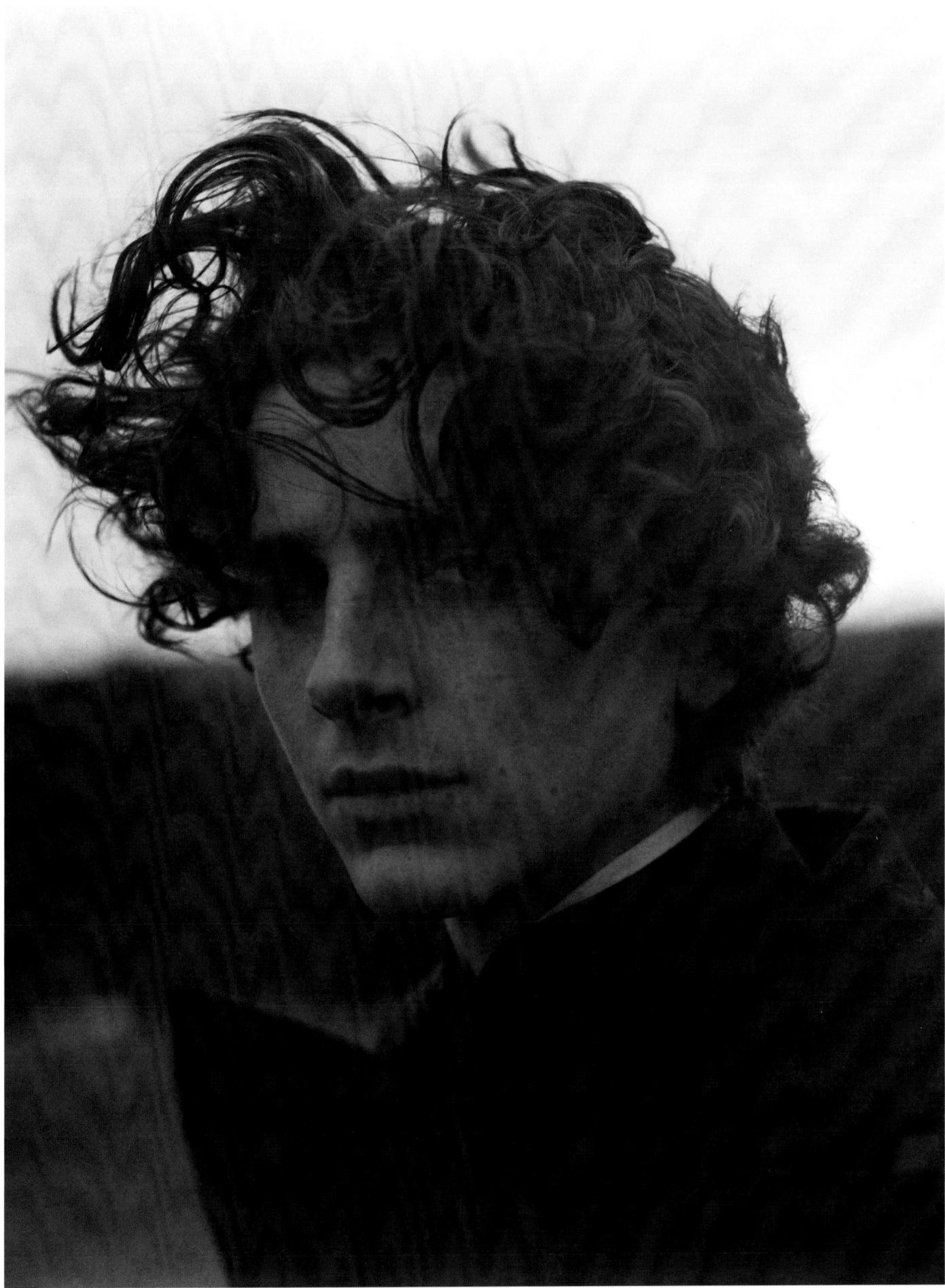

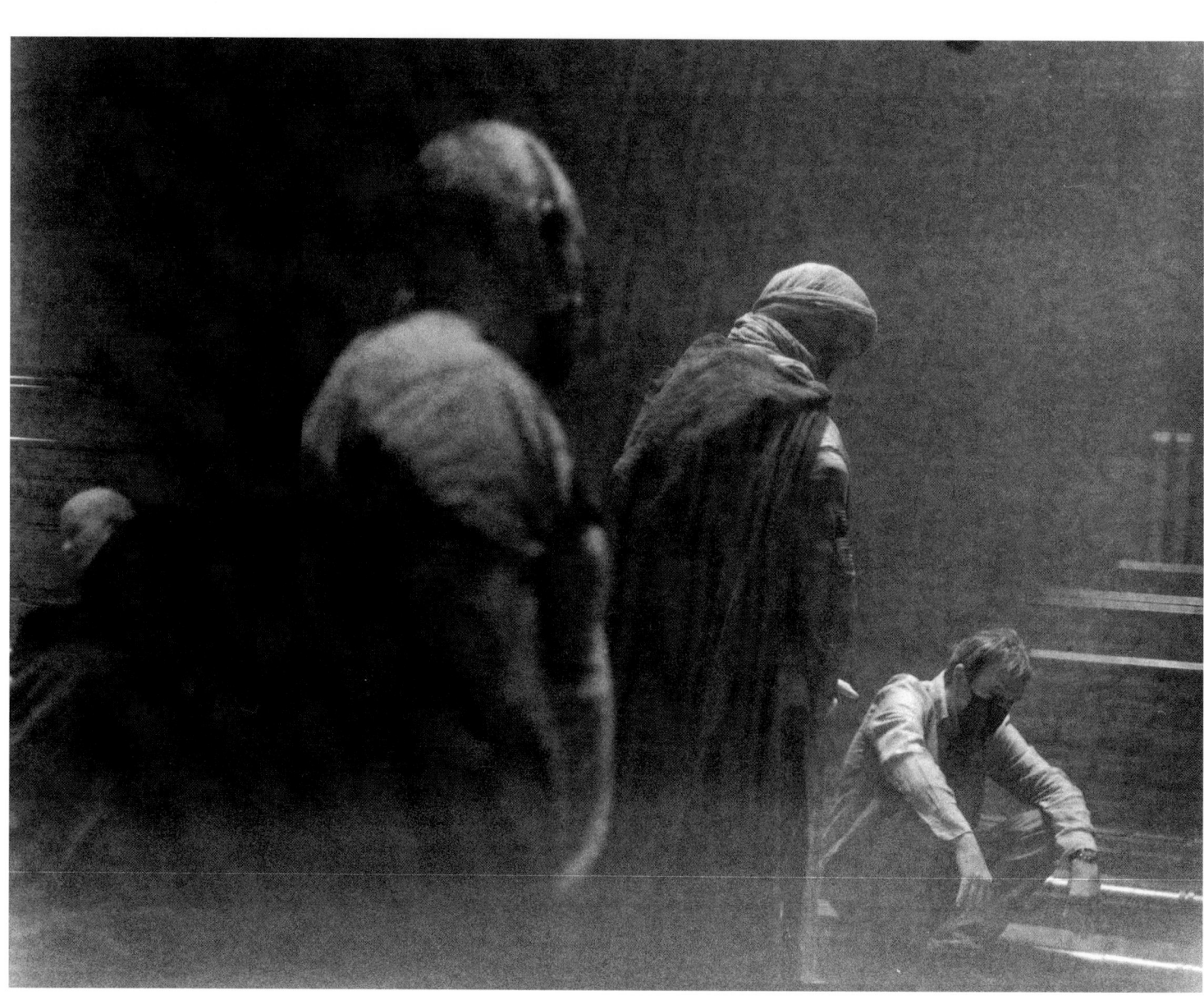

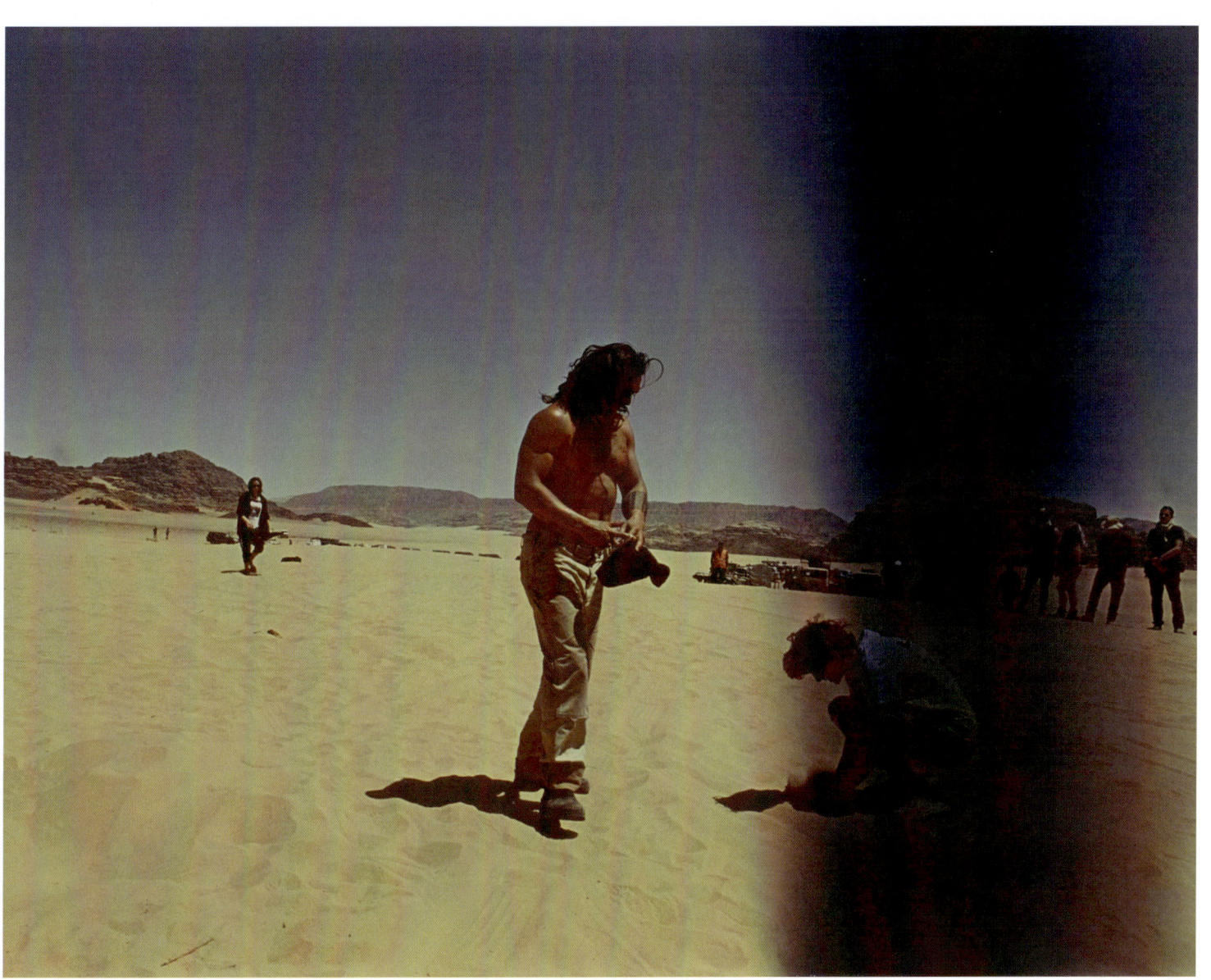

요르단에서 일이 끝나면 다 같이 한 호텔에서
묵었다. 옥외에는 풀장이 있었는데 내 방 작은
발코니에서 그 풀장에서 벌어지는 일들을
전부 지켜볼 수 있었다. 호리호리한 티모시는
머리카락을 늘어뜨리며 장난기 가득한 얼굴을
한 채 만화 영화에 나오는 찰흙 인형 검비Gumby
같은 다리로 뛰어다녔고, 레베카는 주근깨 난
창백한 천사 같은 얼굴과 대조를 이루며
흘러내리는 붉은 머리칼, 초록빛을 뿜어내는
두 눈으로 아기와 함께 요르단 석양을 등지고
있었다. 바짓단을 말아 올린 드니는 휴대폰은
쳐다도 안 본 채 두 발을 물에 담그고 옅은
미소를 짓고 있었으며, 내 소중한 친구
하비에르는 누가 봤다면 호텔 주인으로 착각할
모습으로 라운지 의자를 흠뻑 적신 채 양팔을
열정적으로 휘저으며 대화에 열중한다. 13년 전
스페인 검투사 모습 그대로인 내 소중한 친구.

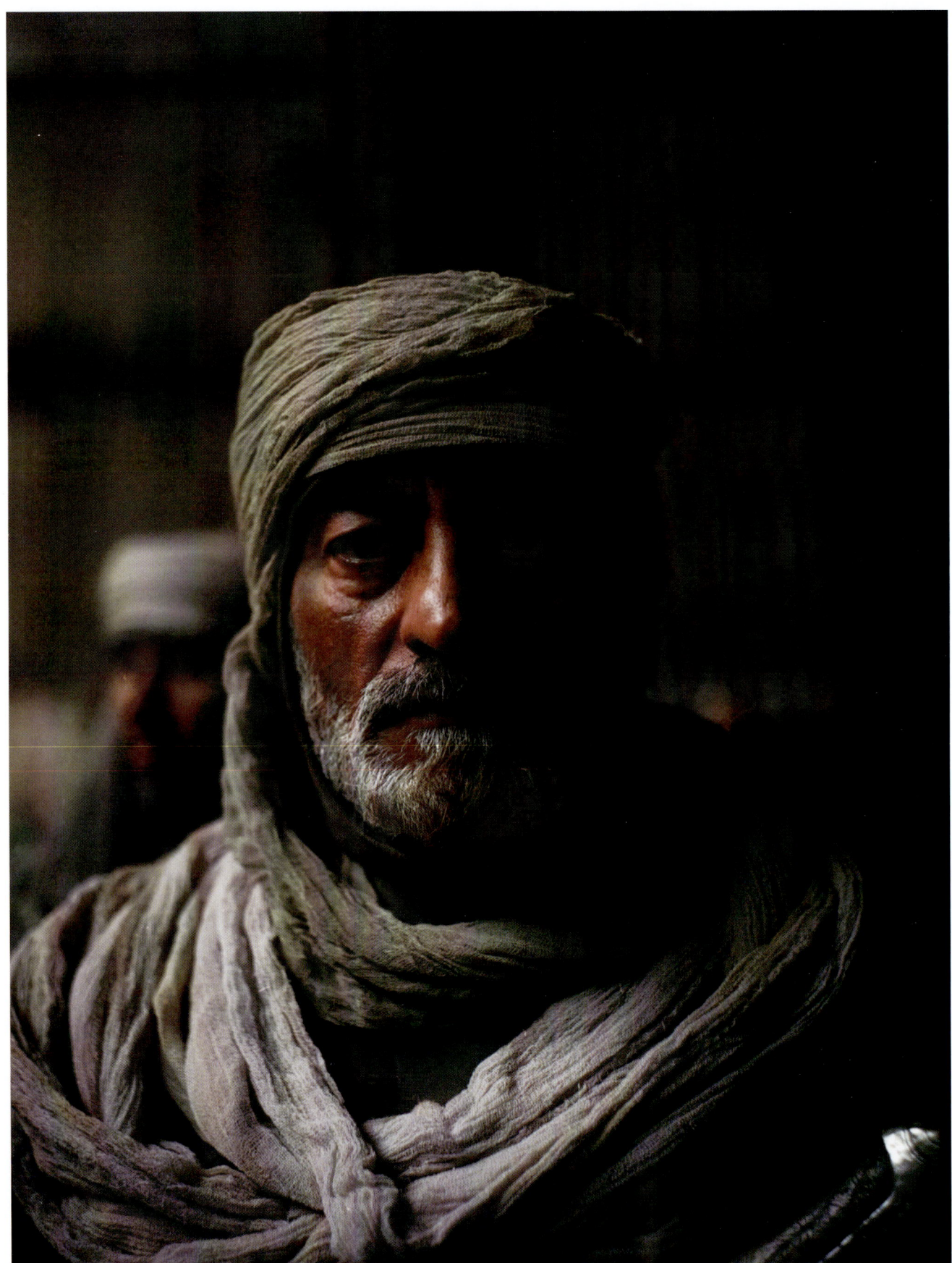

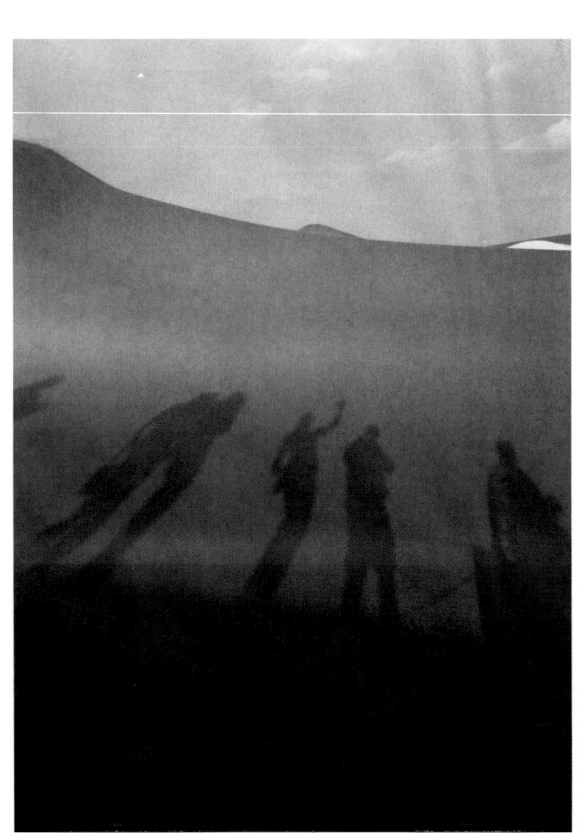

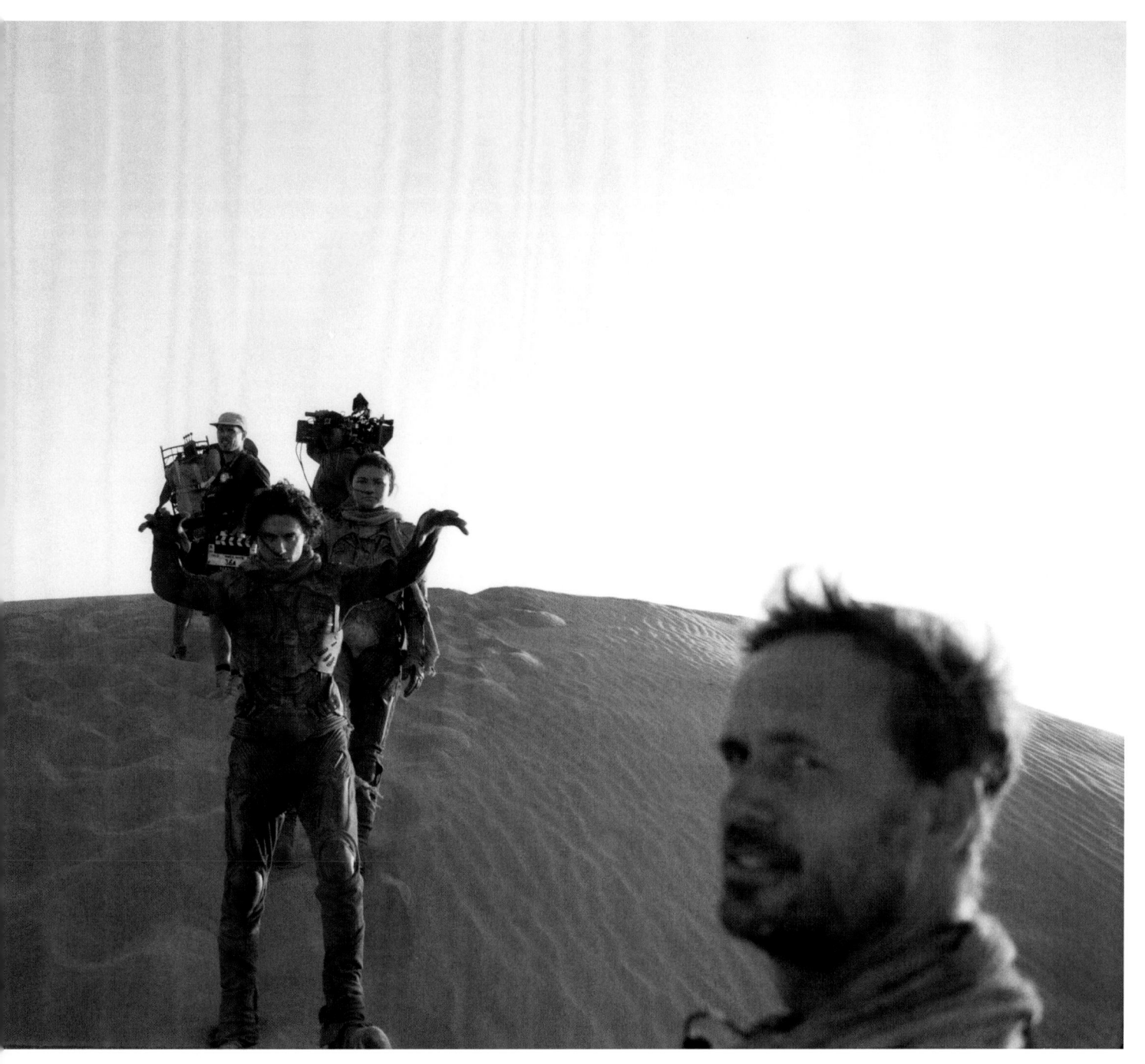

모래, 빠지고, 걷고, 고투하고, 불타오르고.
우리는 계속 끌려간다.
그 실험을 향해.

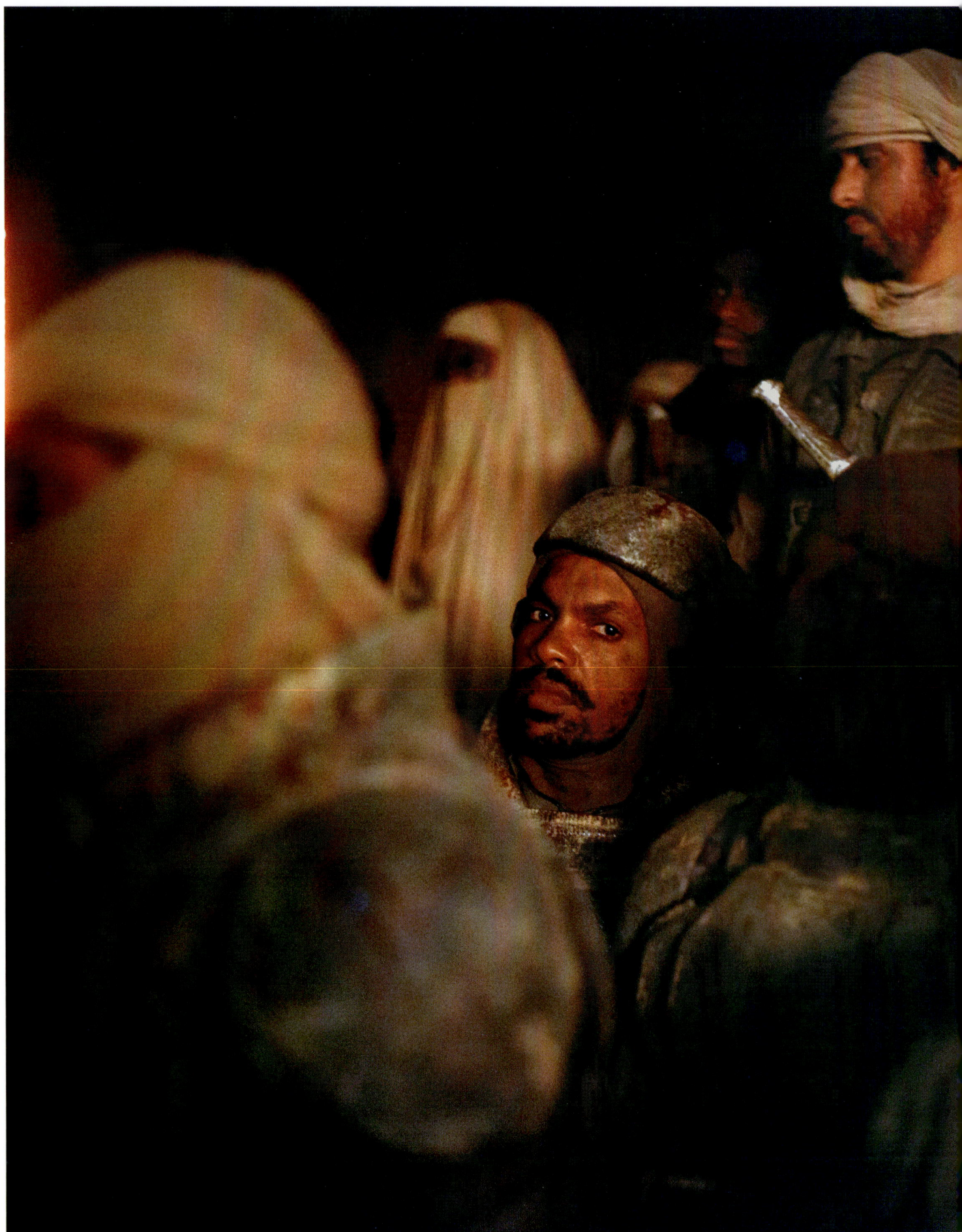

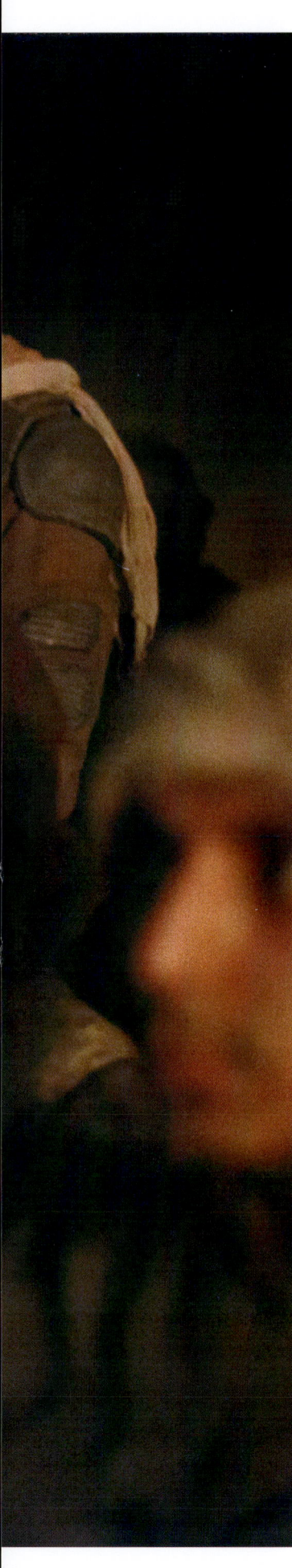

바로 그 안에
신에게 닿을 만큼 뻗어 나가는 꿈이 있고
꽉 쥔 두 손이 찾은 두 눈은
감겨 있다.

이곳의 아침은 느리게 온다. 몸을 꽁꽁 싸맨 방호복을 입고 발을 디딜 때마다 끔찍한 모래 수렁에 빠져 가라앉는다. 티모시는 그리스 신화의 미소년 아도니스Adonis 같은 모습이다. 드니는 흰 셔츠 차림으로 손에 작은 에스프레소 잔을 든 채 지평선을 바라보고 있는데 무표정한 표정으로 눈만 찌푸리고 있다. 촬영 팀은 각자 에너지바를 먹고 한 모금 정도 남은 커피를 들고 있다.

촬영 팀이 지난밤 이야기를 한다. 묵고 있는 호텔, 수영장, 마을 체육관 이야기 혹은 다른 팀원에게 기습 키스 당한 이야기 같은. 이곳에는 그래도 매일같이 새로운 현실이 열린다. 당신의 가족이 우중충한 구석에 당신을 버리고 간 바람에 고아가 되어 물려받은 가족이 생긴 것 같다. 그들은 당신을 헐값에 이 소설에 넘겼고, 당신에게 변화무쌍한 날씨처럼 군림하는 상상력으로 정서적 어려움을 겪는 사람들을 위한 서커스에서 활동하라고 지시했다. 조각가 자코메티가 자신이 만든 조각상의 걸음걸이를 상상했다면 딱 그 모습이었을 법한 나긋나긋한 걸음걸이로 어깨를 으쓱이며 걷는 젊은이가 있었다. 아니나 다를까 나를 보더니 이렇게 말한다.

"〈구니스The Goonies〉에서 정말 좋아했어요. 진짜 대단했어요."

그리고 나는 오니숍터Ornithopter 쪽을 내다보며 어느 팀원의 손을 잡는다. 그 팀원은 나를 들어 올린다. 우리는 크레인을 타고 지상 12미터 상공으로 올라간다. 내가 티모시에게 뭔가 외치면 우리는 그곳에 있지도 않은 수백 미터 길이의 모래벌레를 내려다볼 거다. 내일은 또 다른 일이 펼쳐질 거고.

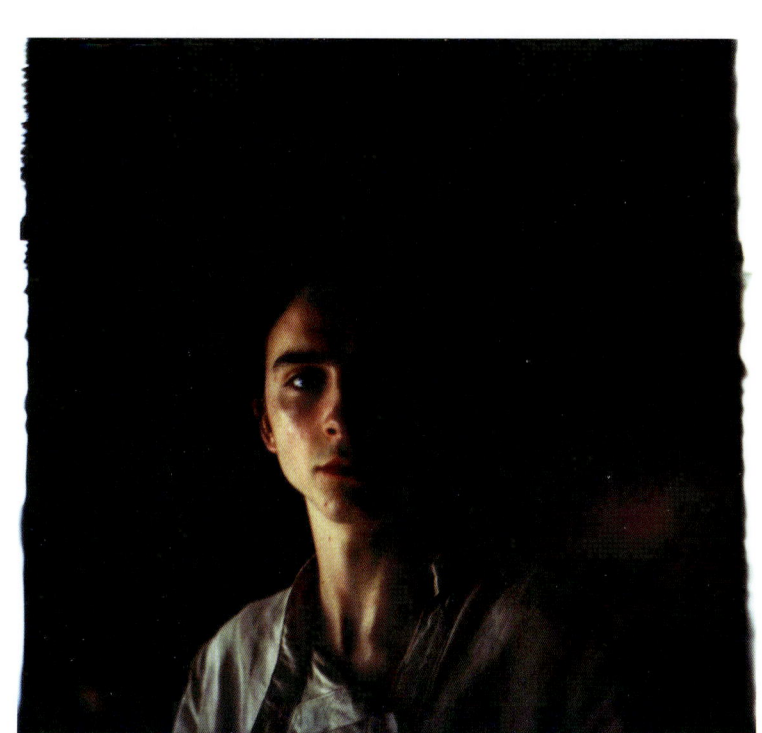

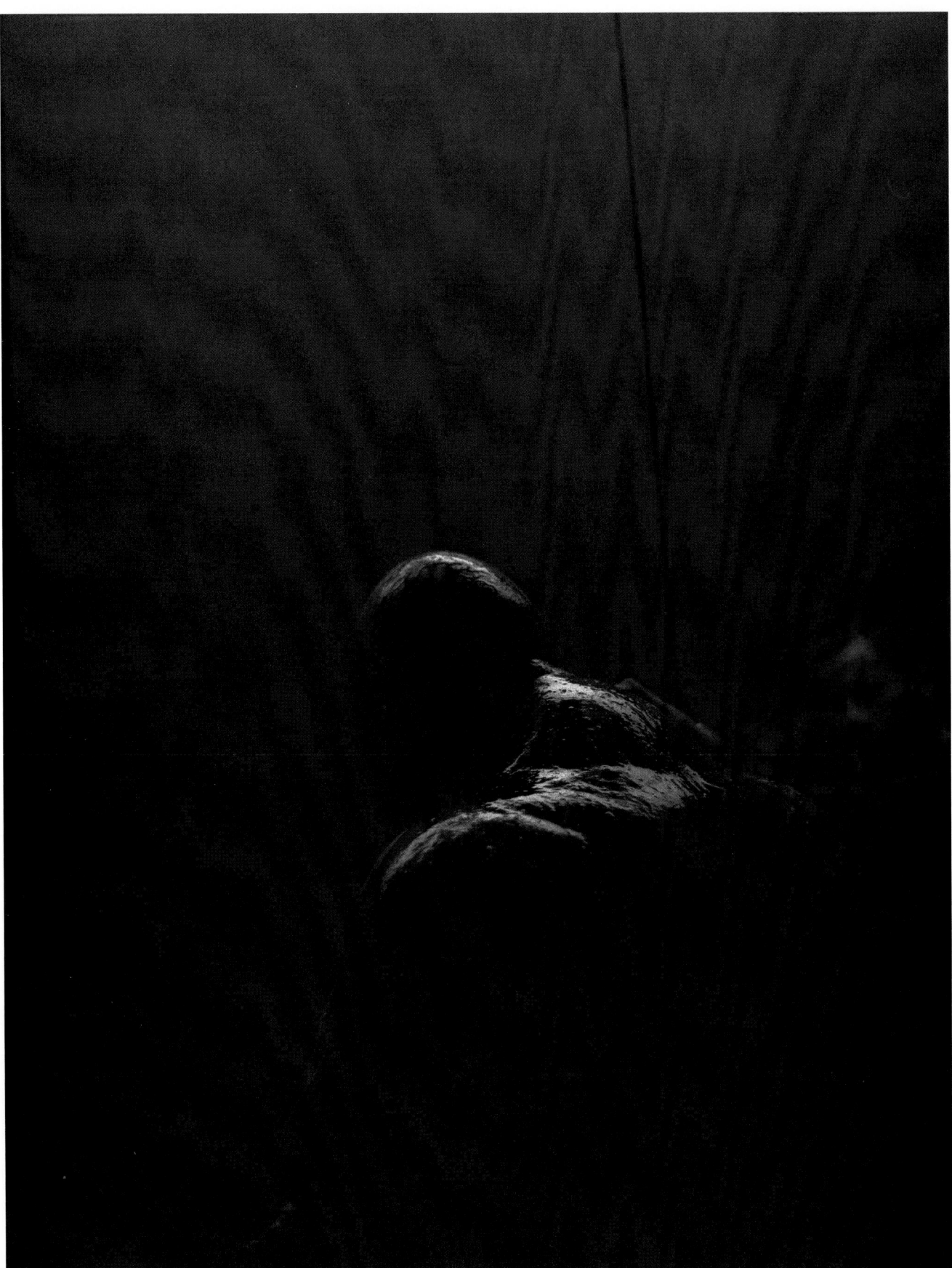

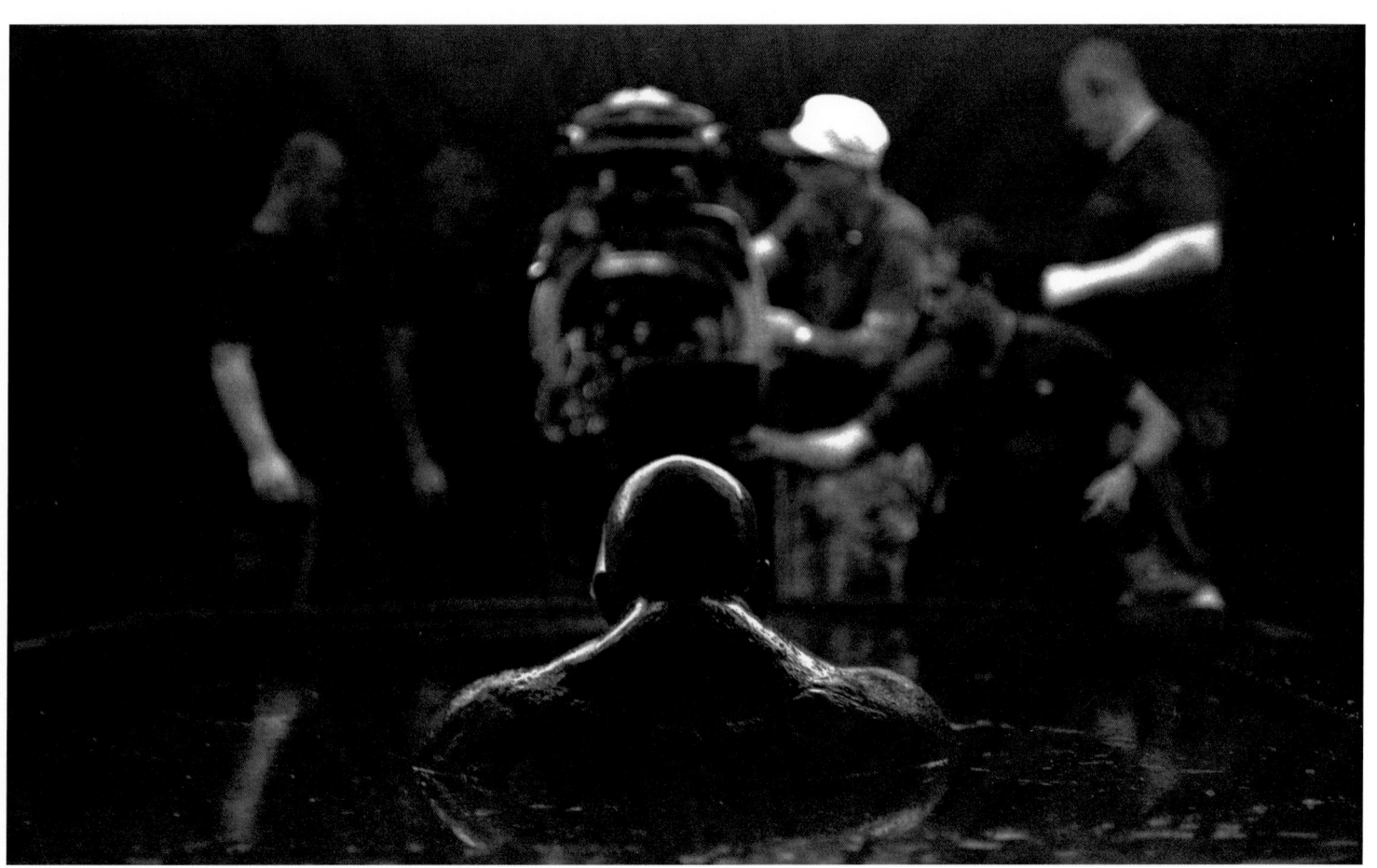

감독이 고함을 치고 있진 않지만 목소리에 엄격함이 깃들어
있고 배우는 그걸 근육으로 느낀다. 배우는 어린아이로
돌아간 듯하지만 그렇게 해서 돌아간 내면의 아이는 자신이
예술의 이름으로 여기 있기로 선택했음을 안다. 기저귀를
막 떼고 가족들 앞에서 보여 주던 작은 공연들, 붉은
립스틱과 발레 치마와 공주님 샌들을 떠올린다. 양손에 묻은
모래를 입고 있는 사막복에다 문질러 닦아 본다. 모래의
절반은 그대로 붙어 있다. 감독이 자신을 똑바로 보고 있나
확인하려고 위를 올려다보니 감독은 이미 다른 생각에 빠져
있다. 주변을 둘러보며 어찌할 바를 모르다가 거기 있던
자신과 같은 상태인 다른 세 명의 배우들을 발견한다. 배우는
안다. 그 순간이 지나고 호텔 로비로 돌아가면 그 세 배우가
유명 인사들의 일화를 주거나 받거니 하고, 그 일화들은 절대
한자리에 머무르지 않고 고급 소파들 사이를 아주 신이 나서
튀어 다닐 거란 걸.

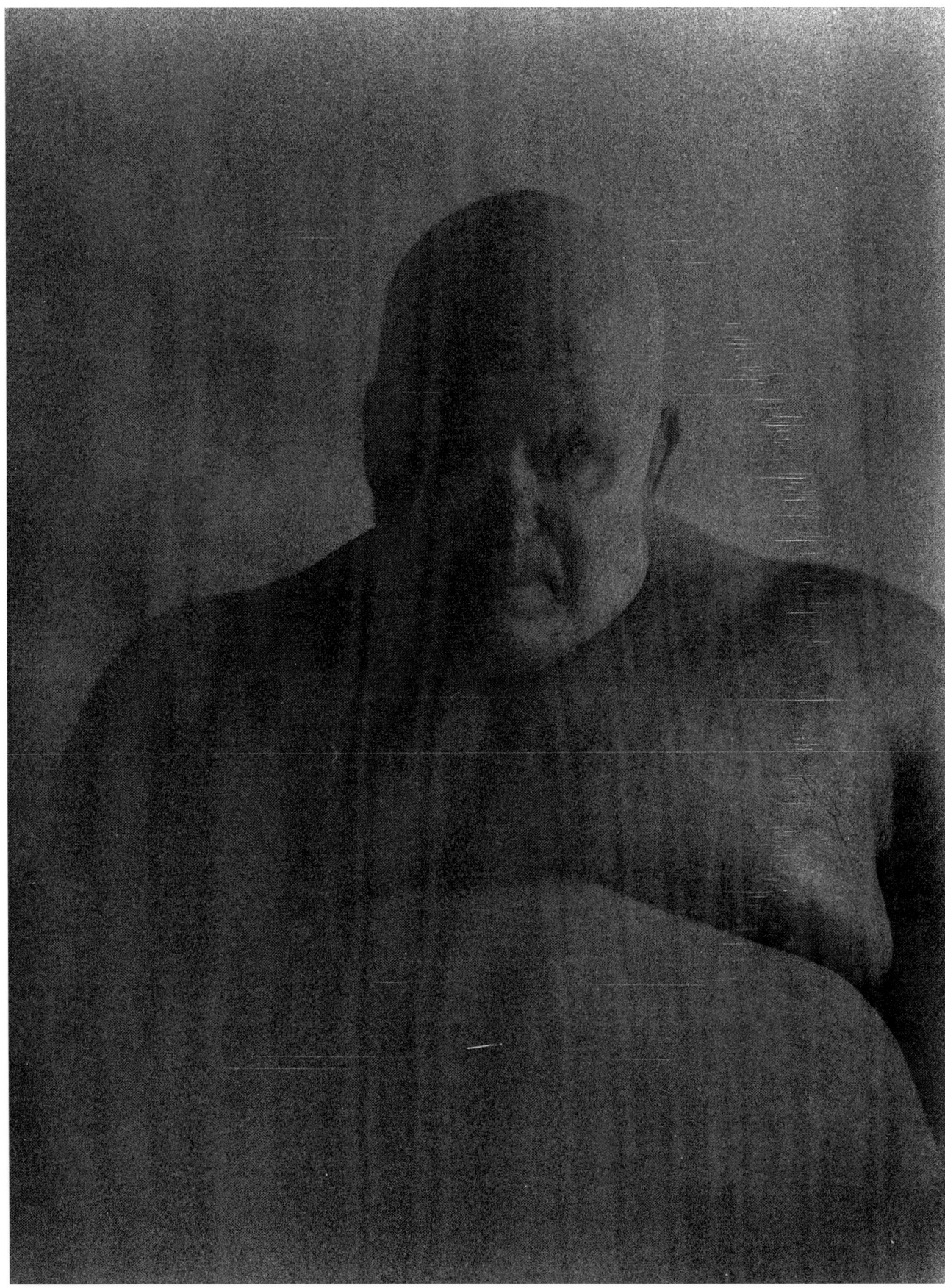

내일이 어떤 보석을 들고 올지
기대감에
잠이 오지 않는다.

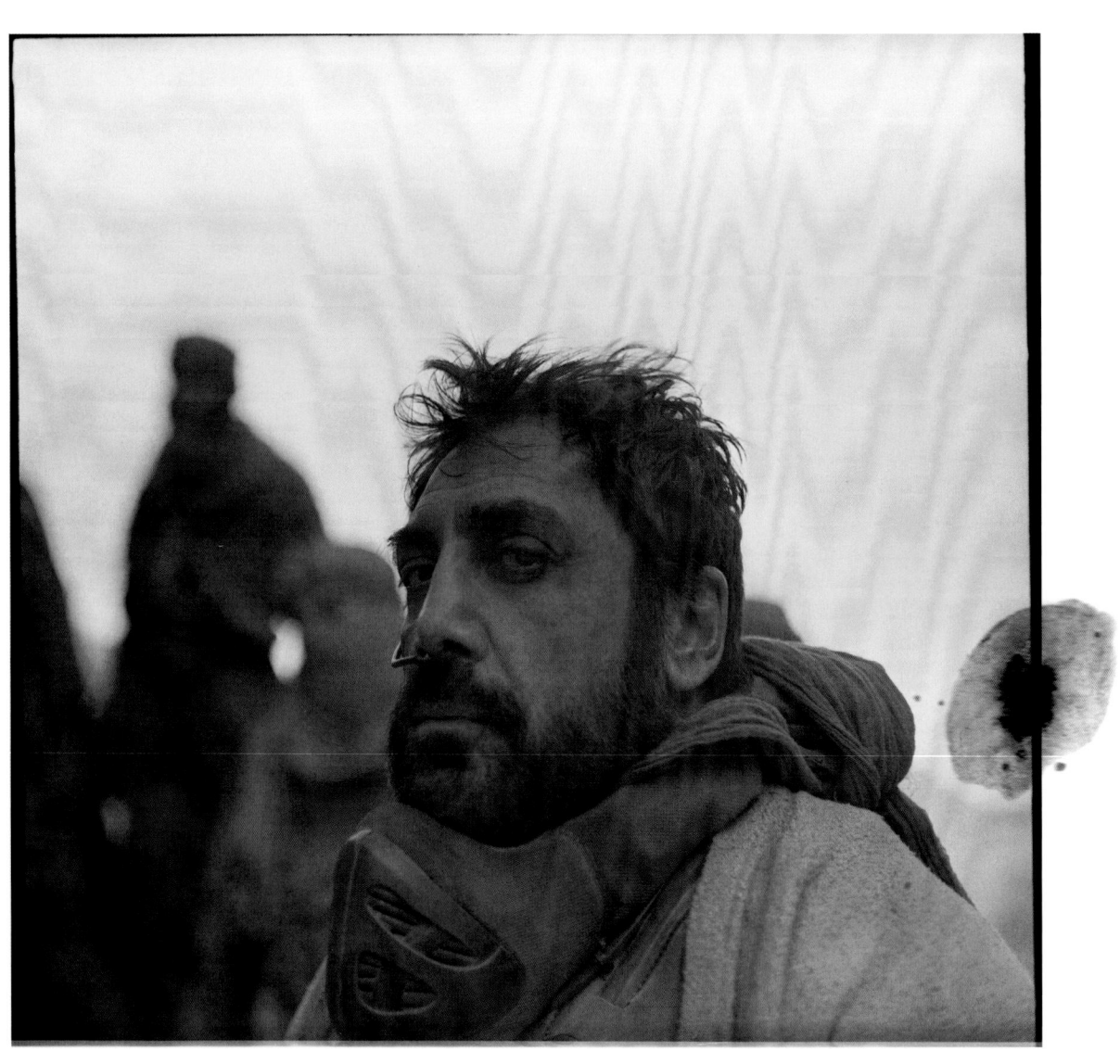

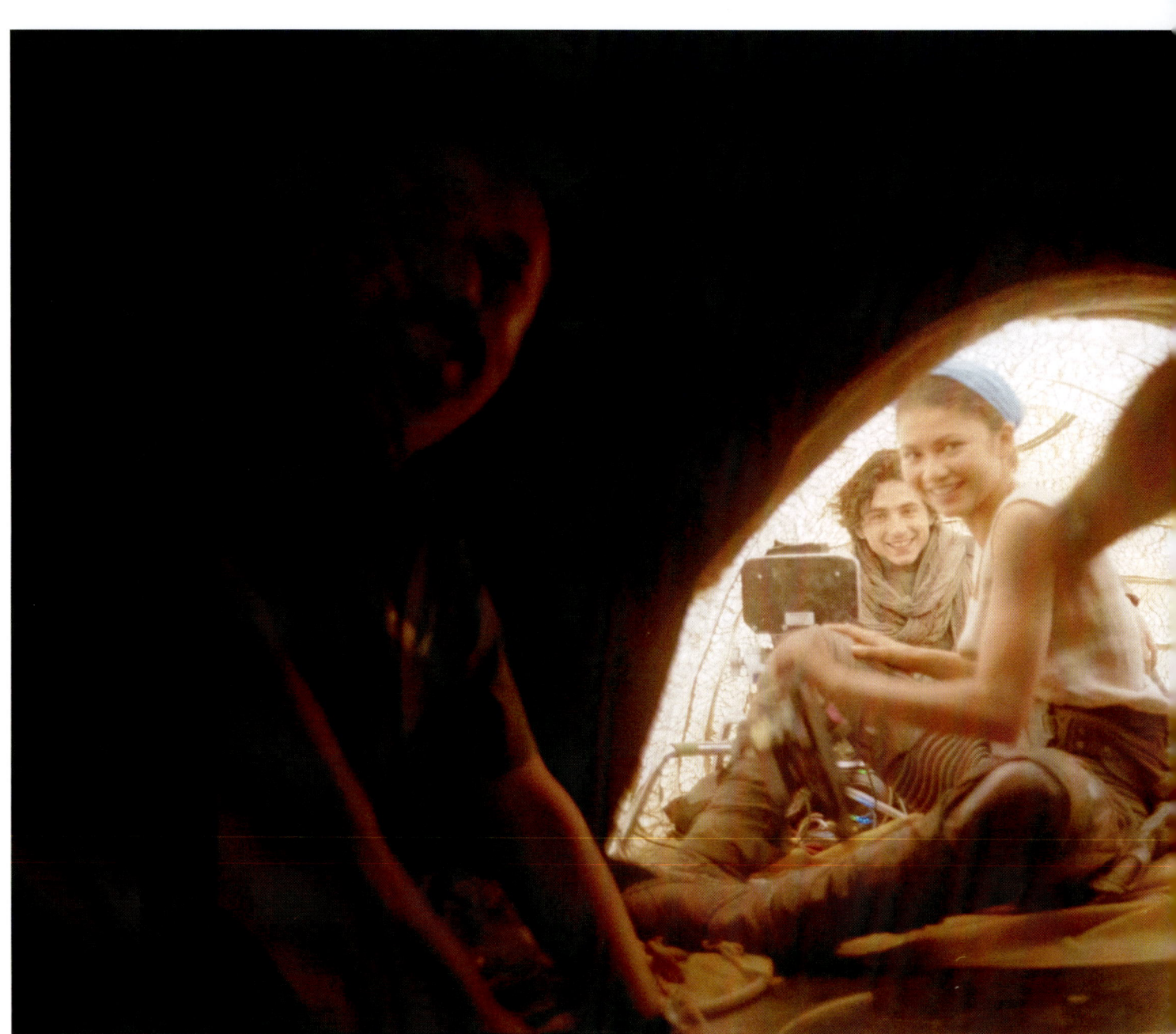

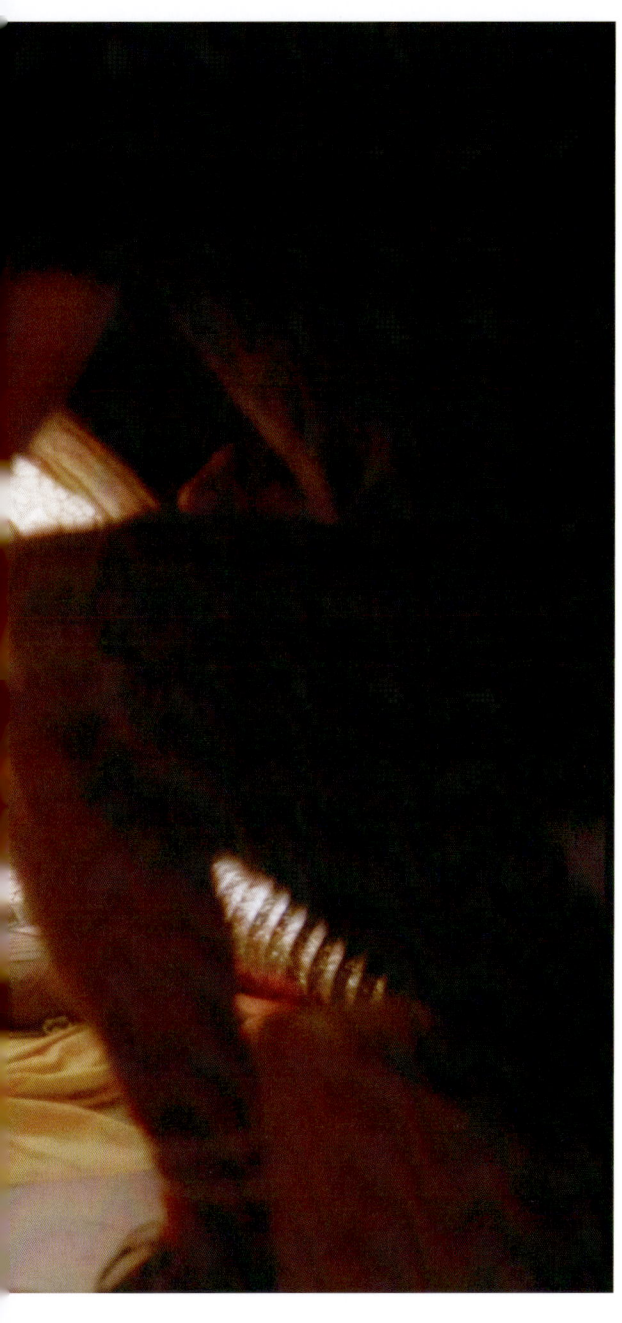

수년간의 날씨 변화로 만들어진 구덩이에 쭈그려 앉아
먼지가 가라앉기를 기다리고 있다. 바람은 거세졌고
더위는 쌀쌀함으로 변했다. 멀리 떨어진 텐트들은 탁탁
소리 내며 펄럭대고 우리는 수 세기 전 비슷한 상황에서
베두인족Bedouins들처럼 한데 옹송그리고 모여 있다.
차이가 있다면 우리는 객관적인 판단에 따라 여기 있다는
거다. 인생을 게임처럼 시뮬레이션하면서 우리가 무엇을
시뮬레이션하든 그게 조금이나마 우리답게 여겨지는 순간이
있기를 바란다. 다른 어떤 시간에 여기보다도 훨씬 멀리
떨어진 어딘가에서 우리는 우리 자신의 이야기로 계속 살아갈
테니까.

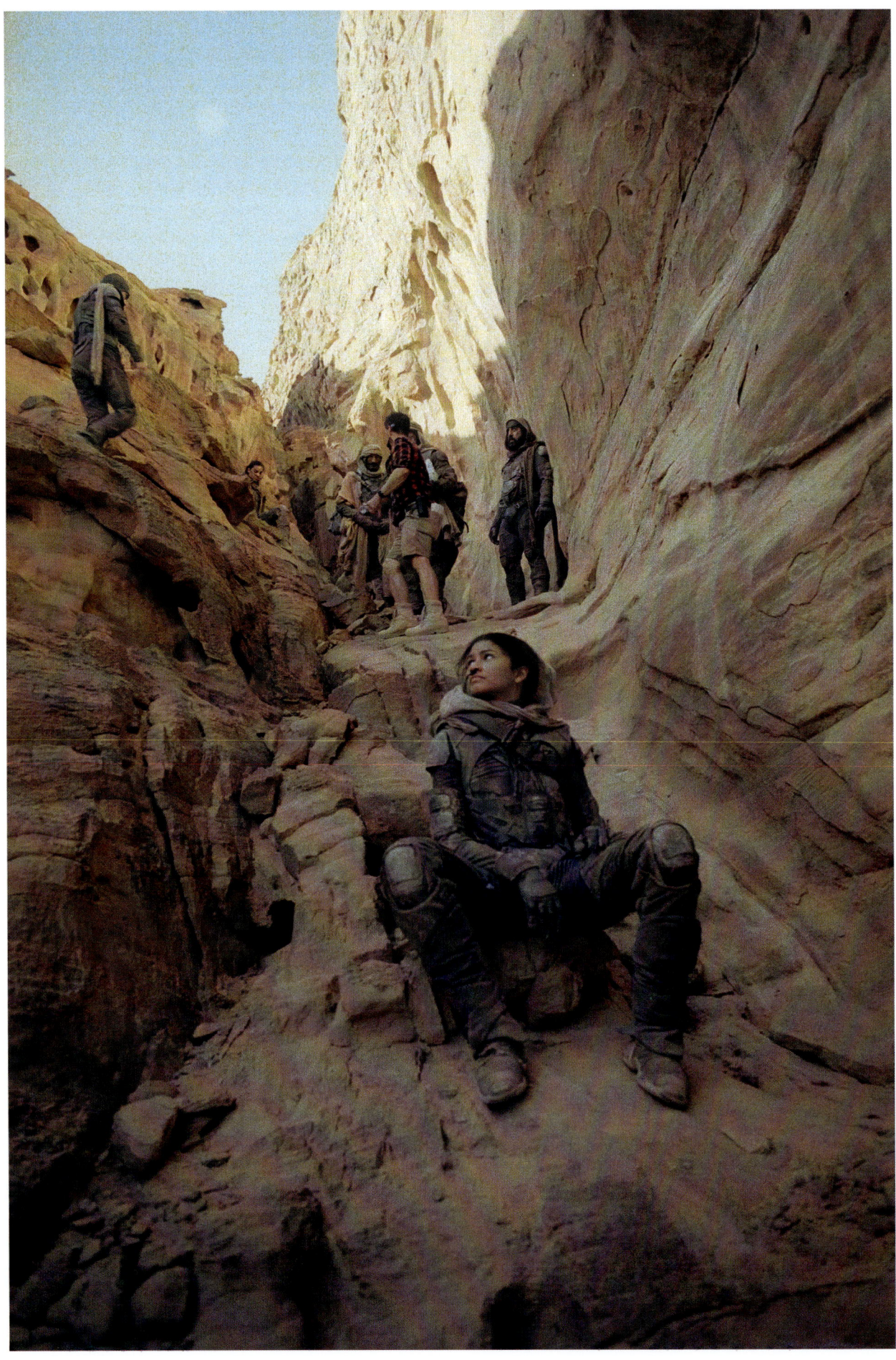

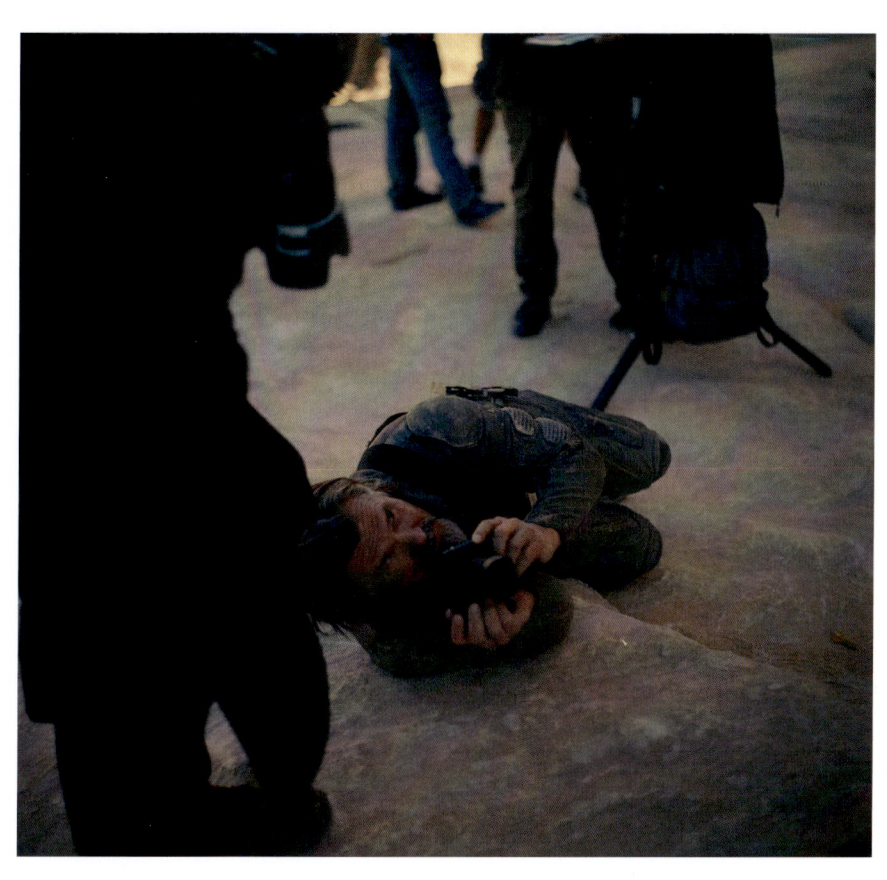

빛 속에 누워라.
소설 속 인물들이
멀리서 지켜보는 가운데.

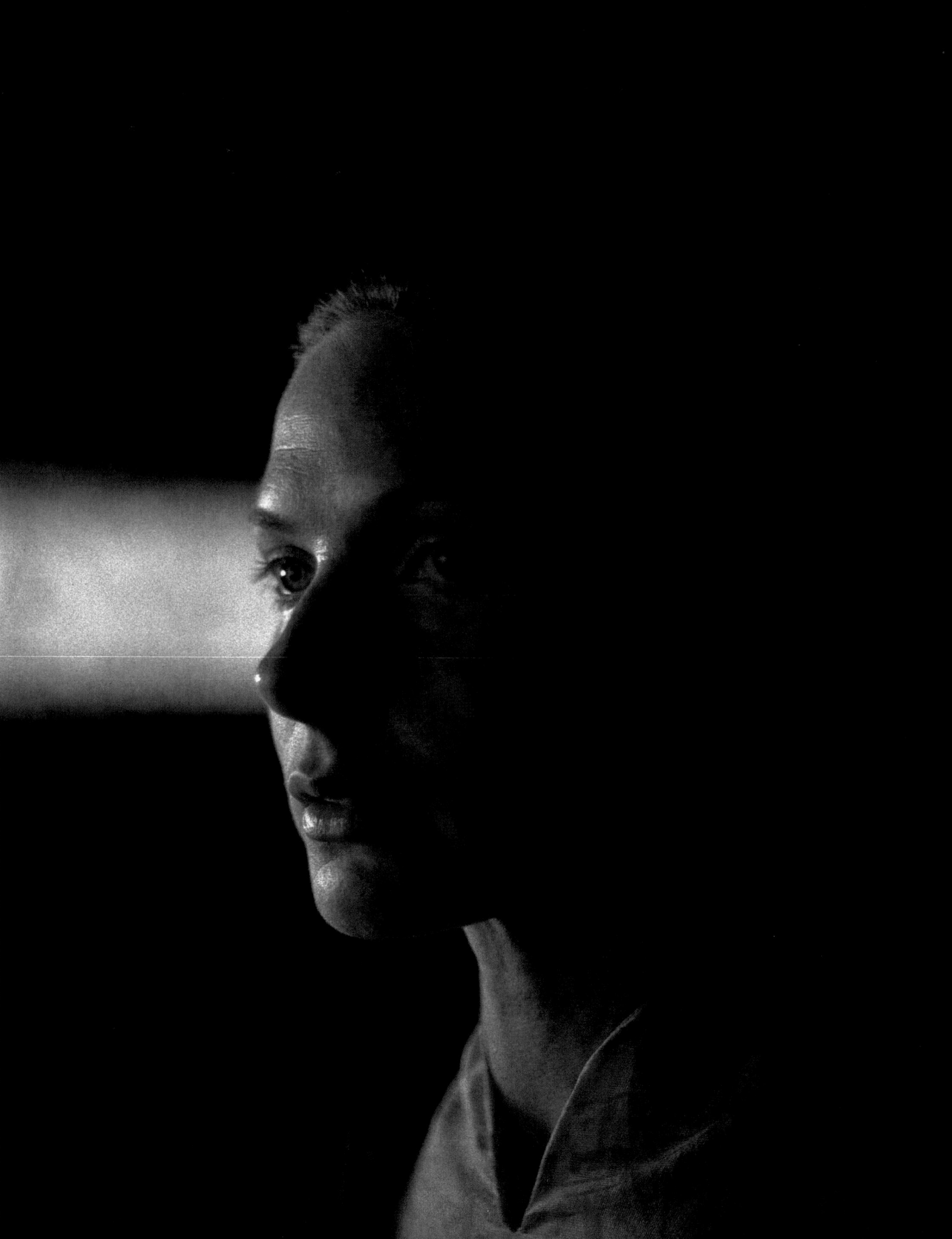

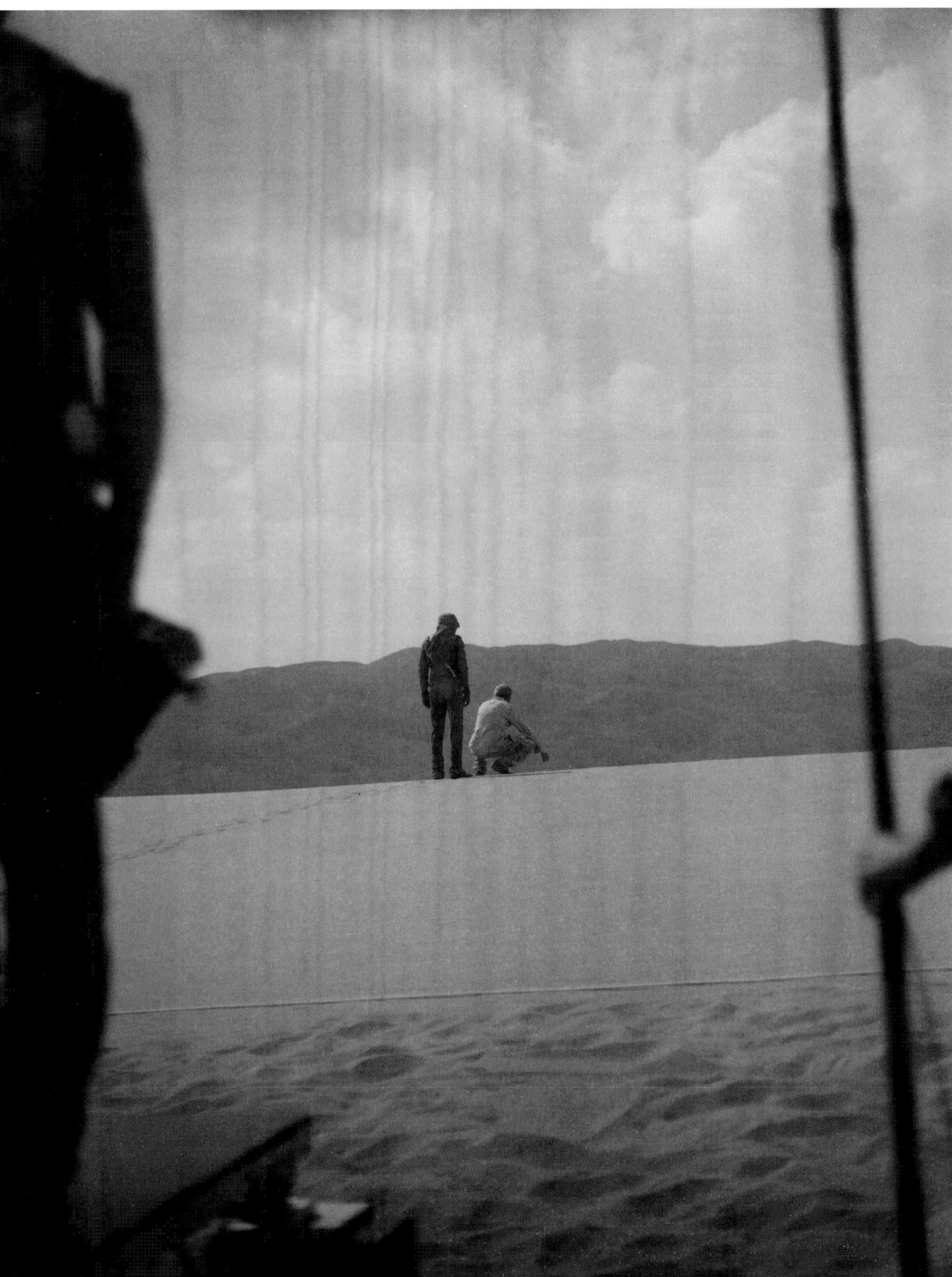

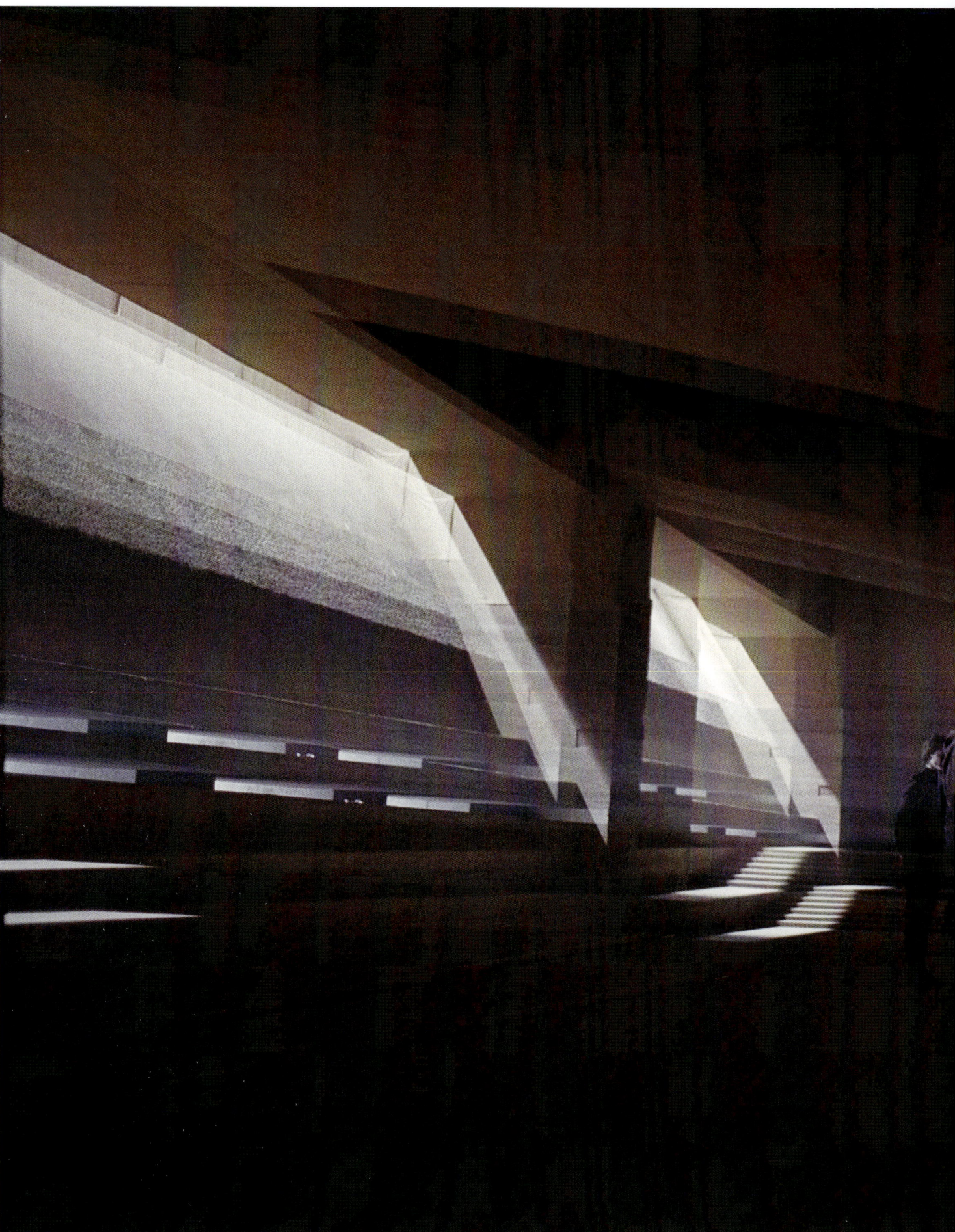

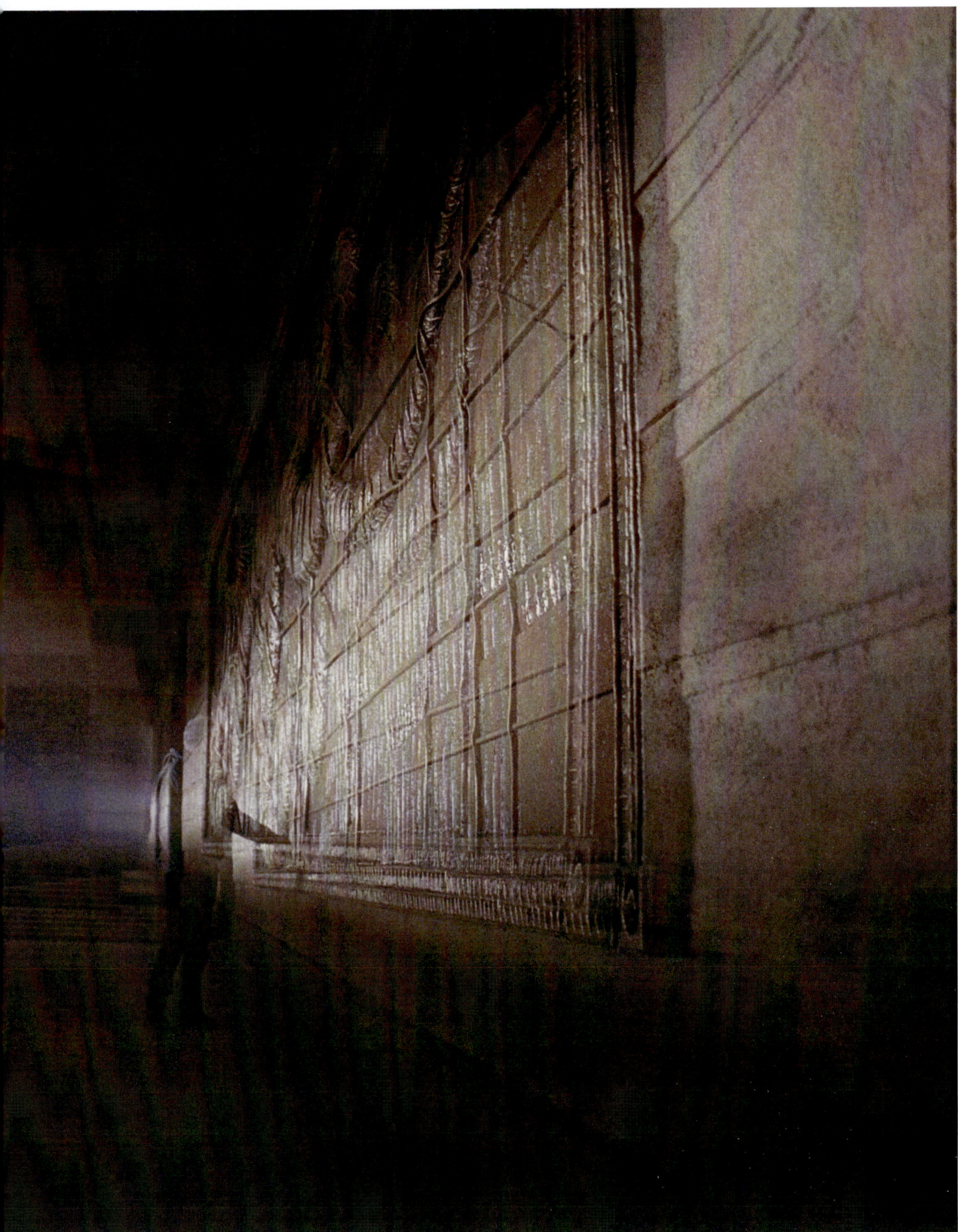

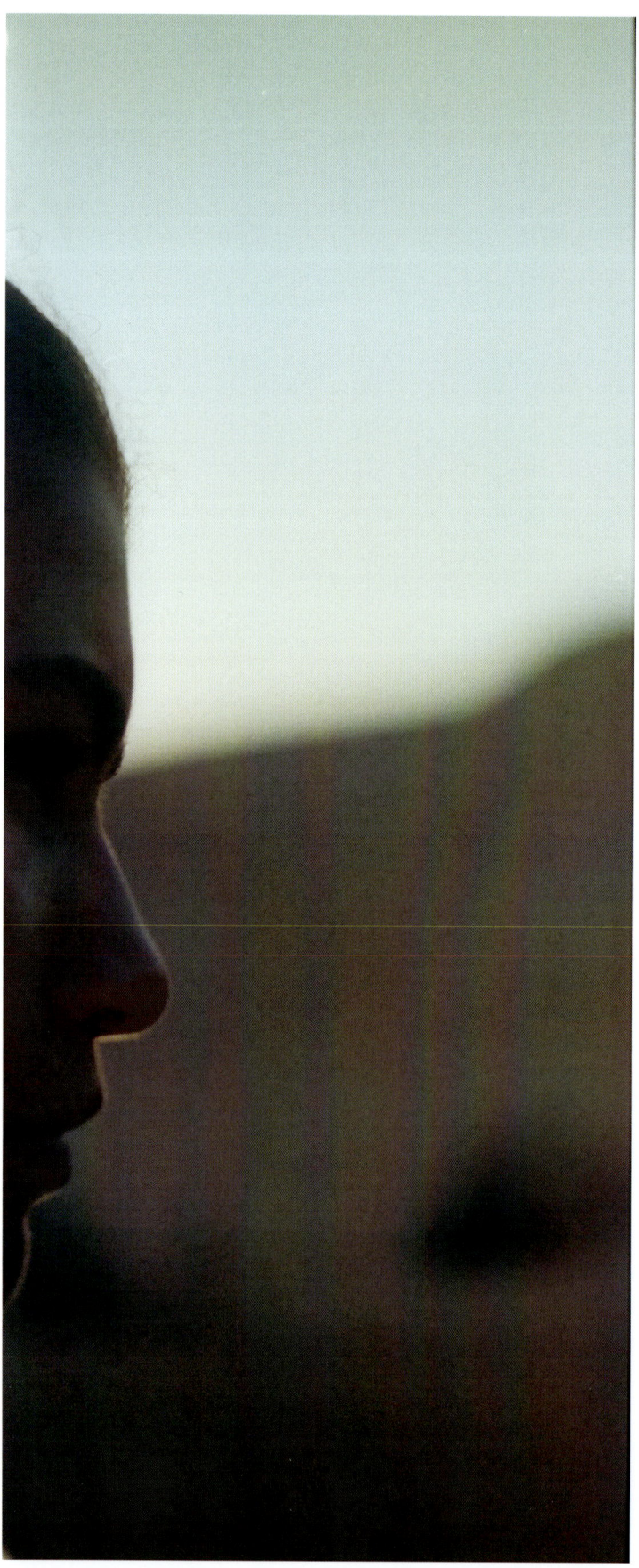

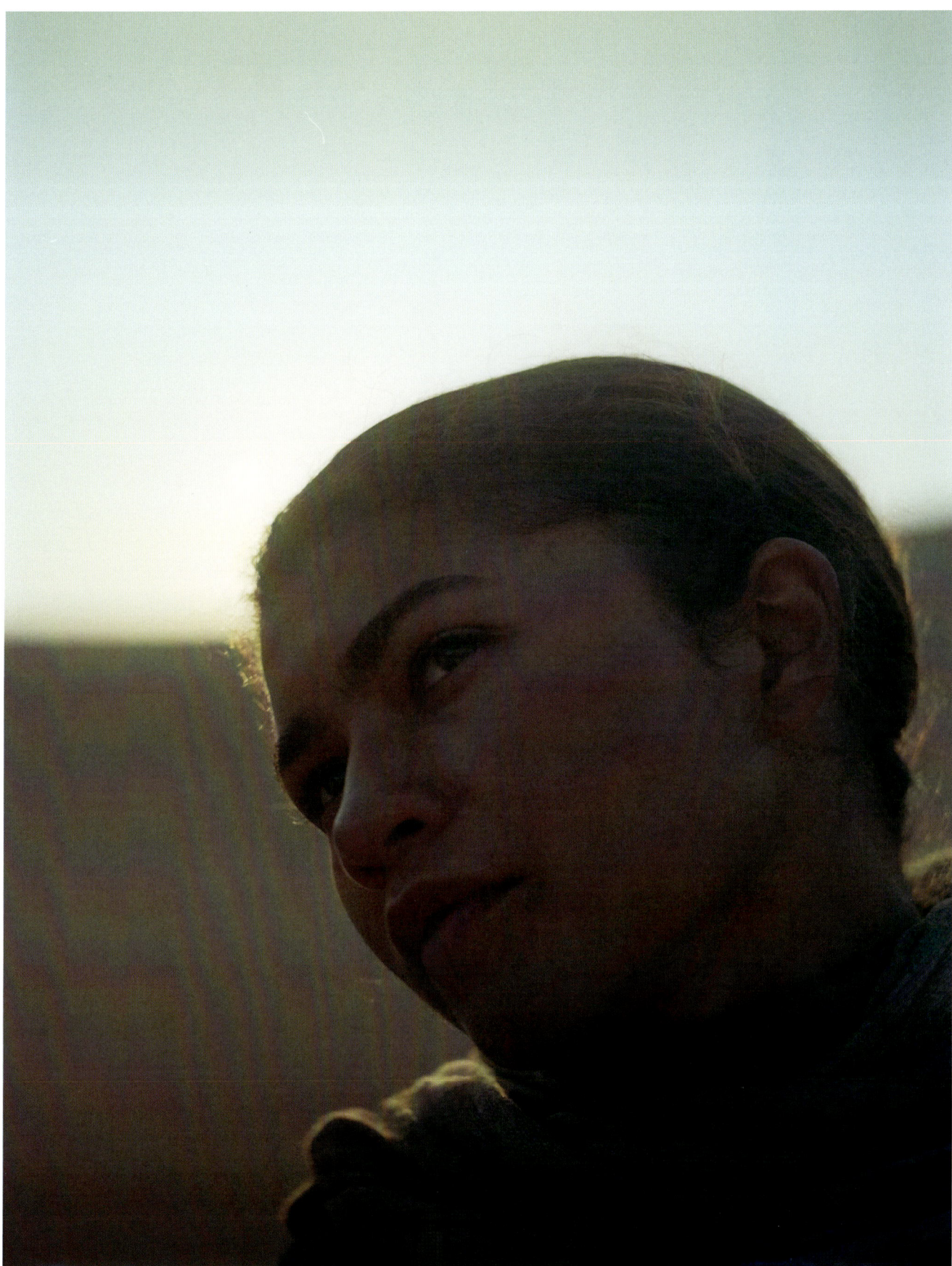

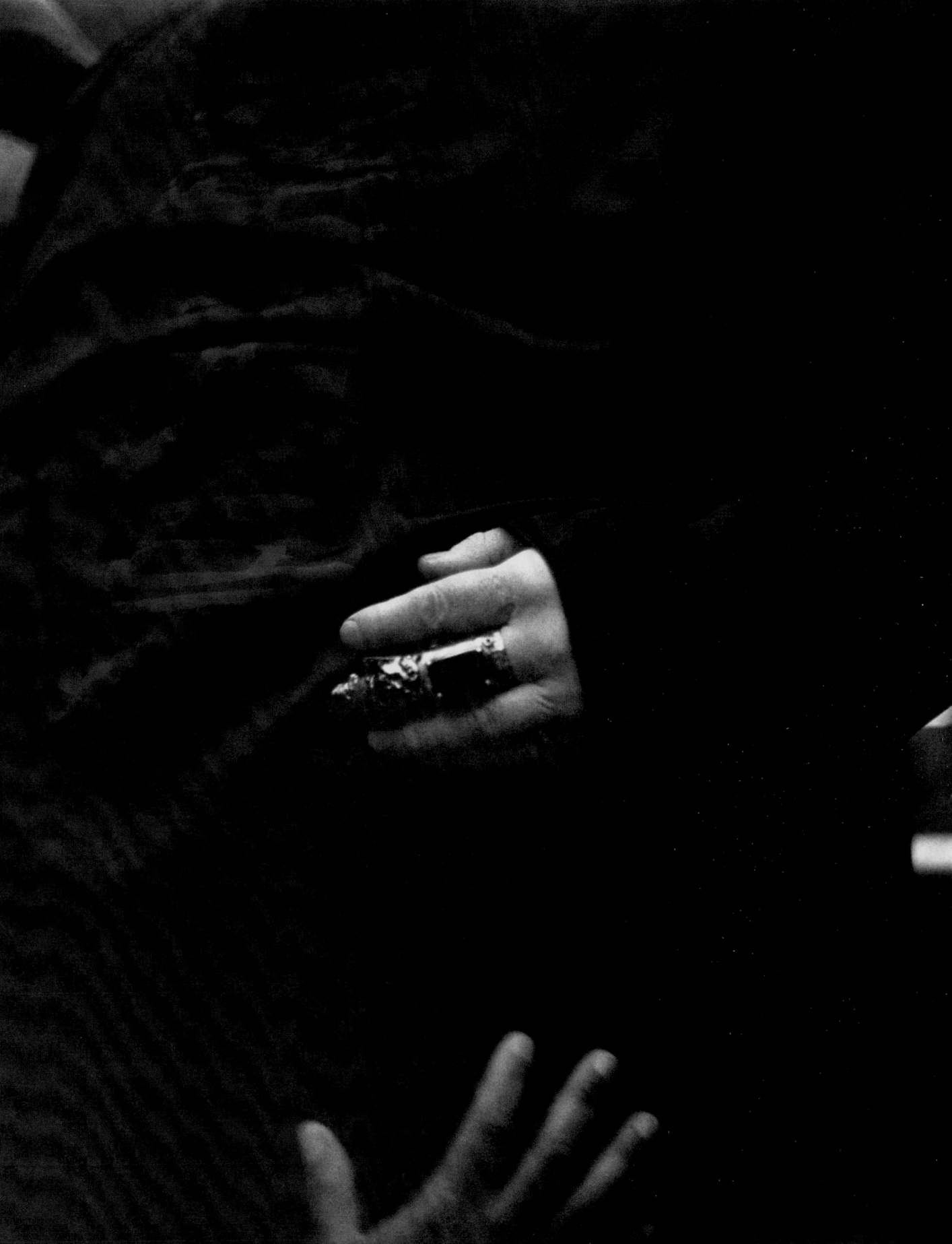

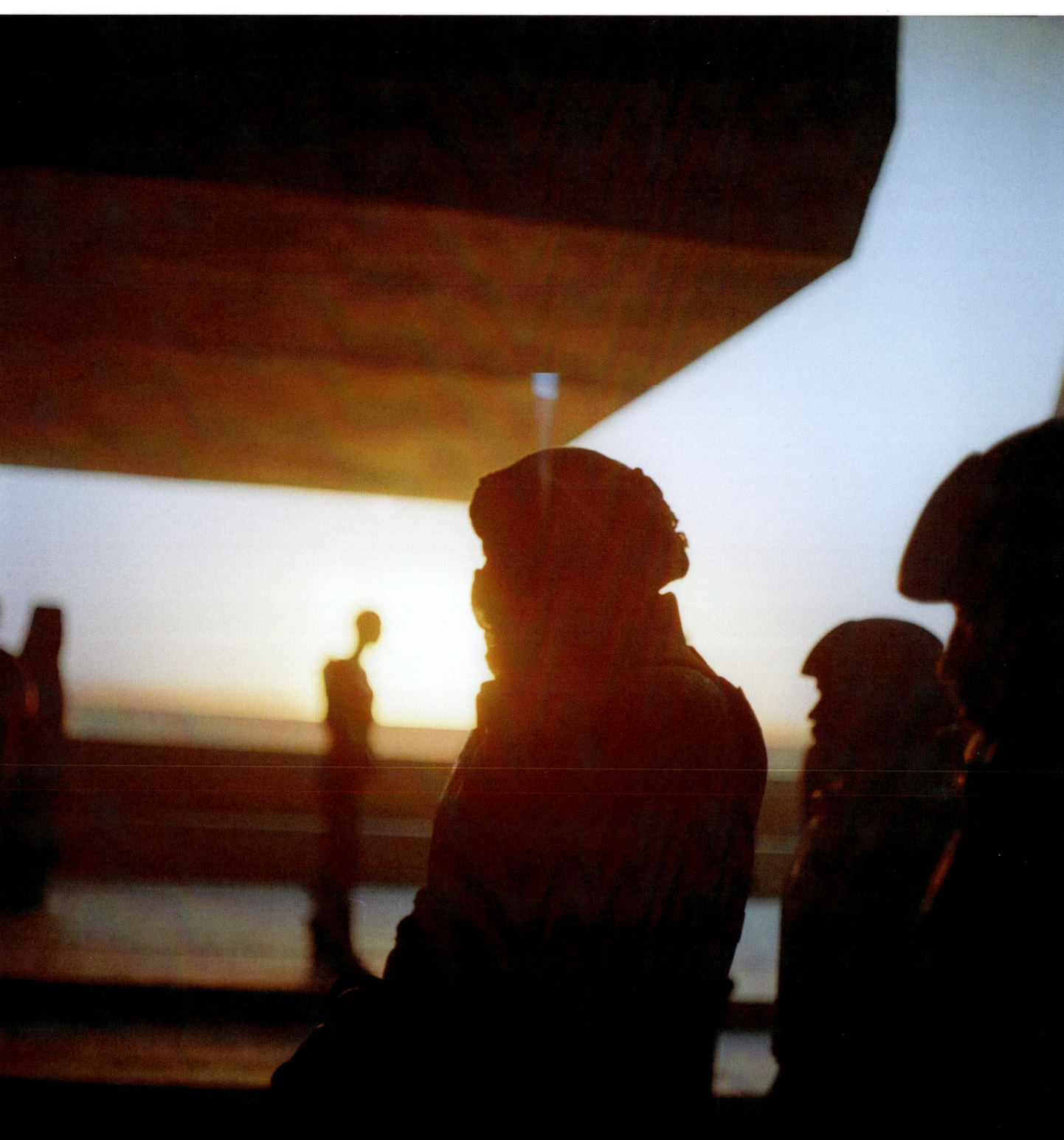

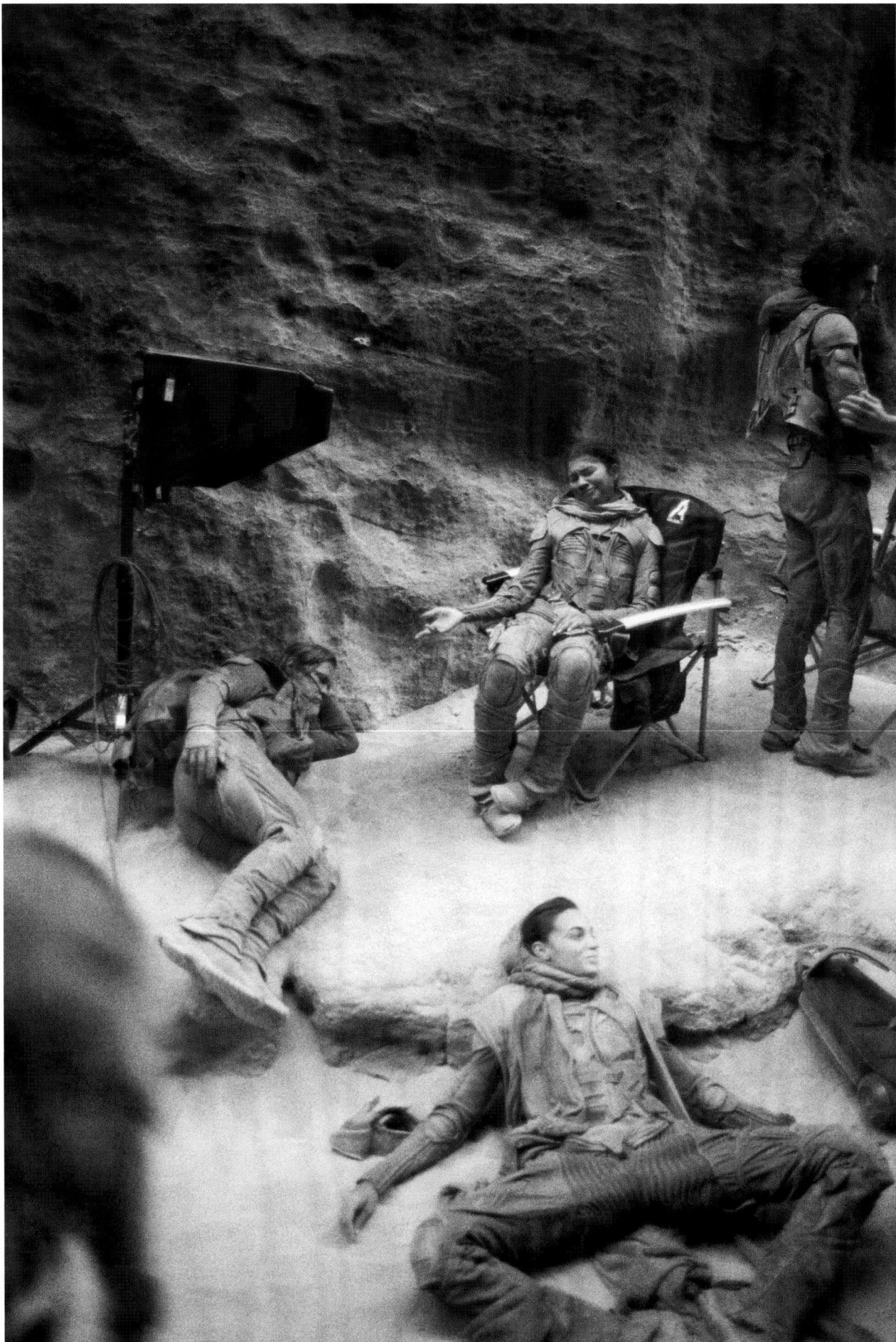

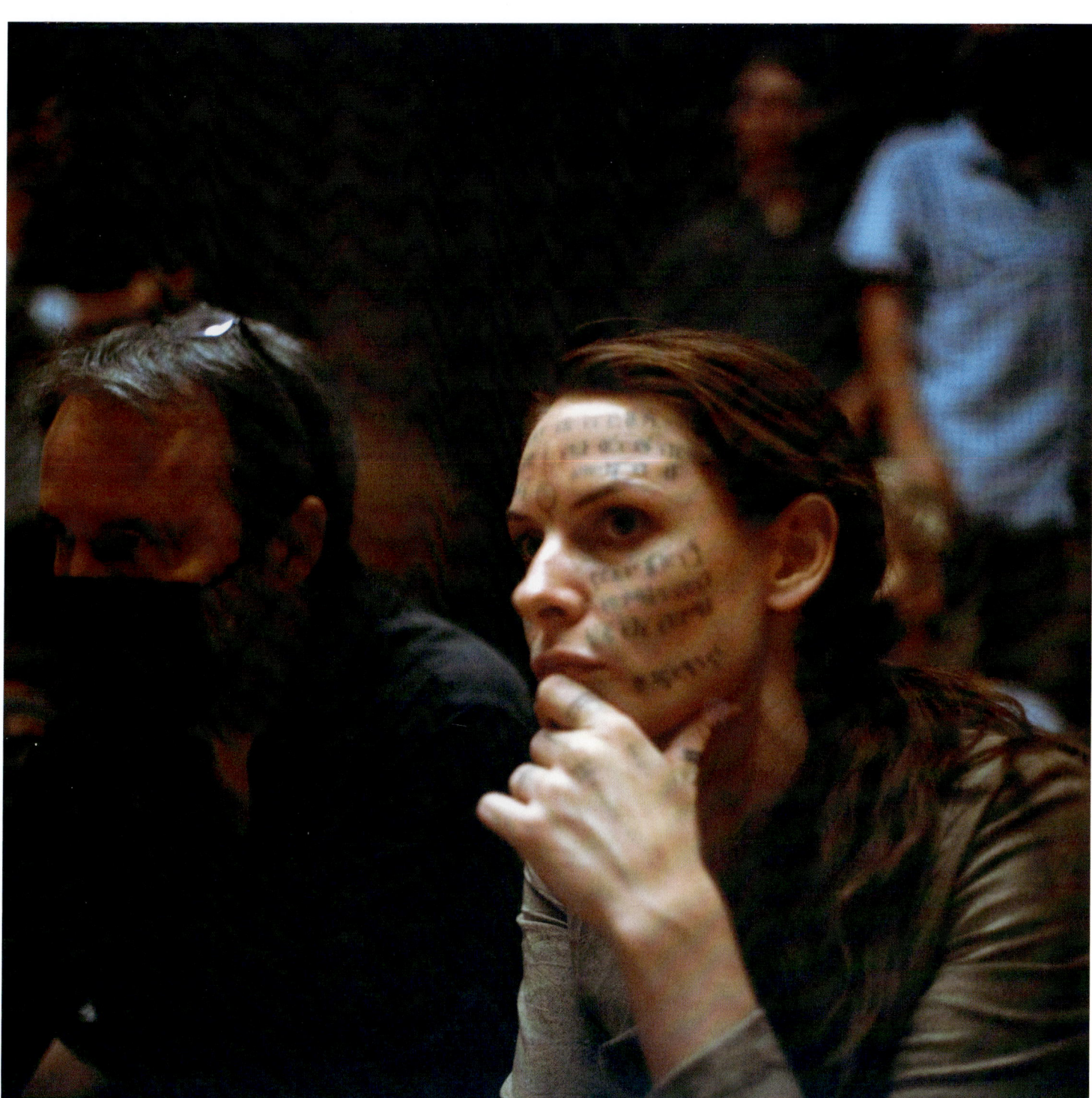

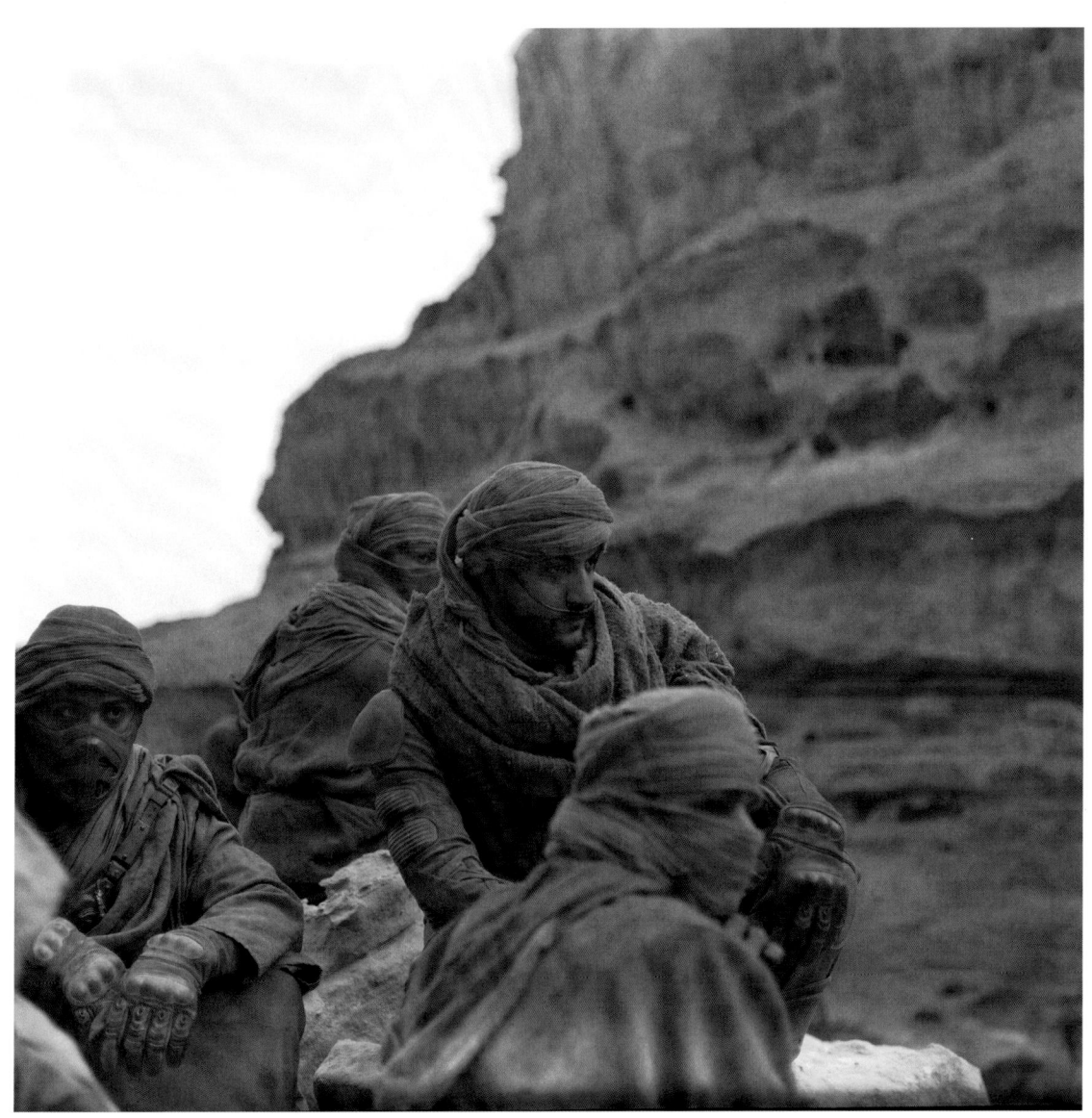

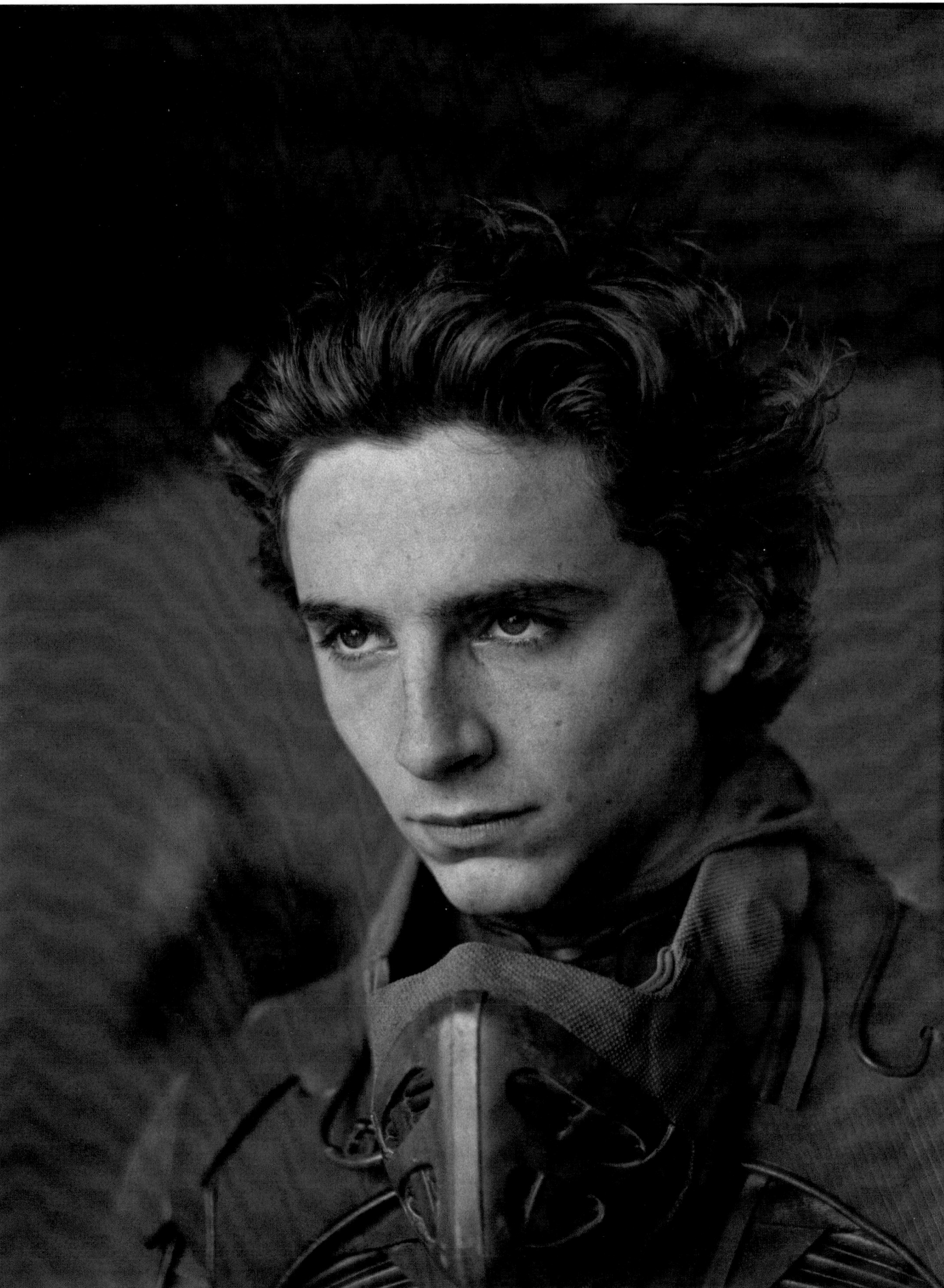

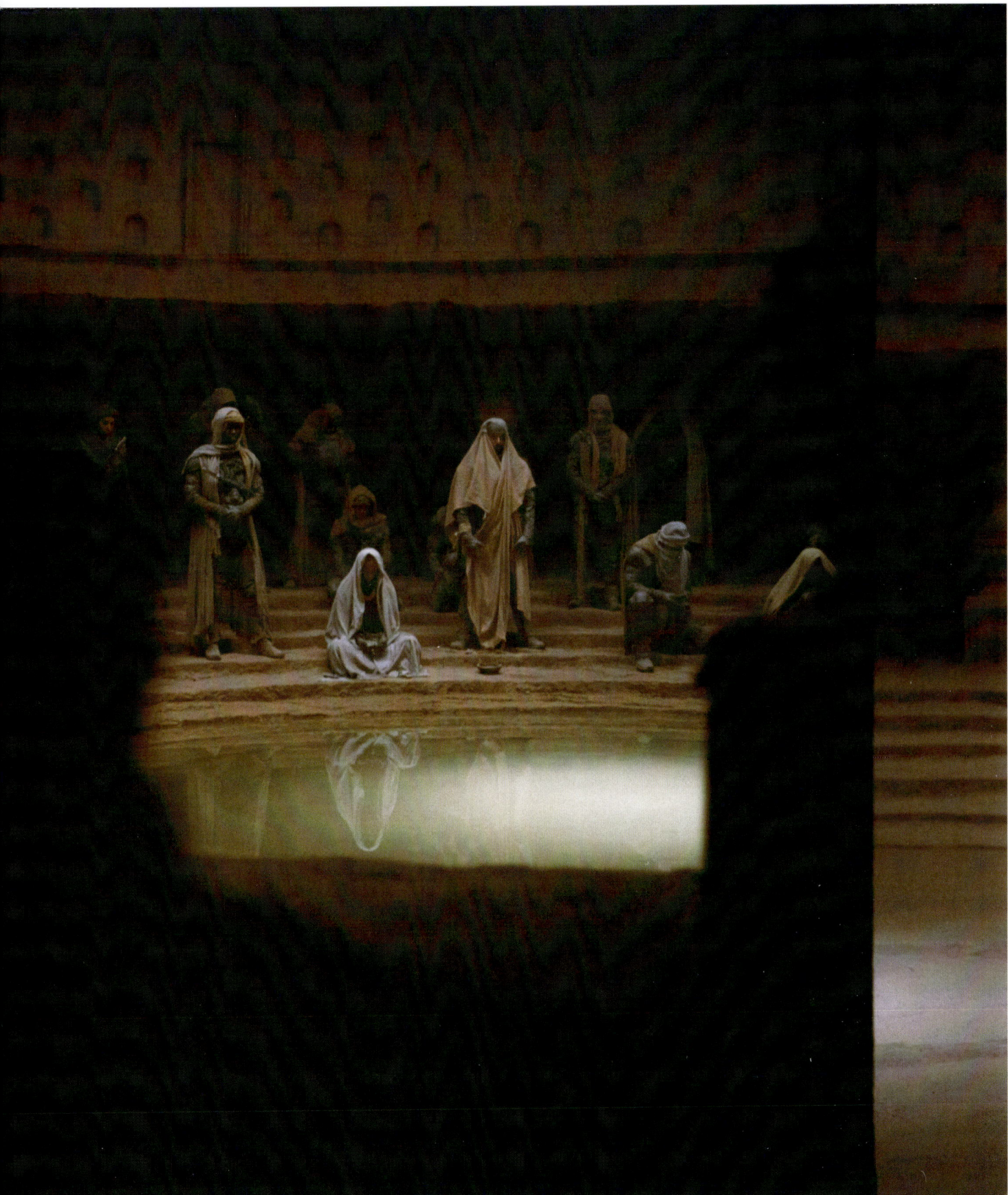

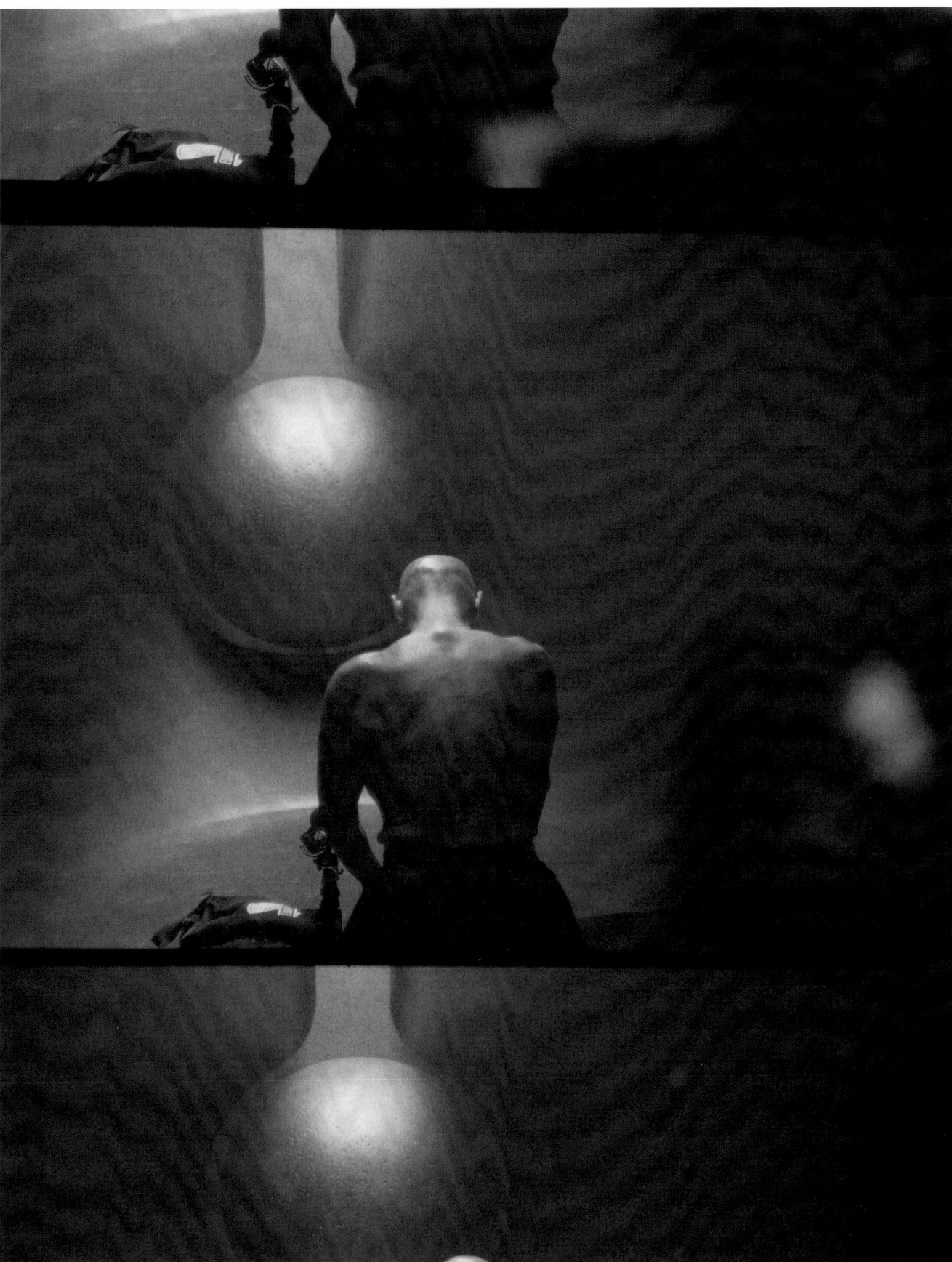

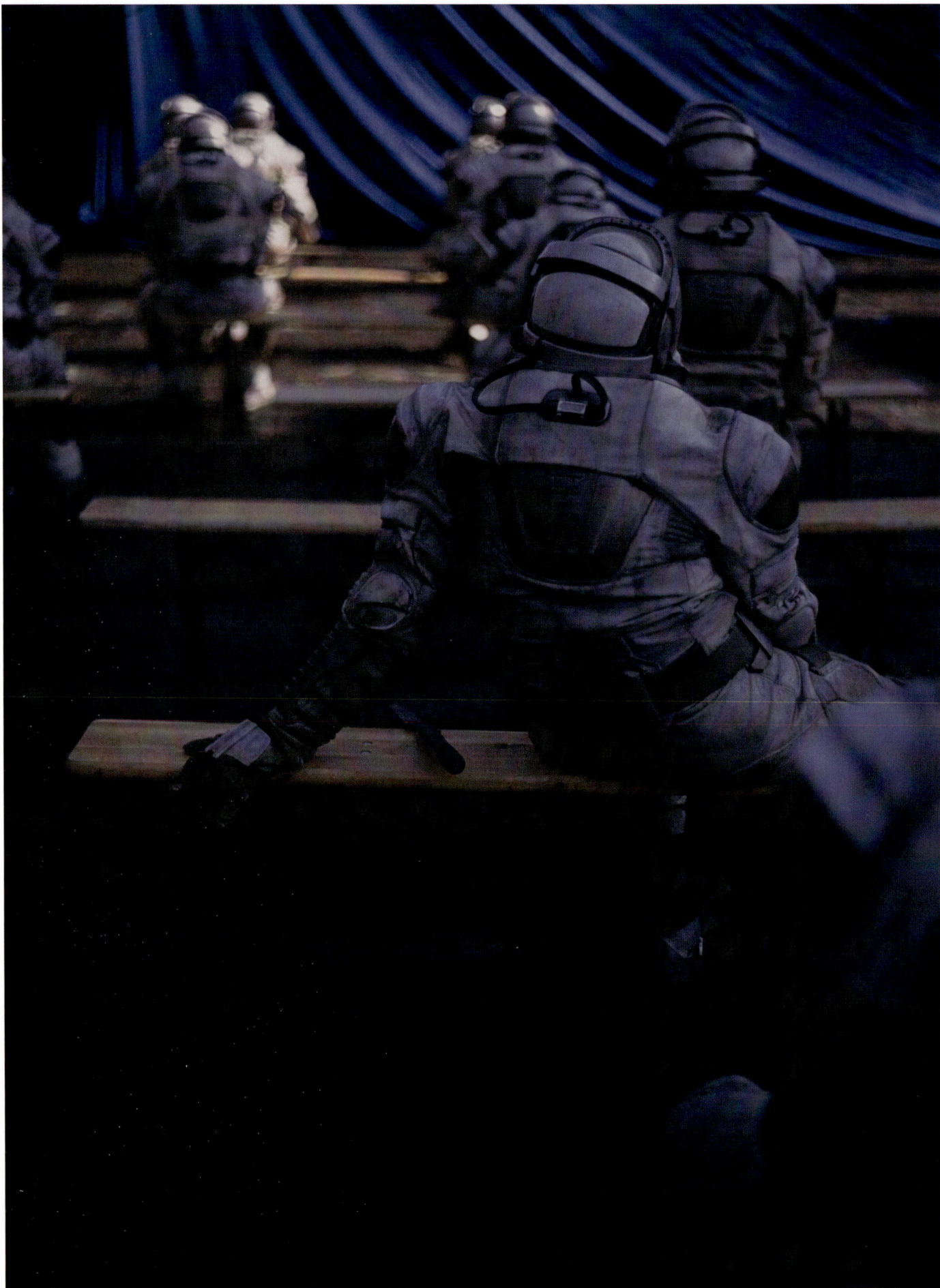

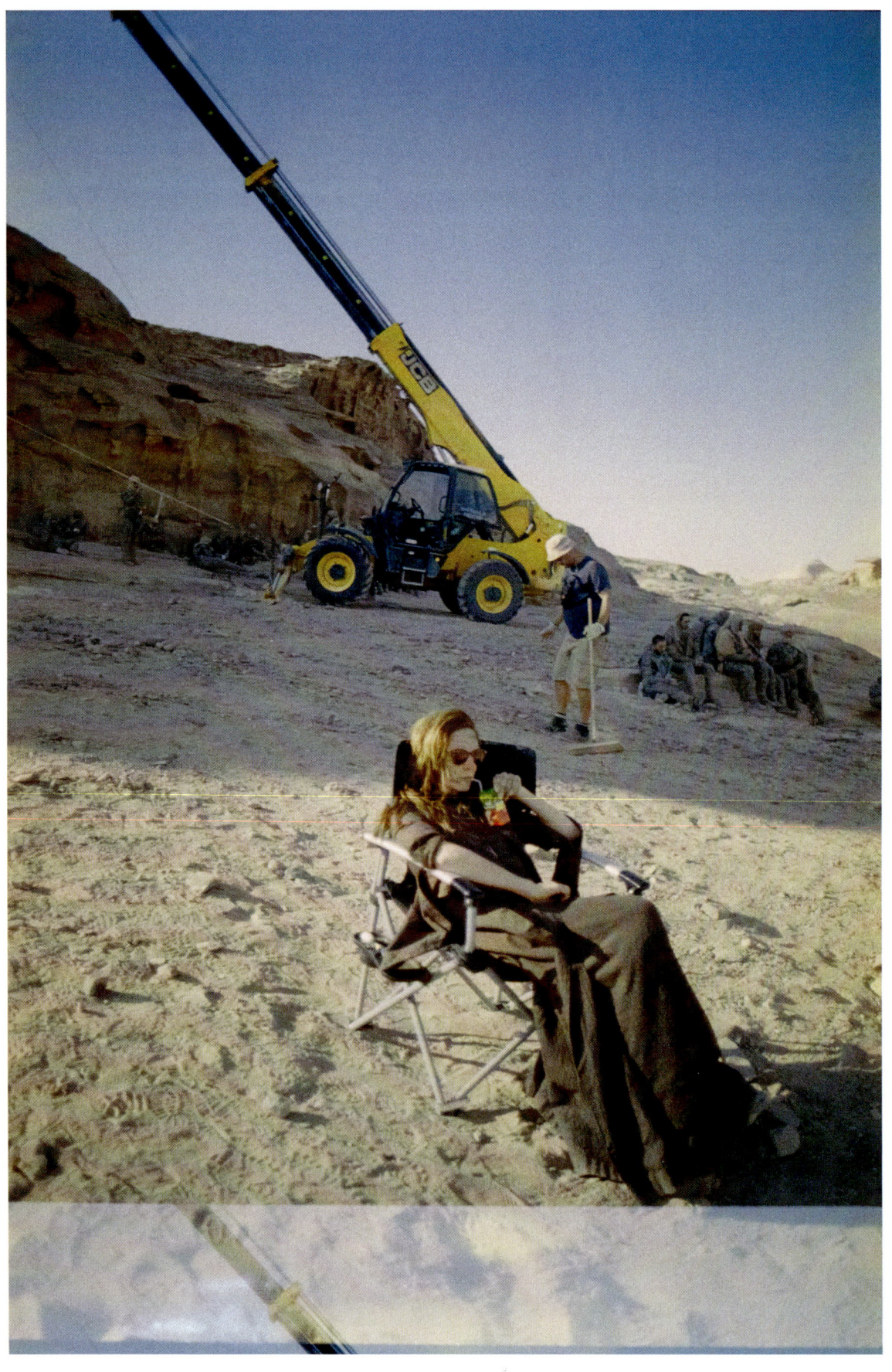

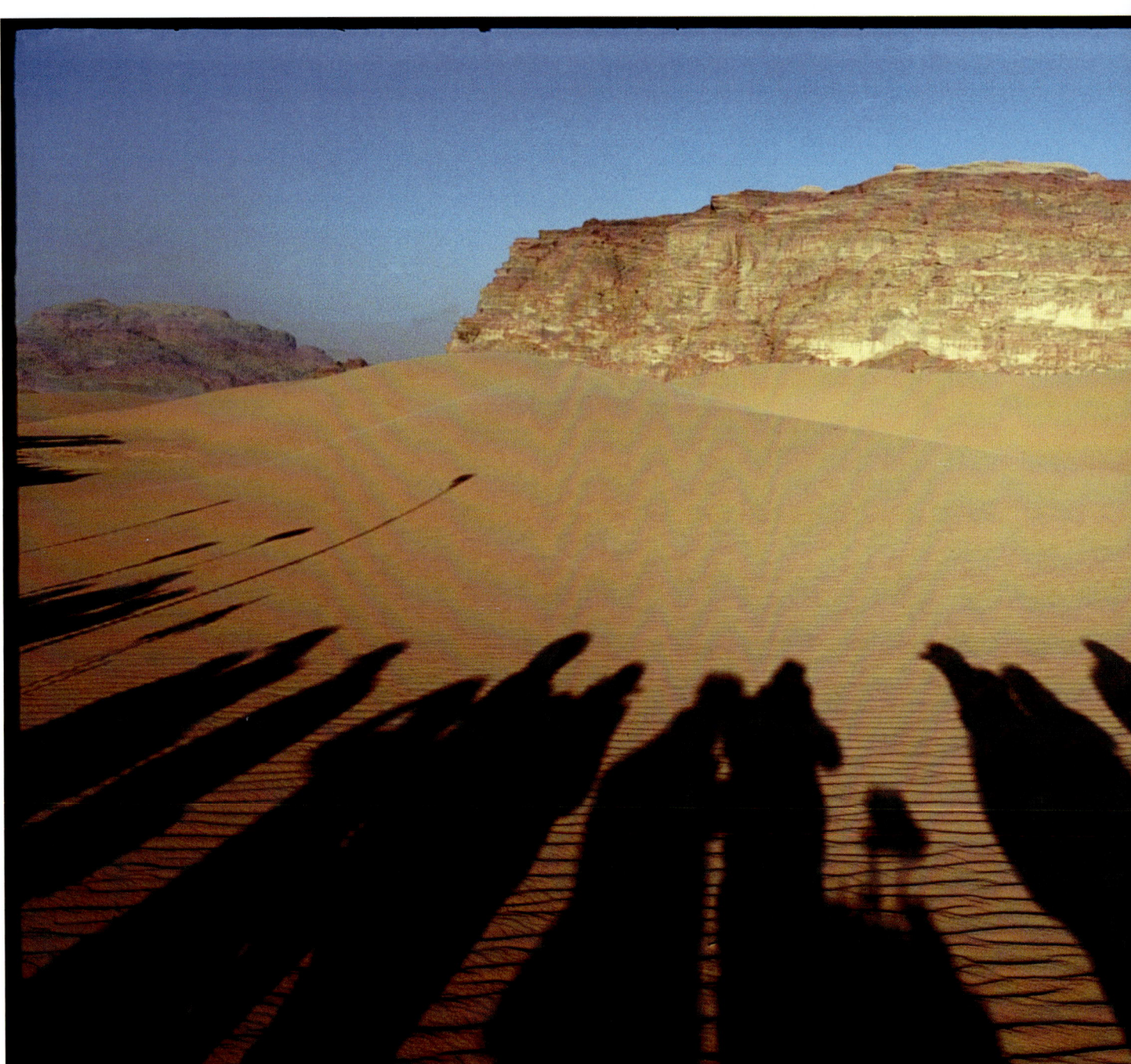

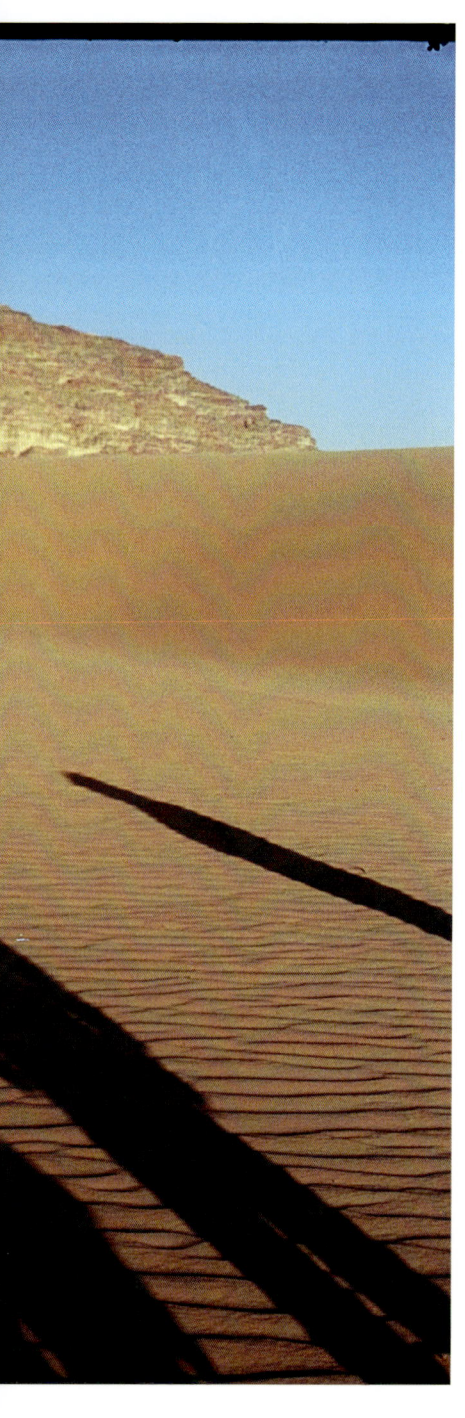

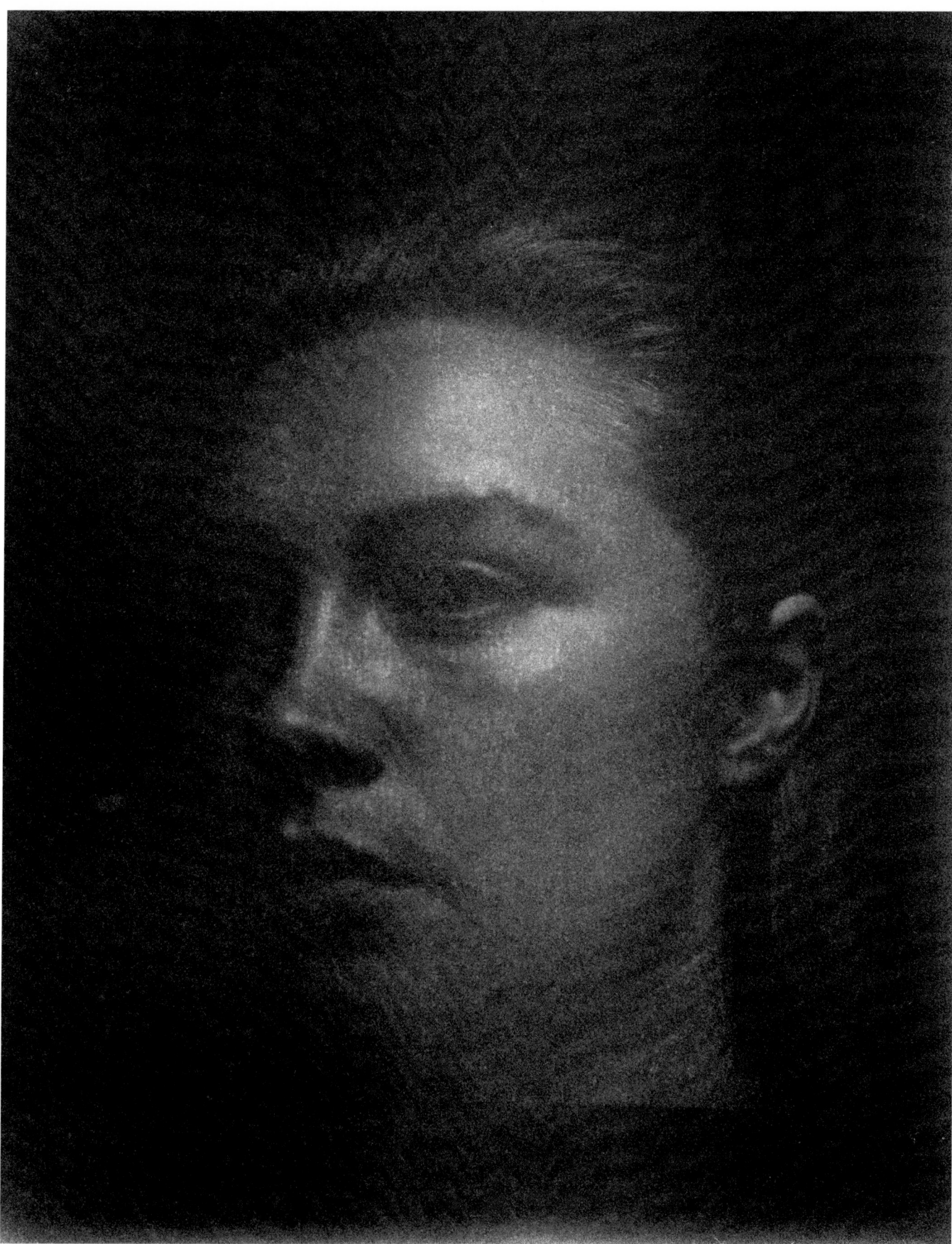

아빠가 일하는 동안 우리는 사막 한가운데에 있다. 나는
아빠가 뭘 하는지 제대로 모르지만 가끔 아빠는 우리가 저녁
먹고 있을 때 우주복을 입고 방으로 돌아온다. 우리 언니는
그걸 싫어한다. 언니는 늘 뒷걸음쳐 피한다. 아빠는 평소와
다르게 옷 입는 걸 좋아한다. 내가 그걸 알고있다는 점이
좋다. 보통은 검은 셔츠에 청바지, 카우보이 부츠 차림인데
그건 평소와는 전혀 다르다. 우리 아빠가 아니라 더러운
우주비행사처럼 보인다. 아빠는 지금 좀 무서워 보이기도 해서
언니는 아빠를 보면 불안해 한다. 그래도 나는 뭔가 색달라서
좋다. 솔직히 말해 내가 원하는 대로 상황이 안 돌아갈 때가
좋은 것 같다.

우리가 푹푹 꺼지는 모래 위를 걸을 때 아빠는 근처로 와서
자기 손을 뻗는데, 이것이 자신의 새끼손가락을 잡으라는
신호란 걸 나는 안다. 아빠의 손을 바로 잡는다. 오늘 아침엔
만화 영화 〈블루이Bluey〉를 보고 싶었는데, 하루의 시작을
호텔 전체를 어슬렁거리고 돌아다니며 우리가 아직 발견 못
한 걸 찾는 아빠 때문에 짜증이 났다. 아빠는 우리가 찾지
못한 건 아직 발견되지 않은 거라고 생각한다. 그래서 우리는
모든 걸 가장 먼저 발견한다. 그다음엔 별수 없이 밖을 헤매고
다니며 계속 걷는다. 또 다른 모험, 또 다른 발견을 한다.
대개는 아빠와 나 사이에 대한 것들을.

우리는 바깥을 돌아다니다가 붉은 모래를 향해 걷기
시작한다. 모든 걸음이 푹푹 꺼지고 모든 생각이 타 버린다.
일찍 출발했는데도 태양이 벌써 비명을 지른다. 높은 모래
언덕 끝자락을 따라 걷다 보니 정수리에 한낮의 열기가
내려앉는 게 느껴진다. 아빠는 어제도 언덕에 올라갔었다.
그리고 아빠는 그 일에 대해 계속 이야기한다. 발을 디딜
때마다 땅이 나를 삼켜 버릴 것만 같다. 어디로 가야 하는지
모르지만 우리는 계속해서 간다.

꼭대기에 거의 다 왔다. 나는 이제 걷고 싶지 않아서 아빠와
입씨름을 한다. 아빠는 내 말을 이해했으면서도 멈출 생각을
안 한다. 아빠가 이런 식일 때가 싫다. 아빠는 고장 난 로봇
같다. 무릎을 꿇고 내 머리를 토닥이고 로봇 같은 입술로
내 뺨에 뽀뽀하더니 다시 걷는다. 나는 오랫동안 꼼짝하지
않았지만 그러다 보니 더 더워져서 열기를 식히기 위해서라도
움직여야 했다. 그 이야기를 아빠한테는 하지 않았는데
아빠는 어떻게든 자기가 버텼기 때문에 나를 걷게 했다고
생각한다. 그게 아니다. 나 스스로 결정한 거다.

꼭대기에 와 보니 〈블루이〉 같은 건 이제 아무래도 상관없다.
이 위에서는 모든 게 보이고 모래 언덕의 표면도 곧장
내려다보인다. 두 팔을 들어 올리면 왔던 길을 전부 훨훨 날아
호텔로 돌아갈 수 있을 것 같다. 그럴 수 없다는 걸 알지만
그래도 두 팔을 들어 올린다. 아빠가 내 사진을 찍는다. 아빠는
내가 자랑스럽다고 말한다. 나는 네 살이고 여기 올라와
있으면 안 된다는 걸 나도 안다. 우리 아빠는 가끔은 로봇처럼
굴기도 하고 밉기도 하다. 그래도 나는 아빠가 또 일하러 가기
전에 모래 언덕 꼭대기에 함께 와 있는 하나뿐인 딸 노릇을
하는 게 좋다. 나밖에 할 수 없다는 걸 안다. 우리 아빠는 나를
정말로 사랑한다(나도 안다). 나도 아빠가 그냥저냥 괜찮다.
바로 지금 같은 때에도 말이다. 이 위는 덥지만 우리는 잠시
앉아서 토성과 목성, 해가 뜨면 보이지 않는 온갖 별들을
이야기한다. 함께 있을 때 우리는 많은 걸 상상한다.

아빠는 이제 내려가고 싶어 하지만 나는 내려가고 싶지 않다.
내려가야 할 것 같지만 나는 오 분만 더 있자고 한다. 아빠는
뭔가 할 말이 있는 표정으로 나를 한참 바라보았지만 절대
말을 하지 않는다.

발소리가 들린다. 맨발로 내는 소리다. 아빠는 조용히 하려 애쓰지만 거칠어진 피부가 타일을 때린다. 펄쩍 뛰어올라 아빠를 겁주고 싶다. 그러면 아빠는 나를 들어 올려 내 목에 얼굴을 파묻겠지. 우리는 둘 다 웃음을 터뜨릴 거고. 하지만 언니와 엄마가 아직 자고 있어서 그러지 않는다. 나는 그와 함께 내 가슴이 오르락내리락하는 소리를 듣는다. 닫힌 문 뒤로 욕실에 불이 들어온다. 기하학적 모양의 하얀 파편들이 새어 나와 침대 위로 퍼진다. 칫솔질하는 소리와 졸졸 물 흐르는 소리가 들린다. 불이 꺼지고도 칫솔질은 계속된다. 어제 우리는 모래 위를 달렸다. 어제는 일요일이었고 아빠는 일요일에 절대 일하지 않으니까. 아빠는 해가 내리쬐는 탁 트인 옥외에서 그리고 진을 빼는 열기와 텁텁한 공기 속에서 우리와 함께 달릴 거다. 아빠가 이기는 일은 절대 없다. 늘 나 아니면 언니가 이기지만 거의 나다.

어둠 속에 문이 열리고 다시 발소리가 들린다. 내 발치의 침대가 가라앉는가 싶더니 아빠가 바지를 입는 소리가 들린다. 아빠가 안 갔으면 좋겠다. 뭔가 말해 보려는데 아무 말도 안 나온다. 아빠 양말 소리. 아빠 신발 소리. 그릇에 부딪히는 숟가락의 소리. 부엌에 있는 작은 냉장고가 열리지만 닫히는 소리는 안 들린다. 소리 없이 씹는 소리. 침묵. 그러다 어둠 속에서 갑자기 입술이 나와 내 이마에 입을 맞춘다. 아빠 머리칼을 만지기 위해 고개를 들어 올린다. 아빠가 일 때문에 기른 머리다. 아빠는 내 가슴에 손을 올리고 손 무게보다 살짝 더한 무게를 가하다가, 어느새 가 버리고 없다. 침묵.

해가 뜨고 엄마와 언니가 일어났을 때도 나는 아빠 손이 있던 자리에 아직 손을 올리고 있을 거다. 만화 영화를 봐도 되냐고 엄마에게 물어봐야지. 주변에 보이는 거라곤 모래밖에 없으니까. 오늘 저길 내다보면서 저 멀리 어딘가에 더러운 우주복을 입은 아빠가 보이는지 봐야지. 아빠는 다른 어떤 일보다도 우리와 노는 걸 더 좋아하기 때문에 어디선가 울고 있을 거다. 내가 노래할 때 아빠는 운다. 내가 아빠 눈을 들여다볼 때도 아빠는 운다.

아빠는 우리가 잠자리에 들고 엄마가 우리에게 책을 네다섯 권 읽어 주고 나서야 올 거다. 집에 오면 아빠는 내 이마에 입을 맞추고, 내 가슴에 손을 올려 아빠 손보다 살짝 더한 무게로 누른다. 아빠가 그 손을 떼기 전에 나는 잠이 들 거다. 아빠가 그 손을 뗀다면 말이다.

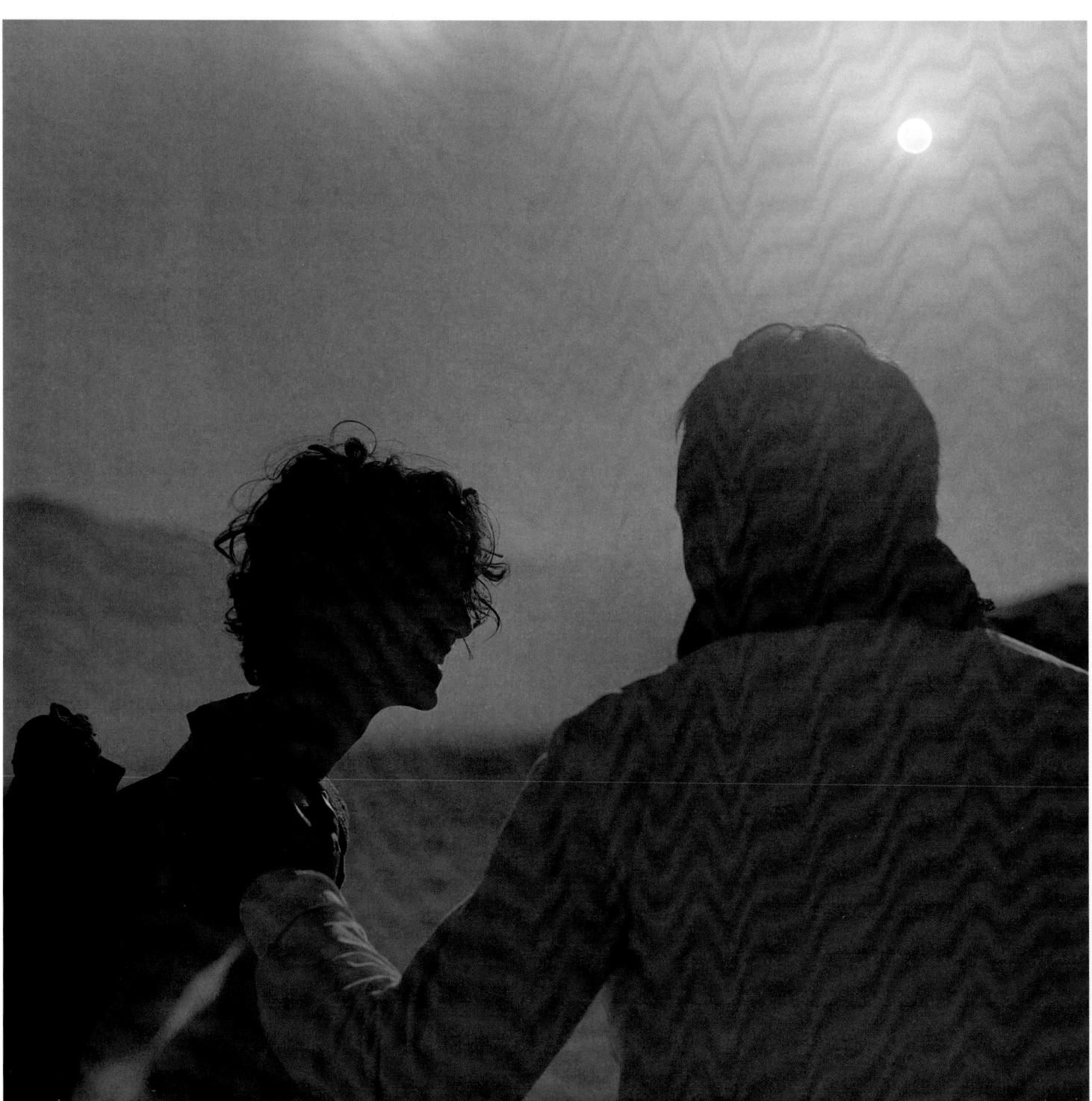

제작팀은 그림자가 부리는 변덕을 틀어쥐고 이제는
거무스름해진 모래 언덕의 정점에 지쳐 눕는다. 검게 칠한
형상들이 지형을 미끄러져 내려와 프랜시스 베이컨의 색채가
휩쓸고 간 자리처럼 변모한다. 사납게 날뛰는 미친 모습이 눈
앞에 펼쳐진다. 프랭크 허버트가 창조한 변화무쌍한 광경으로
곧장 빨려 들어온 우리는 바보처럼 웃으며 열기와 함께
녹아내리고 있다. 우리는 형제애를 발휘해 서로의 손과 장비를
붙잡고서 태양 앞에 고개를 숙인다. 할리우드는 이제 더 이상
우리를 장악하지 못하고 우리는 사막의 스파이스에 자신을
내어 준다. 염류 피각과 석회석, 모래와 제2의 고향이 앞에
펼쳐져 있다. 태양이 떠오르듯 우리 발치에서 커지는 인격의
검은 배출물을 들이쉬고 내쉰다. 집에 갈 일은 없을 거고 그럴
필요도 없을 거다.

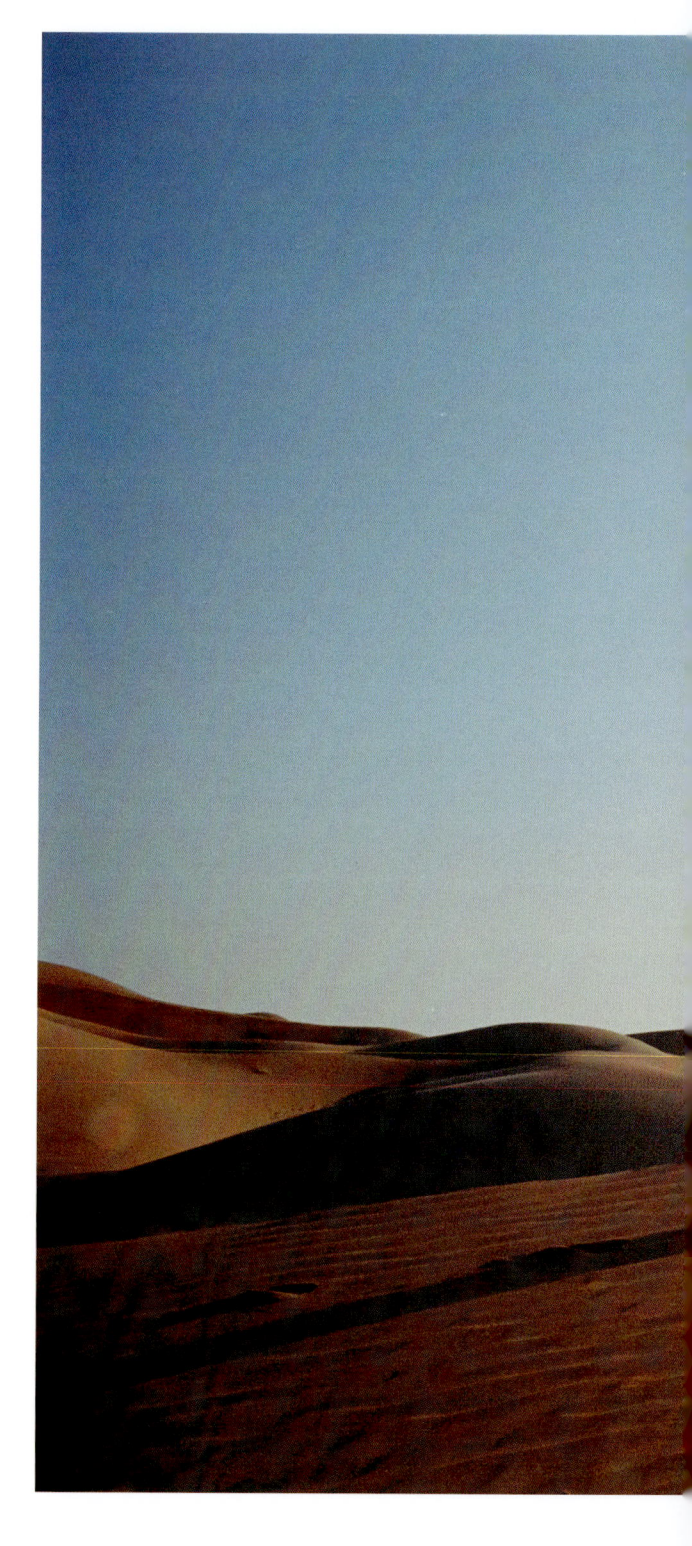

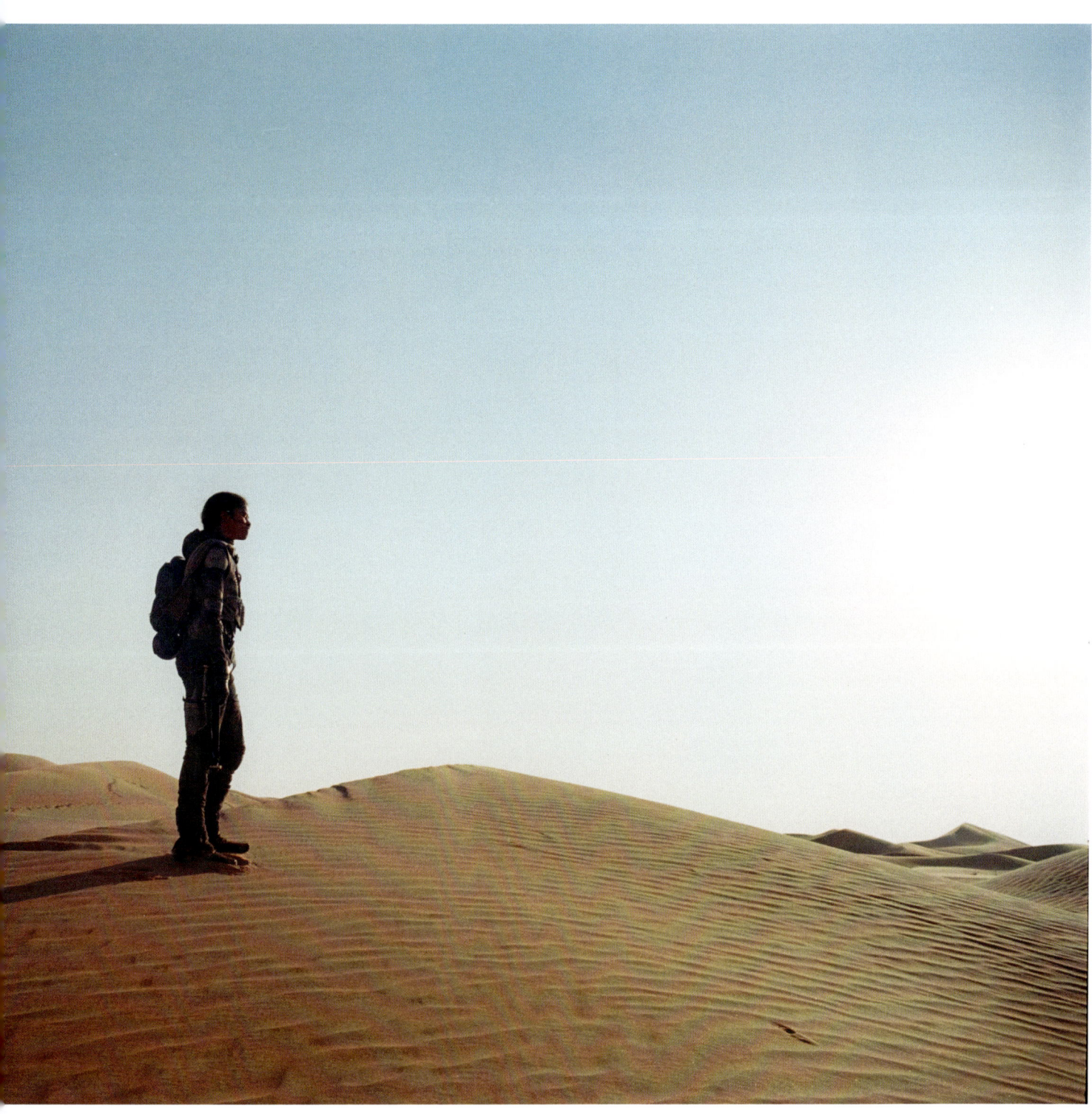

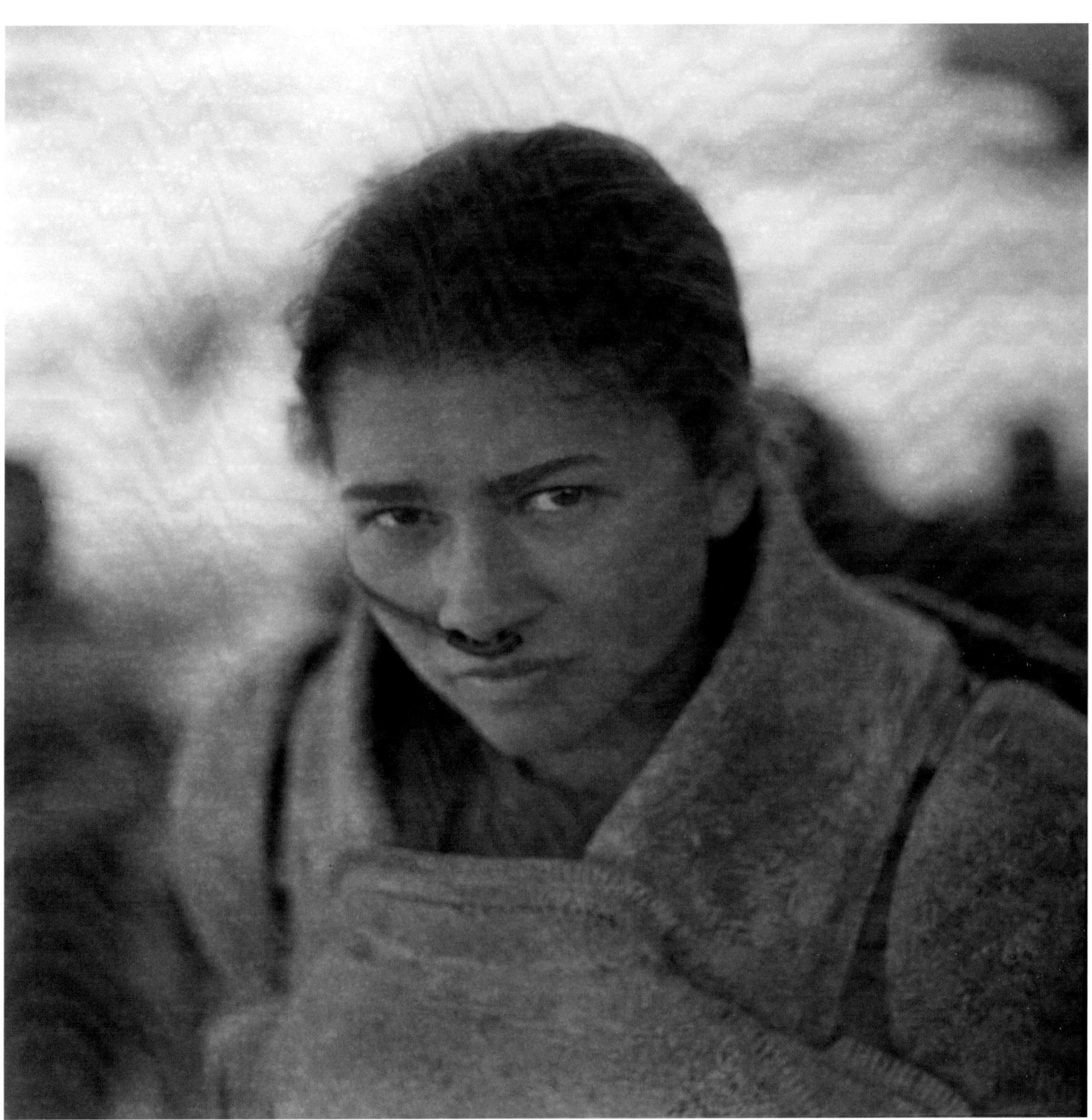

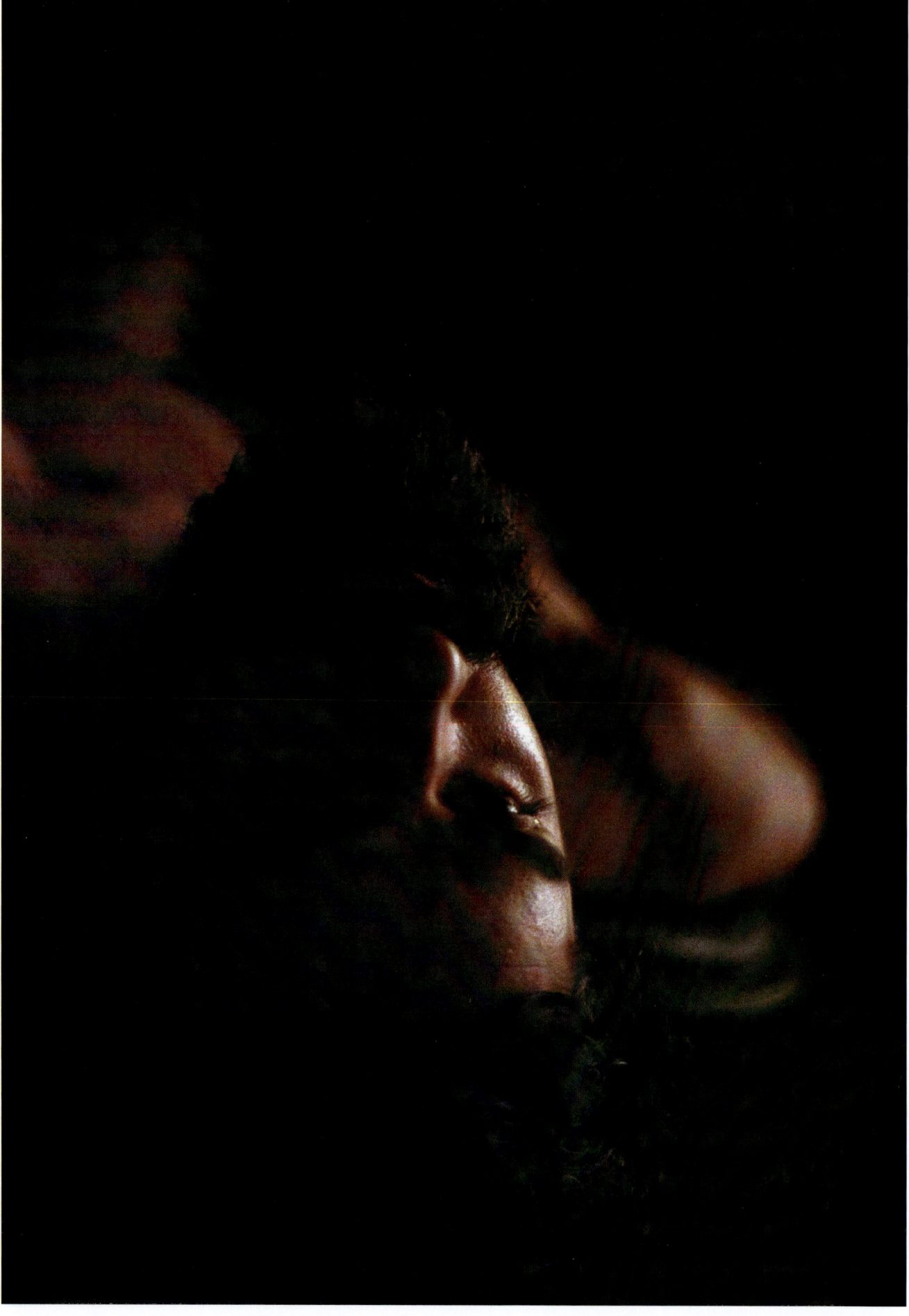

헝가리의 매서운 추위 속에서
오스카는 스쾃을 하고 있다.

오스카의 친구가 뭔가 가져왔다.
스쾃 동작을 시뮬레이션할
패드와 밴드, 막대다.

나는
그 모습을
트레일러 창밖으로
구경한다.
내 방문을
두드리지
않길 바라며.

내 방을 두드린다.
이런 젠장.

나는 이제 밖에서 스쾃을 한다.
"와, 몸 좋으시네요!"
16, 17, 18… 내가 동작을 마친다. 제리가 나온다.
제리는 조니 뎁을 비롯한
위대한 배우들과 일했다.

제리는 배우들에게
사업가와 수감자 마인드의 경계를 오가며
항상 균형을 잡아야 하는 이유를
일깨워 주고 돈을 받는다.
지금 스쾃을 하고 있는 남자도 돈을 받는다.
오스카와 나도 돈을 받는다.
우리는 모두 뭔가를 하는
대가로 돈을 받는다.

당장은 스쾃을 하고.

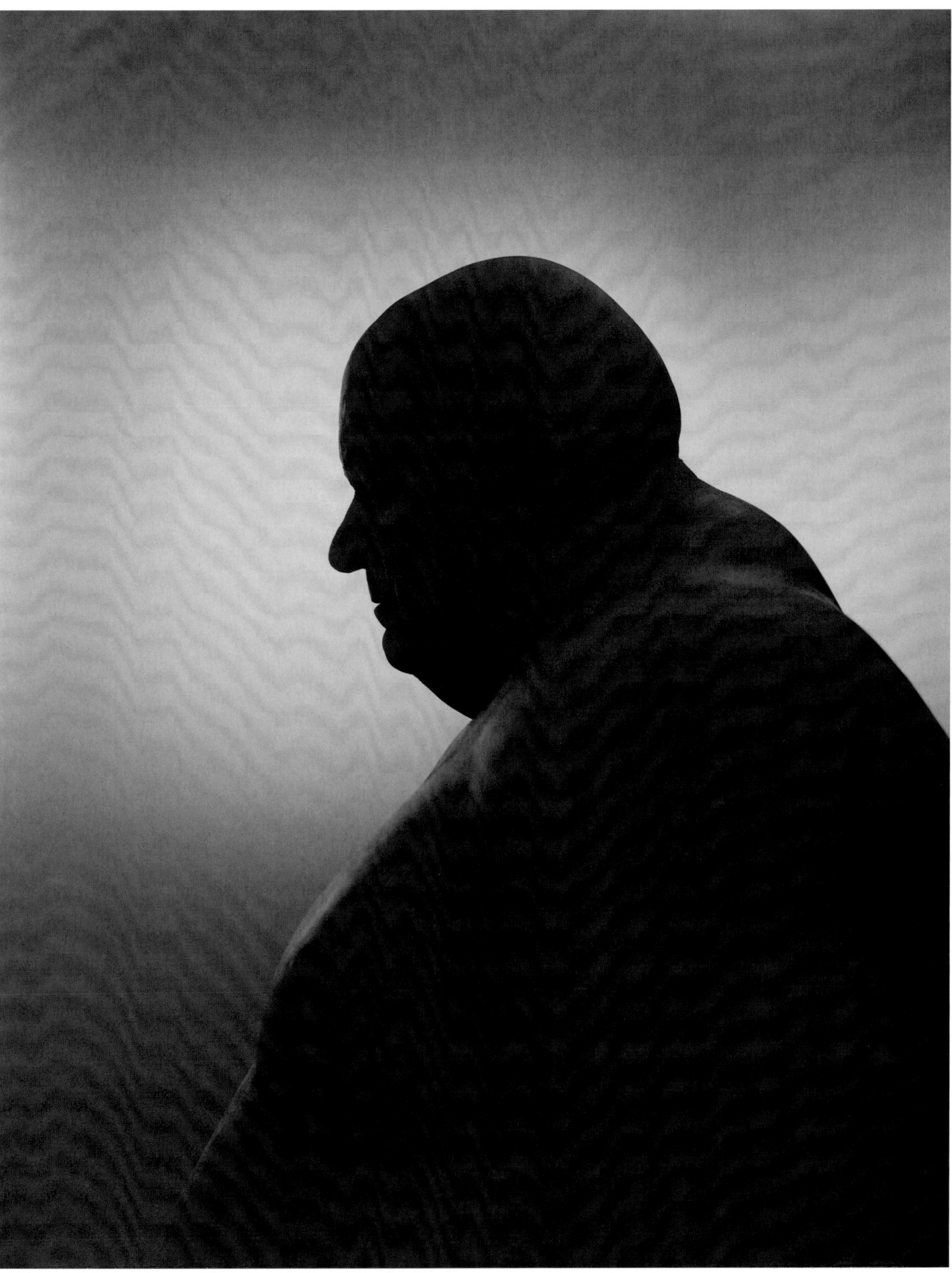

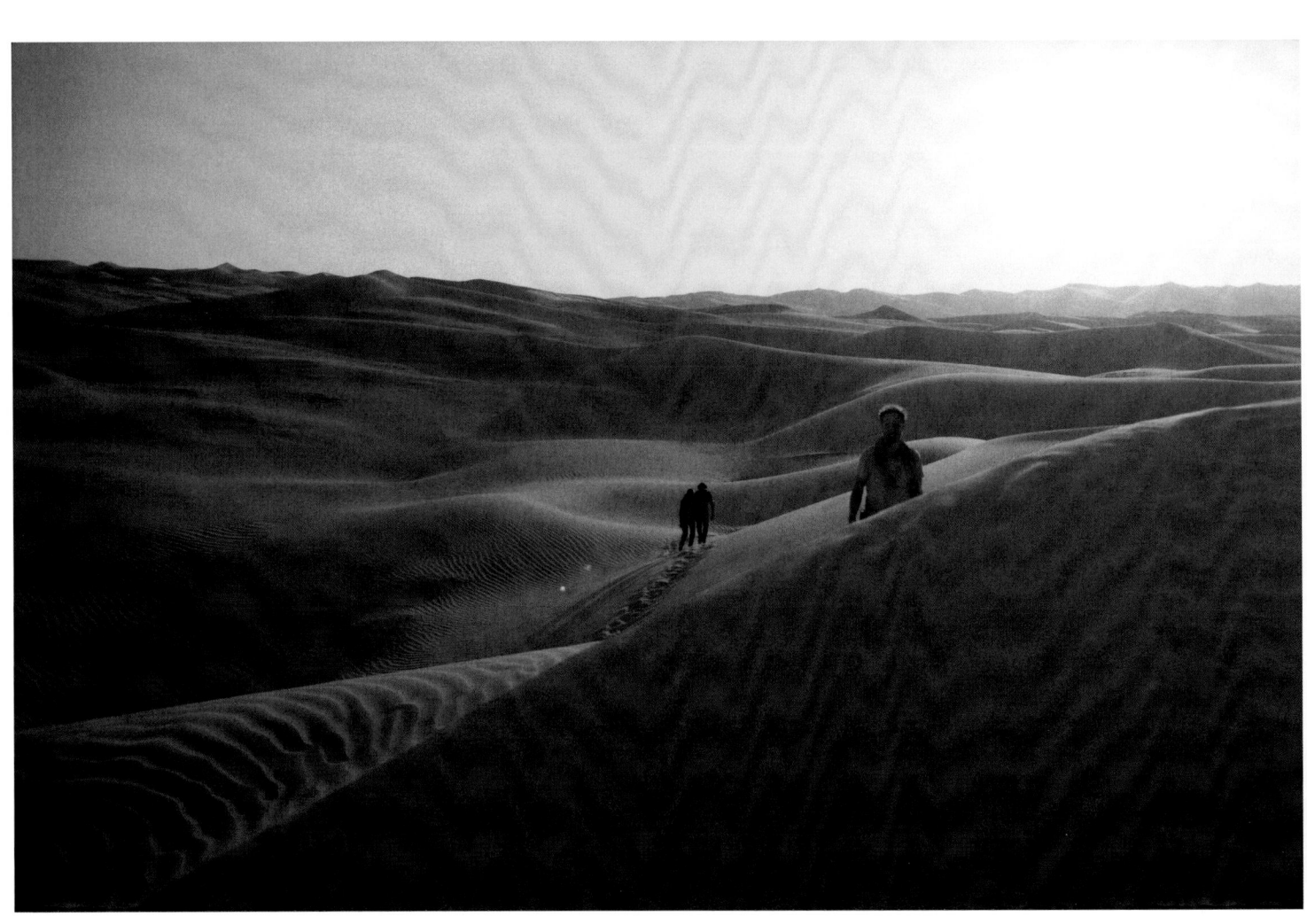

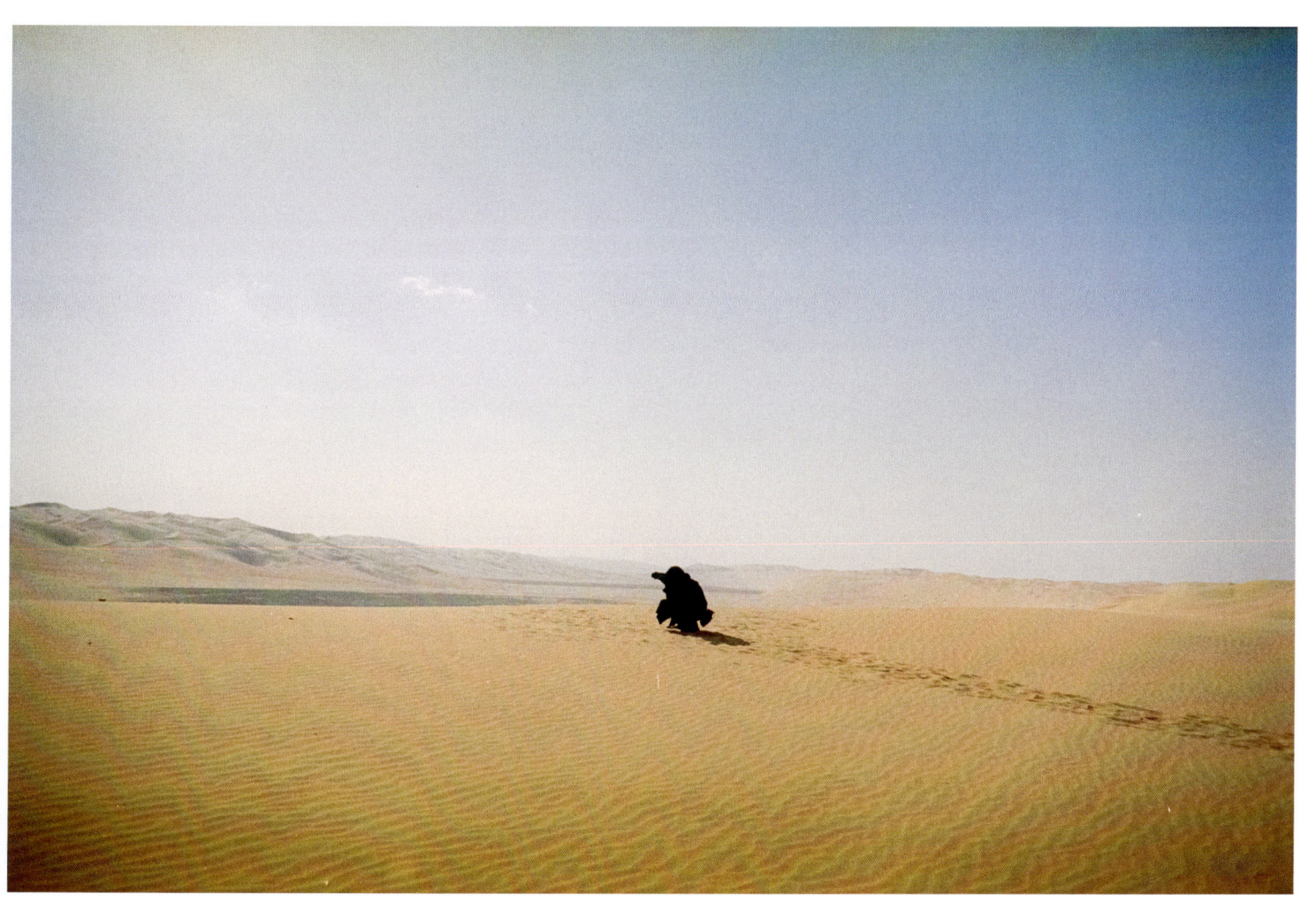

발자국이 난 기나긴 길들이 멀리까지 메아리친다. 모래
언덕을 타고 내려가는 샌드백이 있지만 쓰는 사람이 아무도
없다. 발이 빠지지 않게 걷는 데에 우리가 모두 익숙해졌기
때문이다. 다른 편 정상으로 가기 위해 오르막길을 오르는
끝없는 전투에 쓸 힘을 보존하려면 최소한의 에너지만 써야
한다. 이제 우리는 다들 전보다 운동을 더 잘하게 됐지만
이곳 현지 사람들에 비하면 아무것도 아니다. 우리가 차를
운전해서 일터로 가는 길에 보이는 사람들 말이다. 길가에서
양을 돌보거나 낙타와 나란히 걷는 사람들. 미국에 사는 가장
가난한 사람들이 입고 쓰고 신는 것조차 그 사람들에게는
사치이고 결코 누릴 수 없는 것들이다. 이 마을의 일부
집들에는 전기가 들어오지도 않는다. 해가 지면 그 사람들은
뭘 할까? 잠을 잔다. 잠을 자며 꿈을 꾼다. 혹여 촛불을 밝히고
그날 있었던 일에 대해 지금의 내 기록장처럼 기록을 할지도
모른다. 40도의 열기 속에서 30킬로미터를 걸었다거나, 근처에
병원 하나 없는데도 신생아가 또 태어났다거나, 이웃끼리 매주

모이는 자리에서 어린이들이 옷장 속에 고이 모셔 놓았던
알록달록한 양념을 귀리에 넣어 만든 디저트를 먹었다거나
하는 일상들.

우리 힘으로 나를 수 있는 것들은 직접 위로 옮긴다.
이번만큼은 모래가 움직이지 않기를 바라며 모래를 움켜쥔다.
하지만 현실은 모래 때문에 인생의 수치심을 마주한다.
우리가 이 일을 할 준비가 전혀 안 됐다는 걸 깨닫게 한다.
이곳의 사막은 어떤 특별한 기질을 요구한다. 맹목적으로 별을
쫓아서 여기 올 수도 있지만, 수 세기 동안 이곳 사람들에게
내적 강인함을 선사한 은하계 한가운데를 걸을 수도 있다.
그 누구도, 그 어떤 악행도 파괴할 수 없다는 작은 시련들을
이겨 낸 정신으로 말이다.

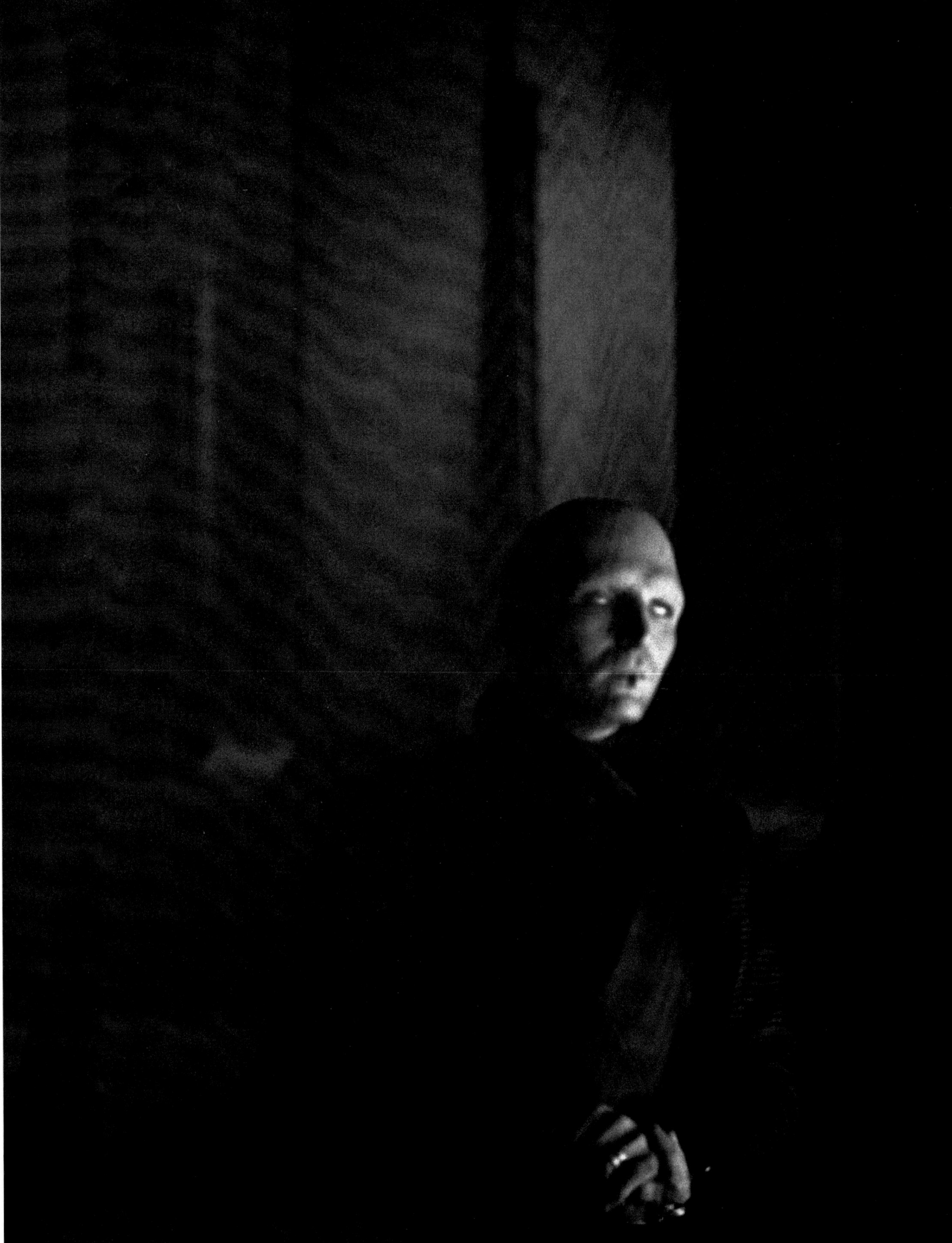

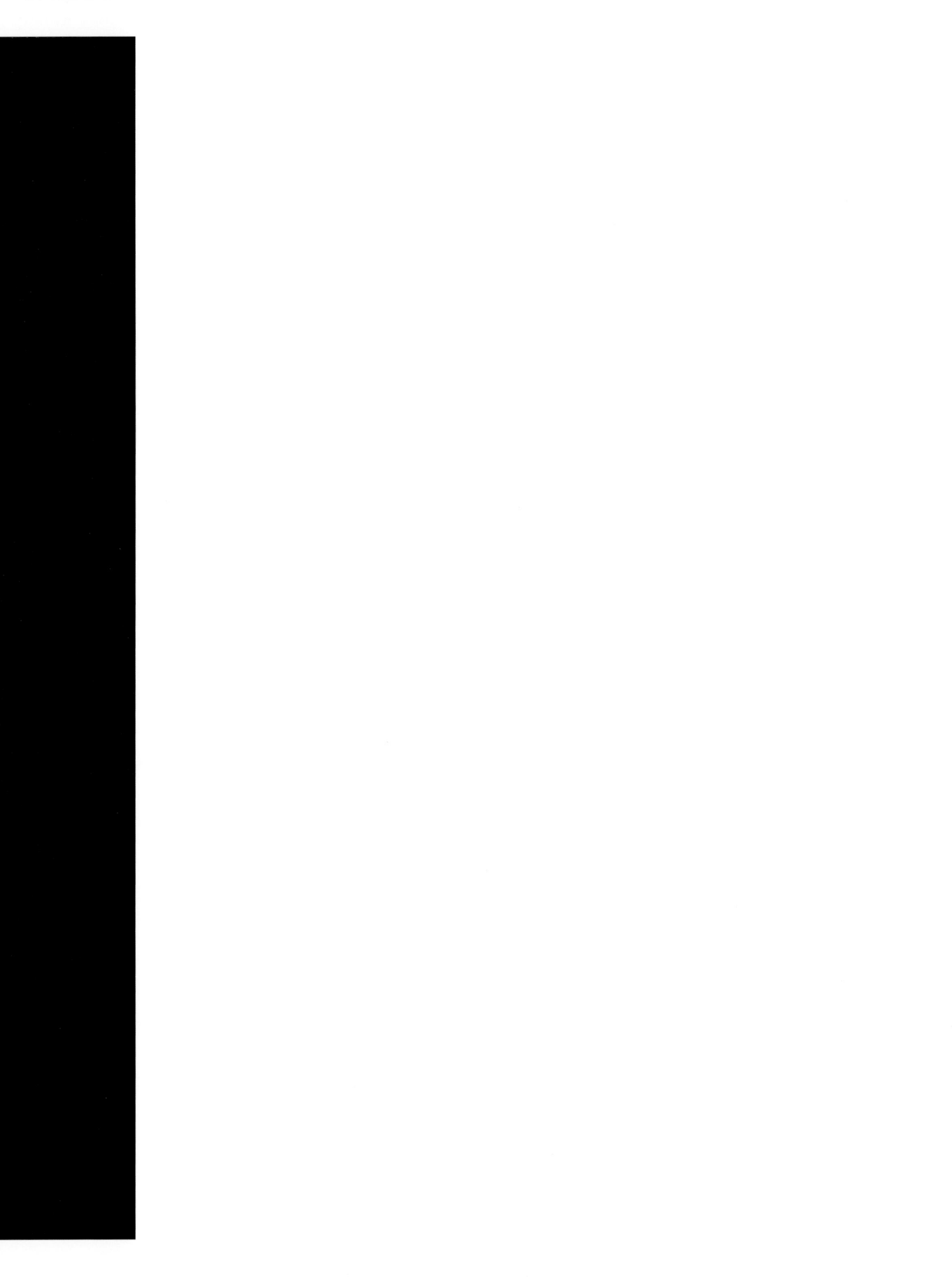

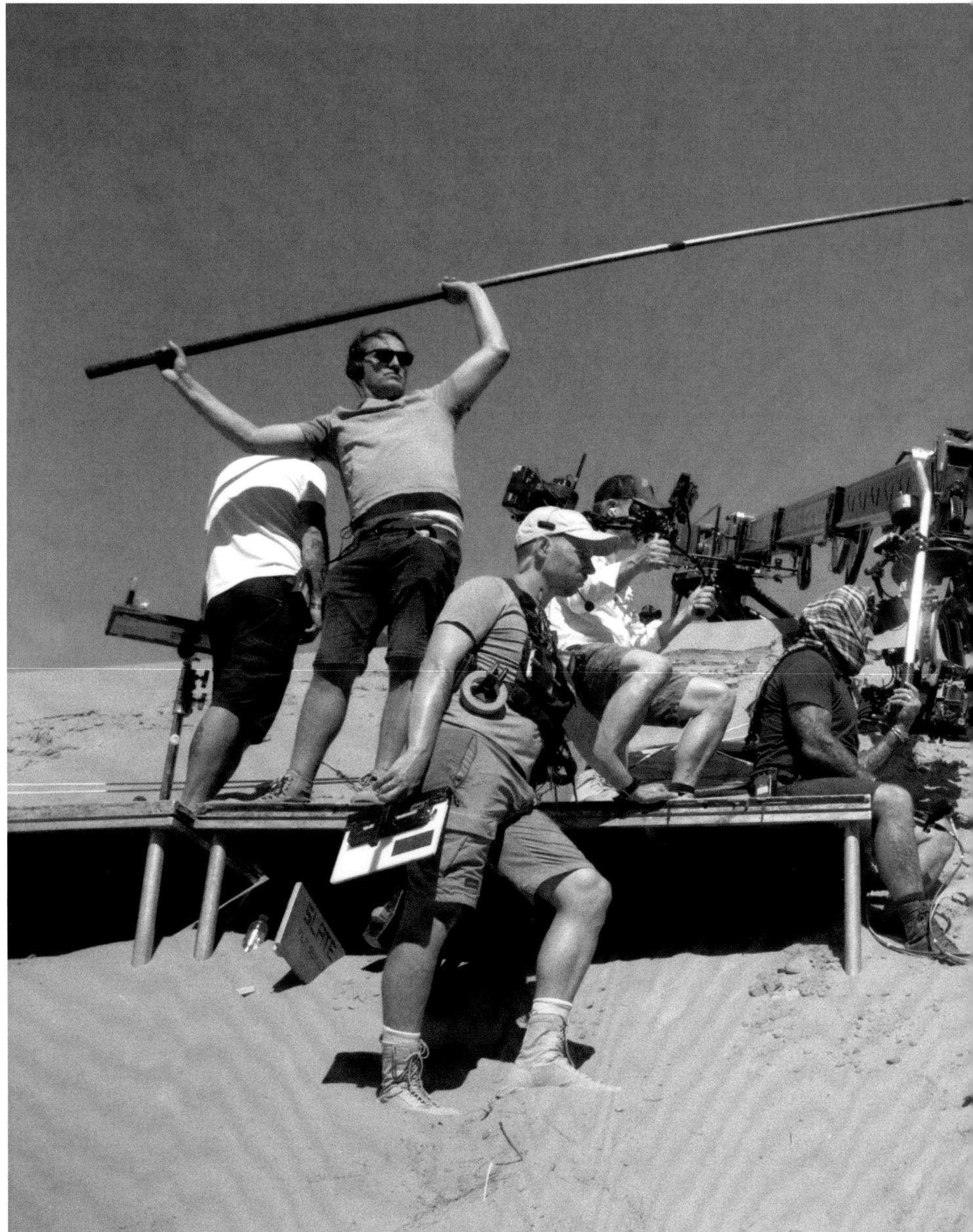

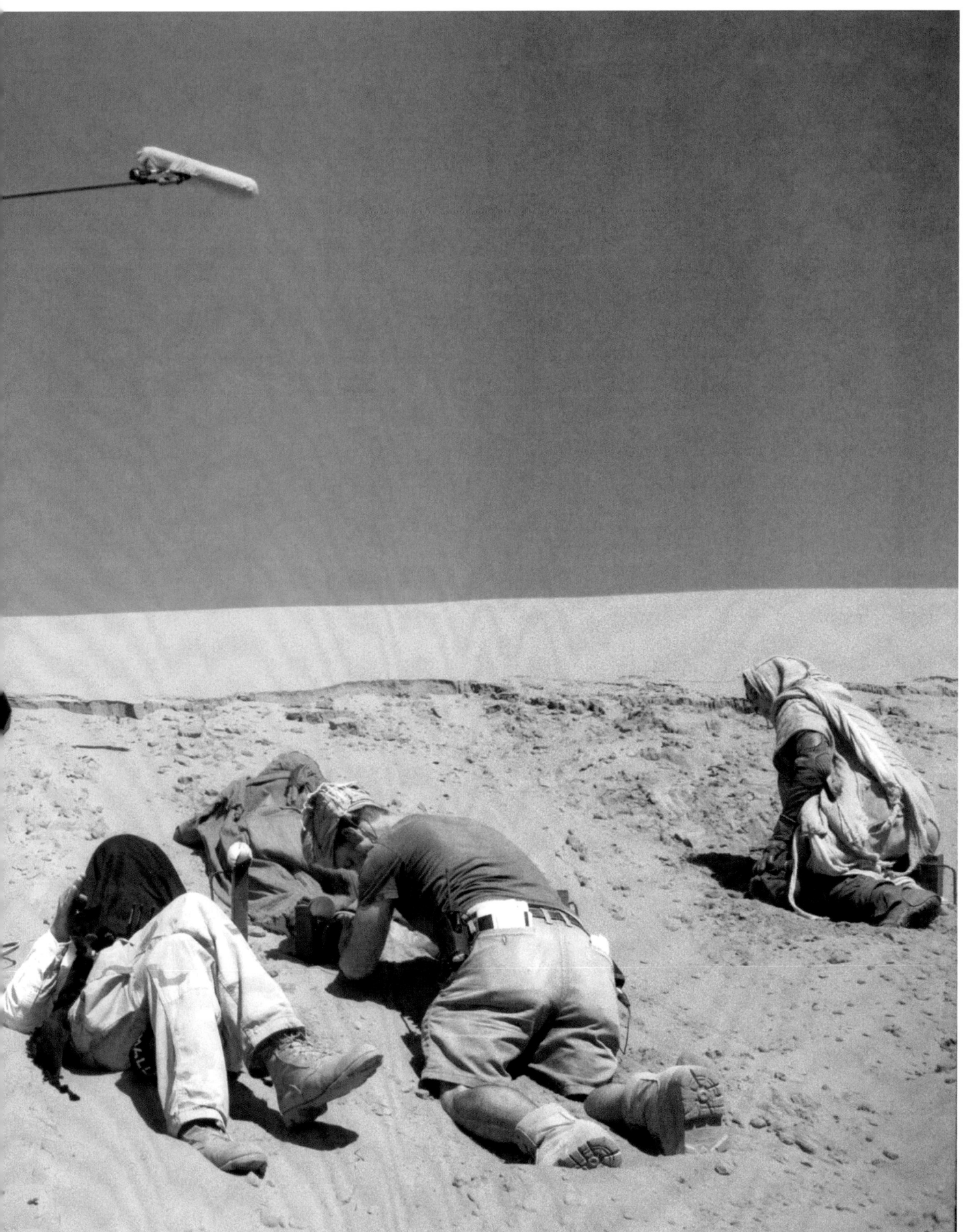

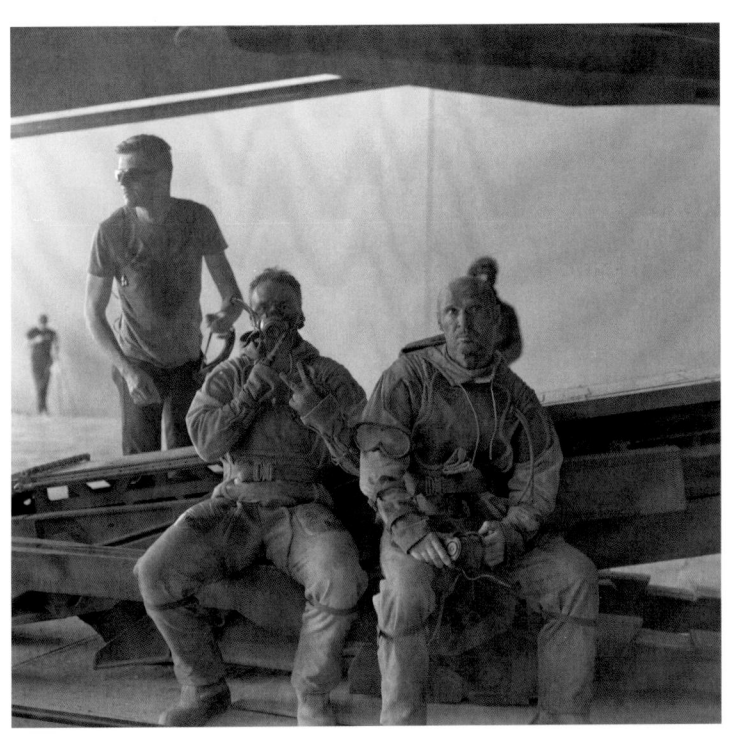

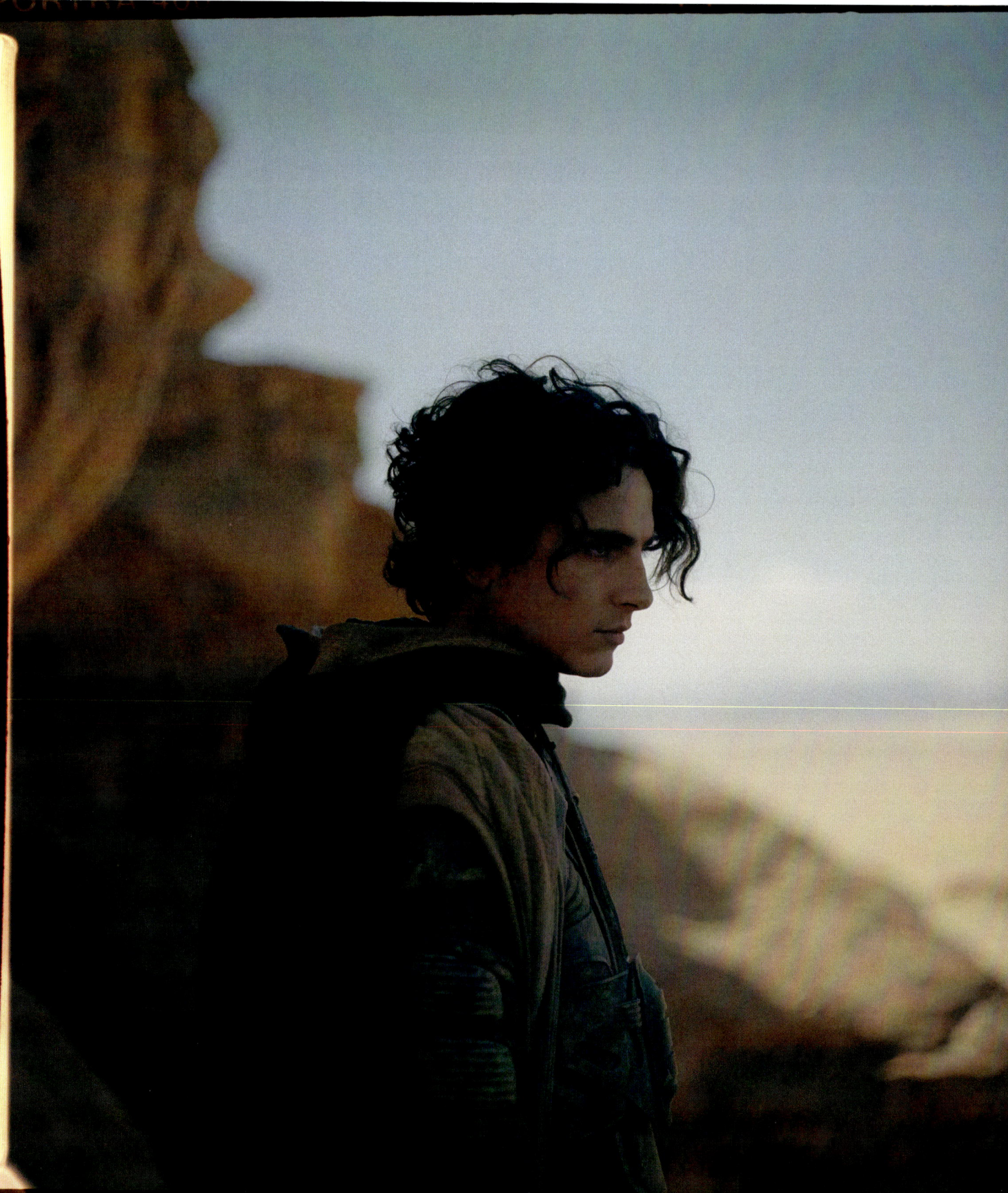

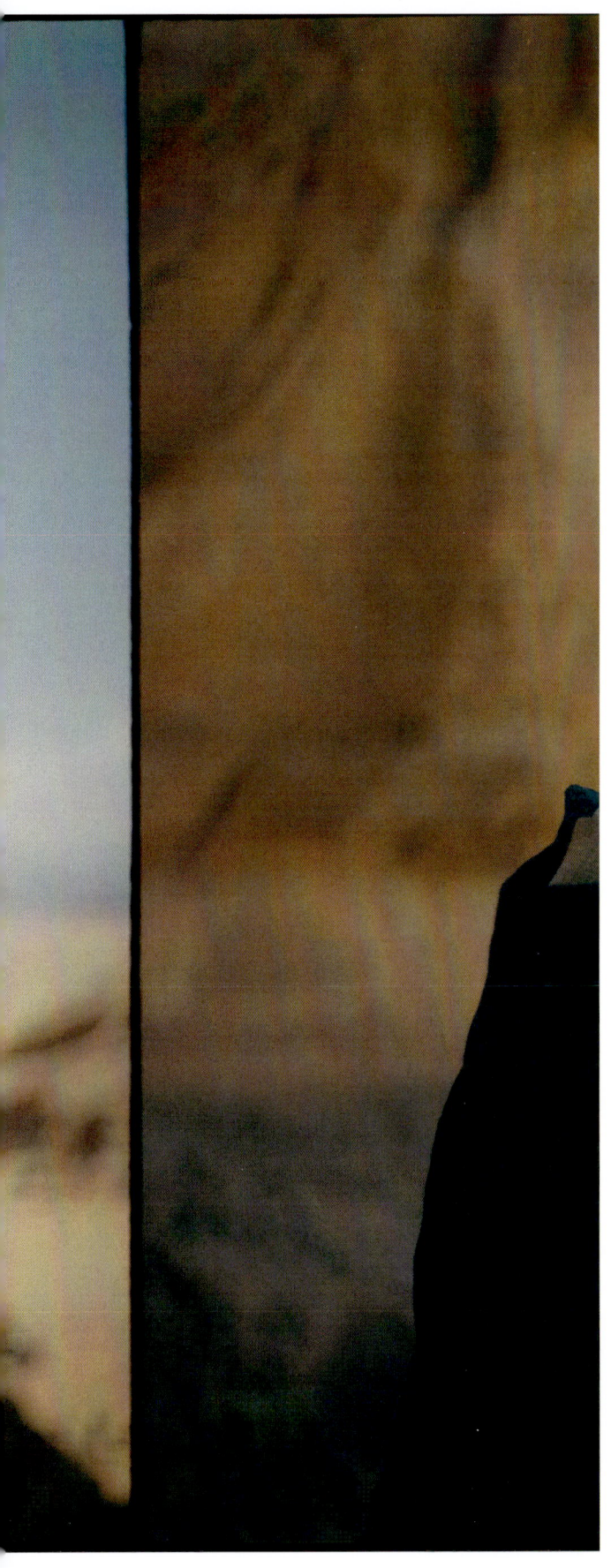

언젠가 동이 틀 것이다.
그때 재재거리던 새들은 처음 보는 벌레를 삼킬 것이다.
더 많이 얻겠다고 집에 온 벌레를.

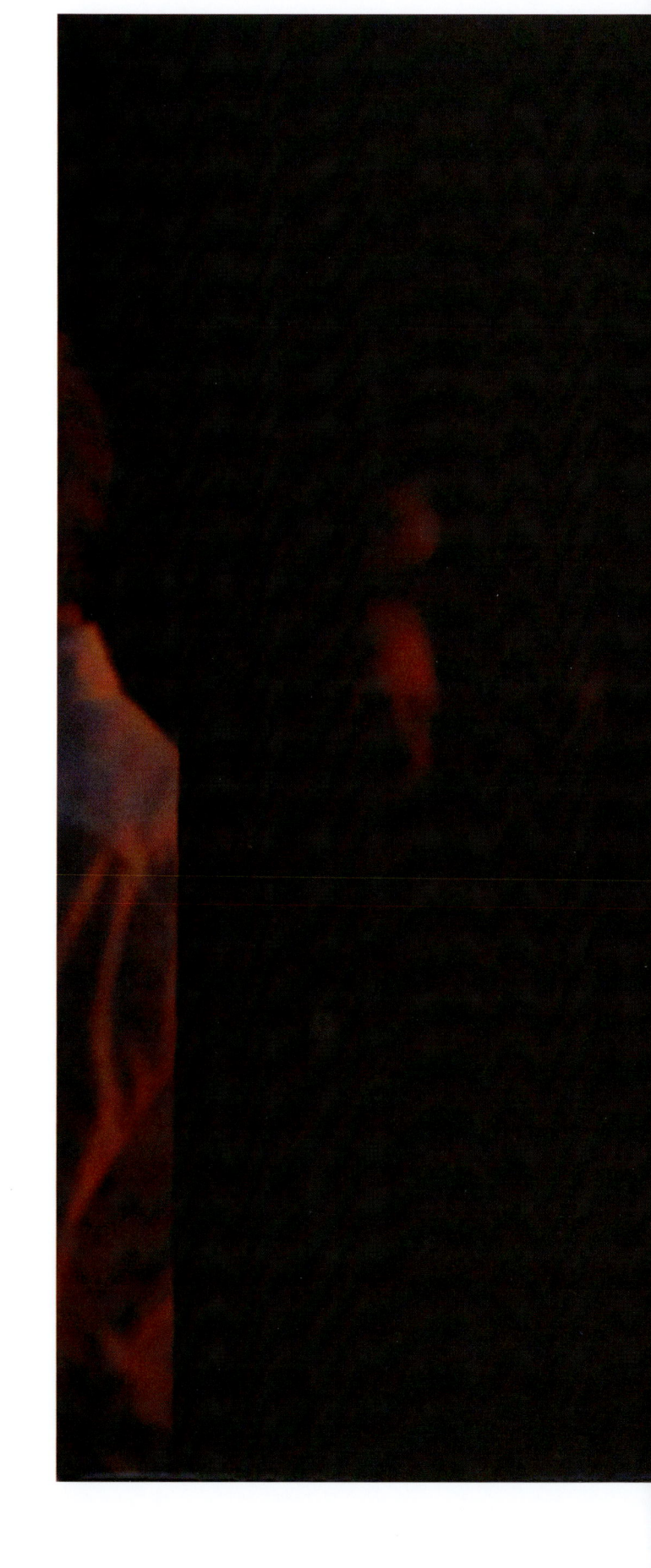

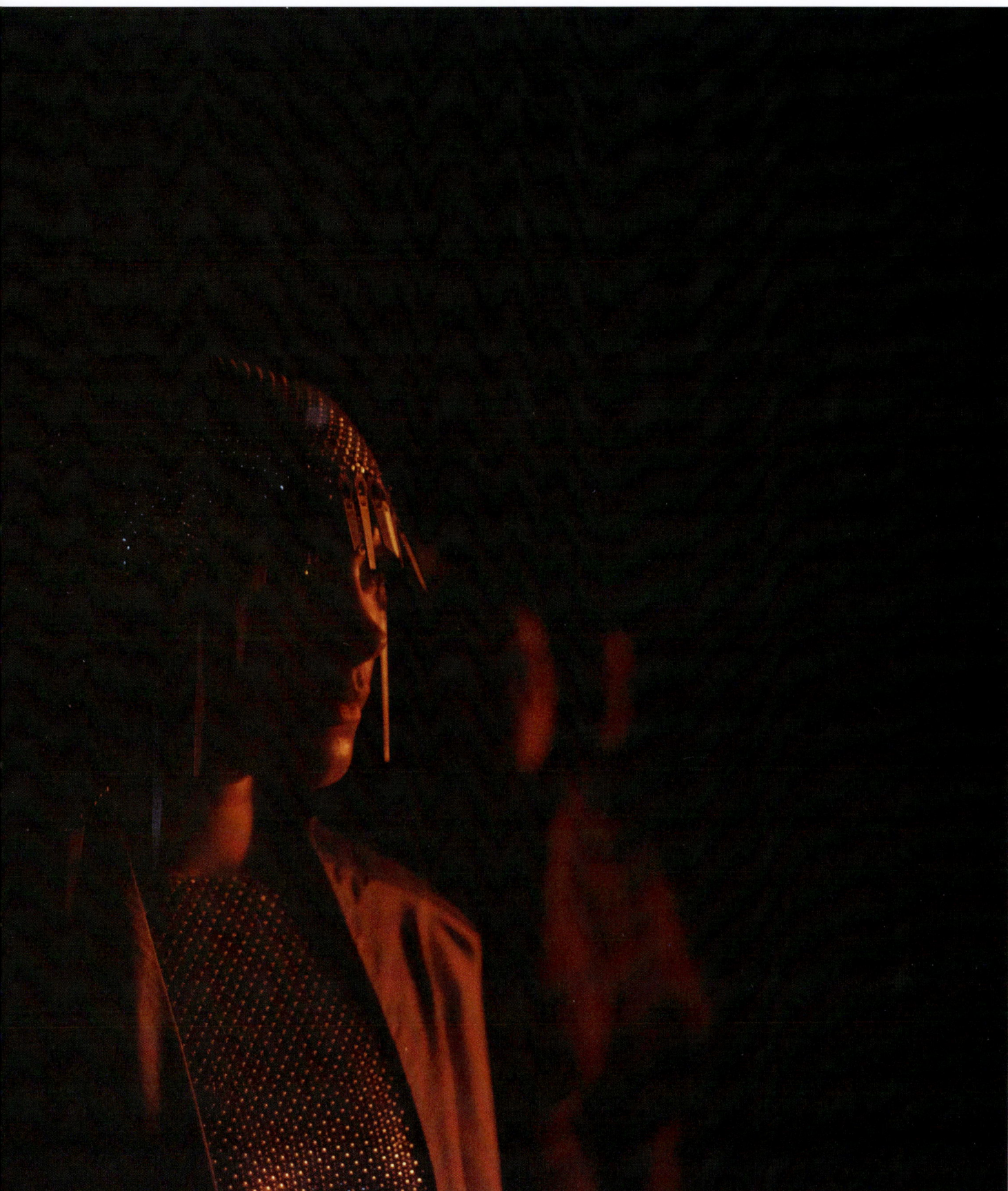

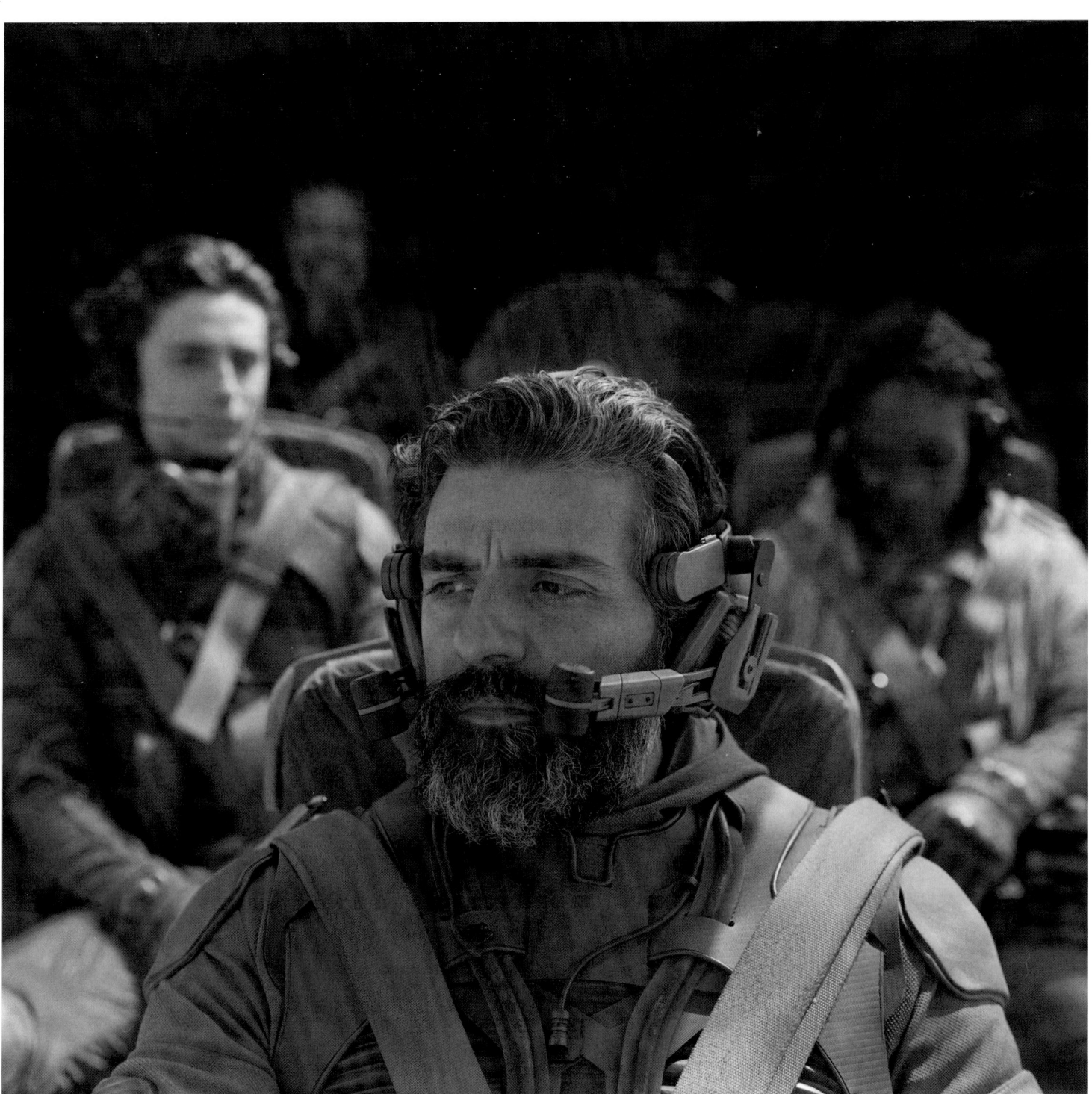

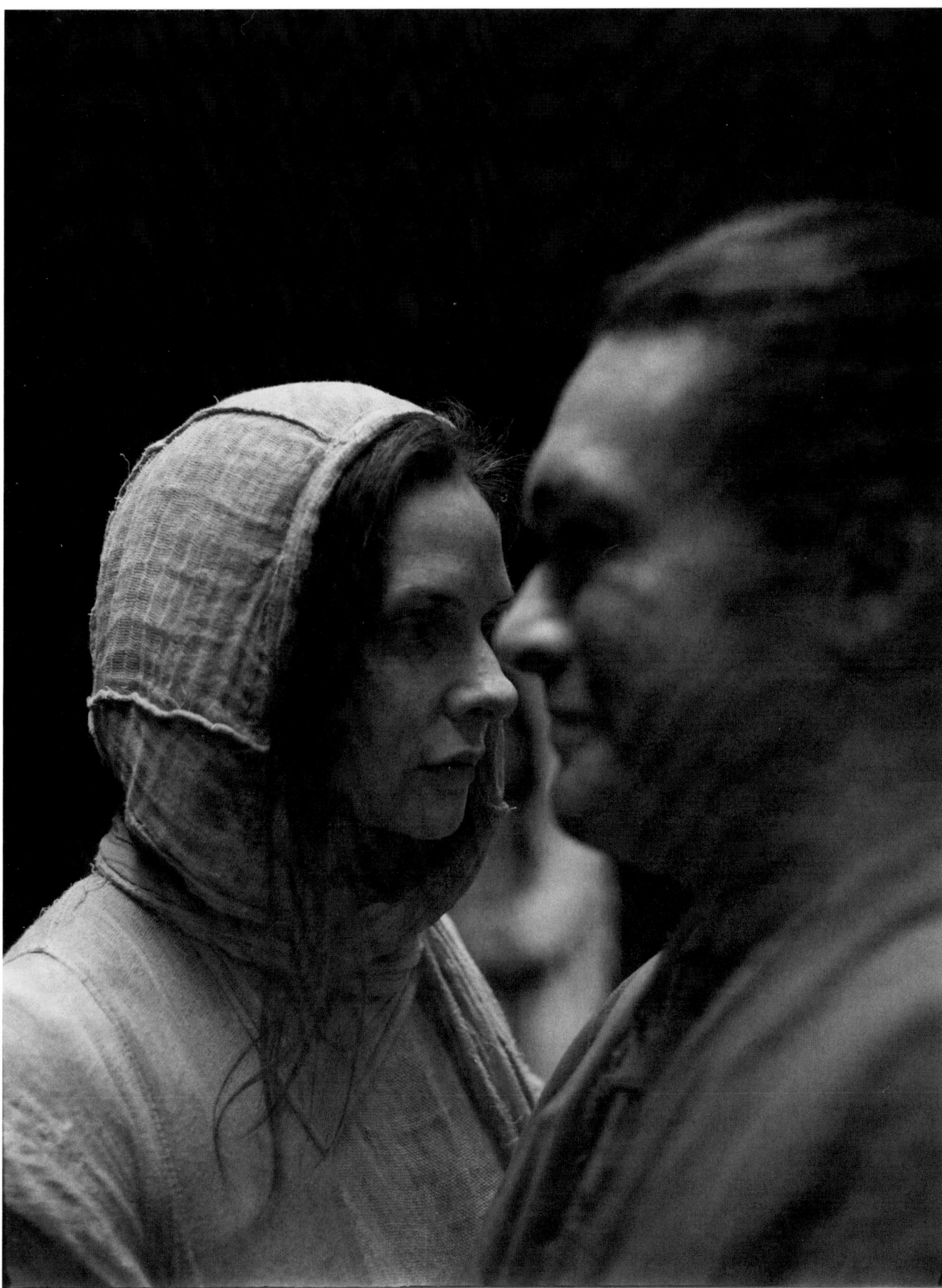

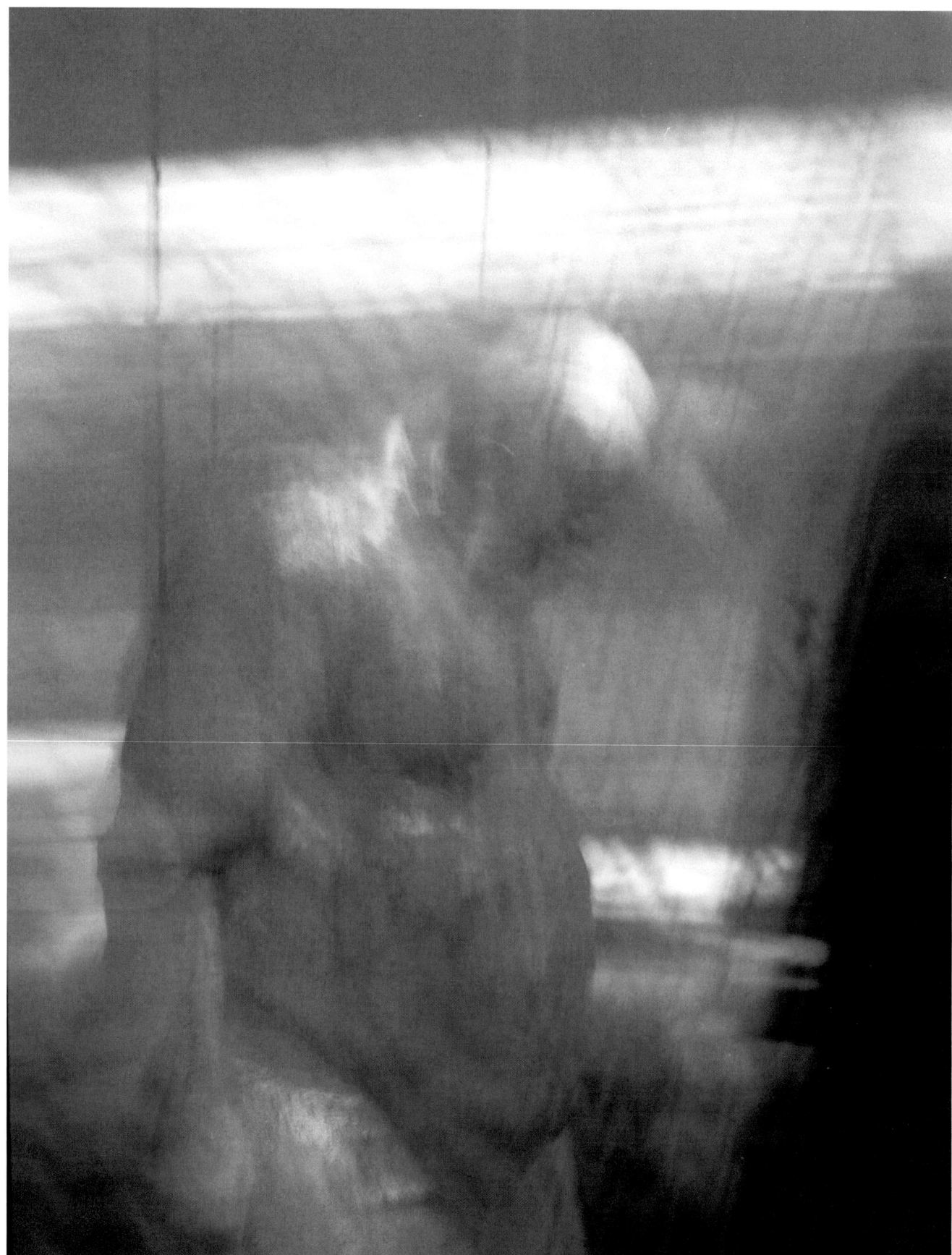

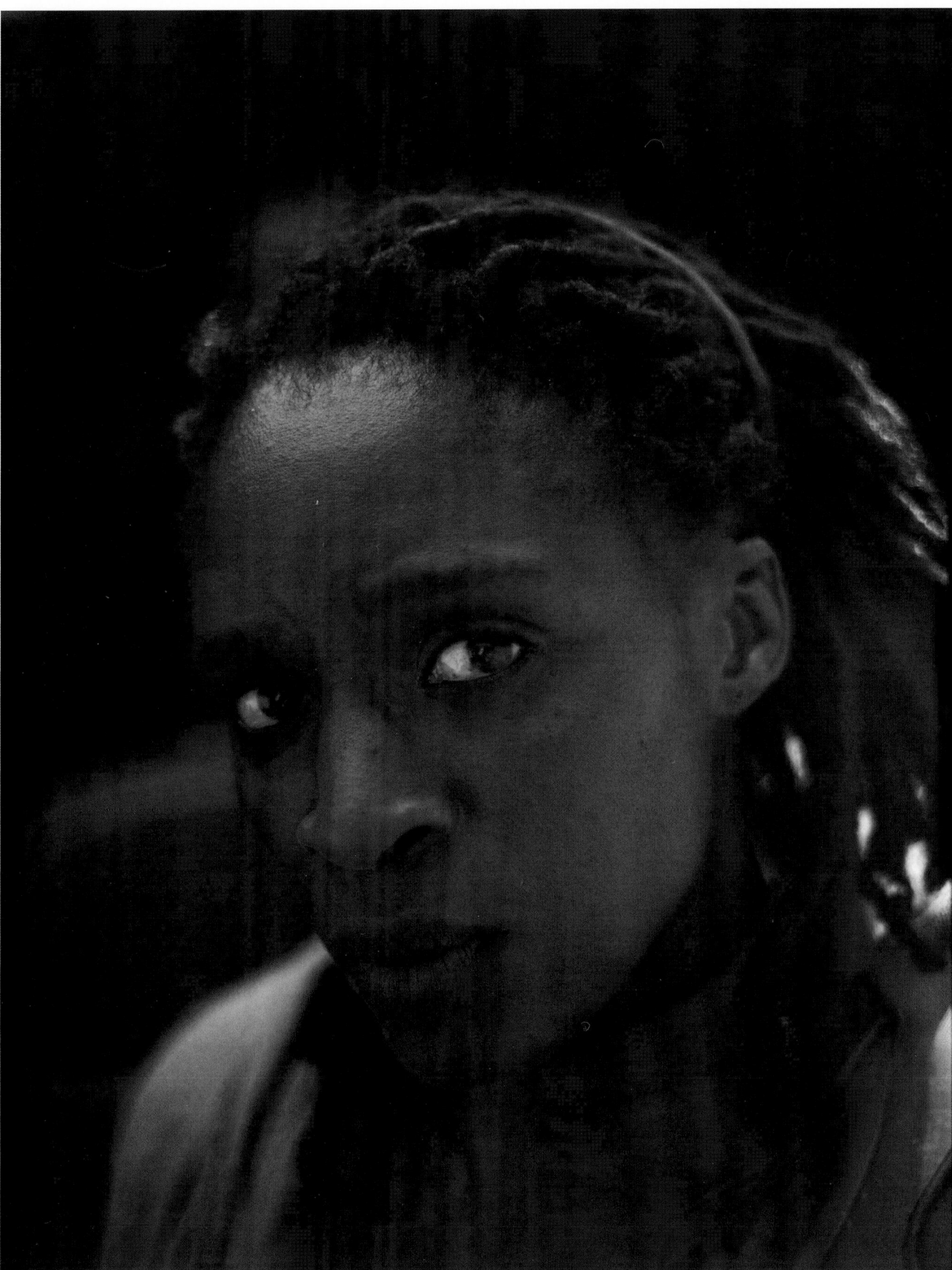

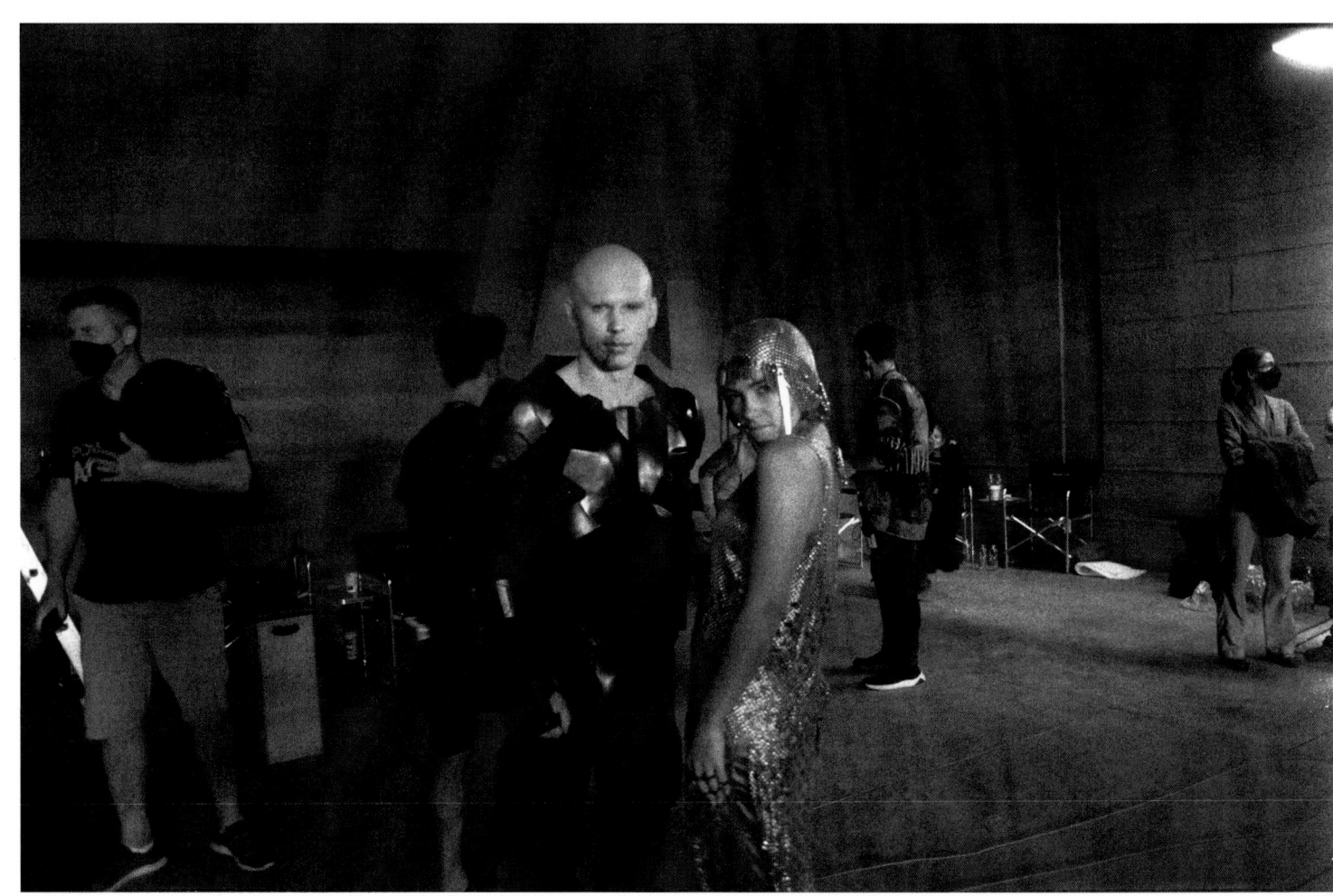

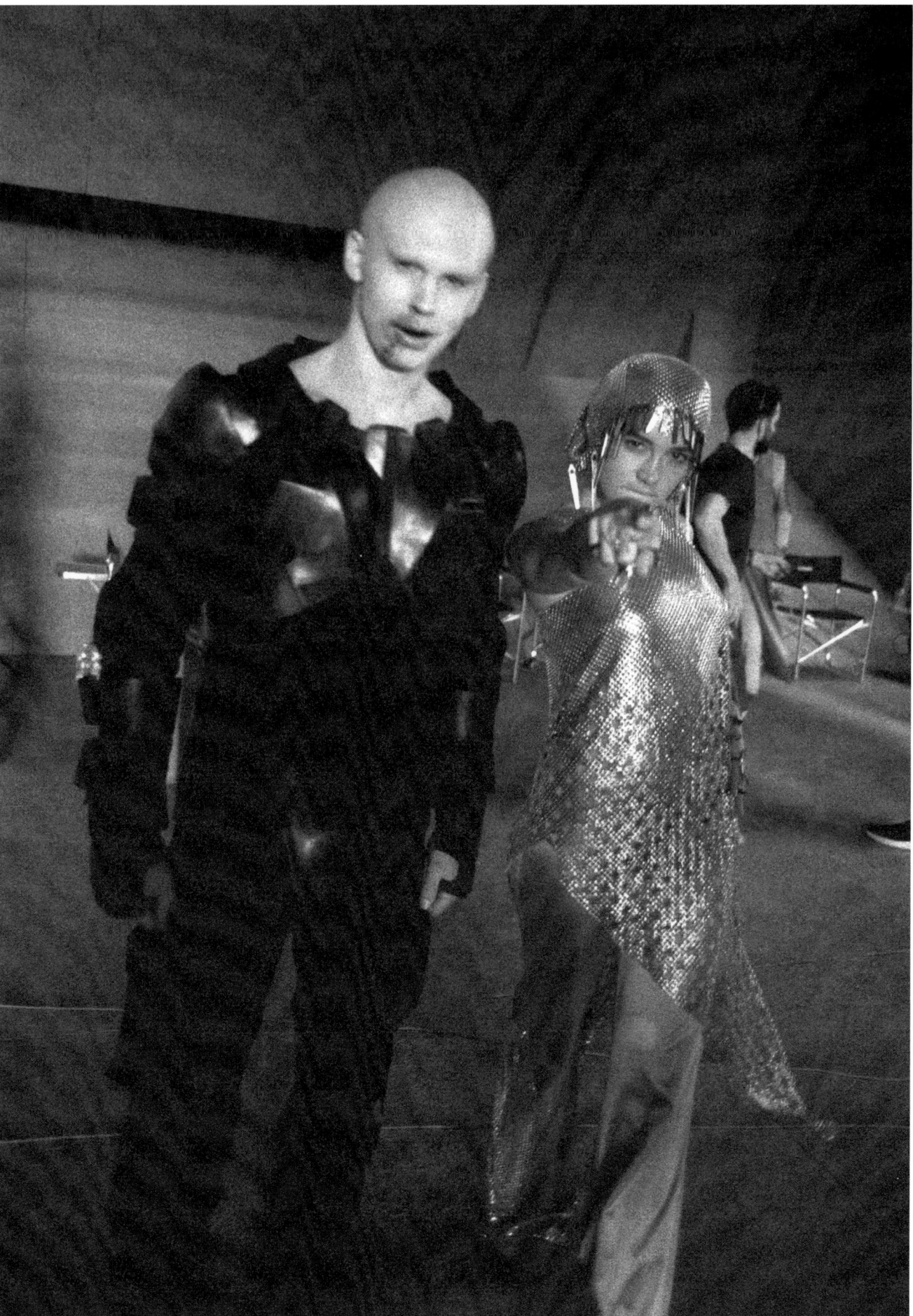

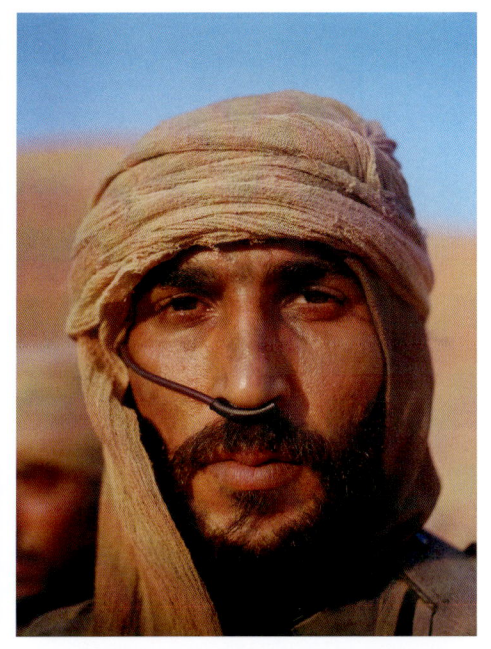 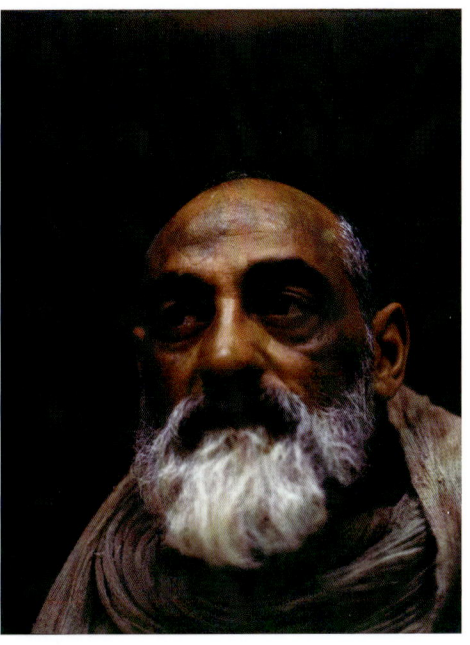 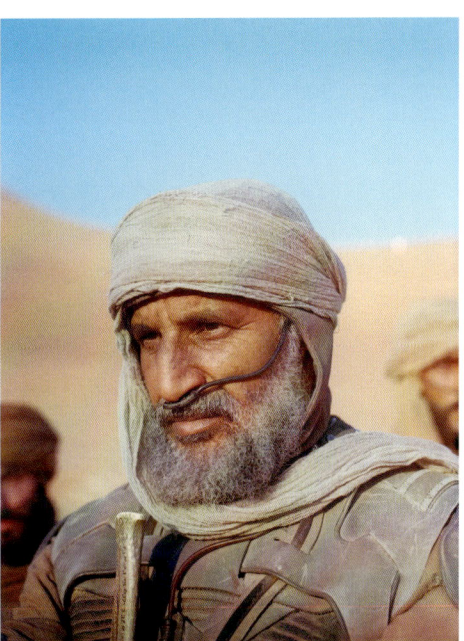
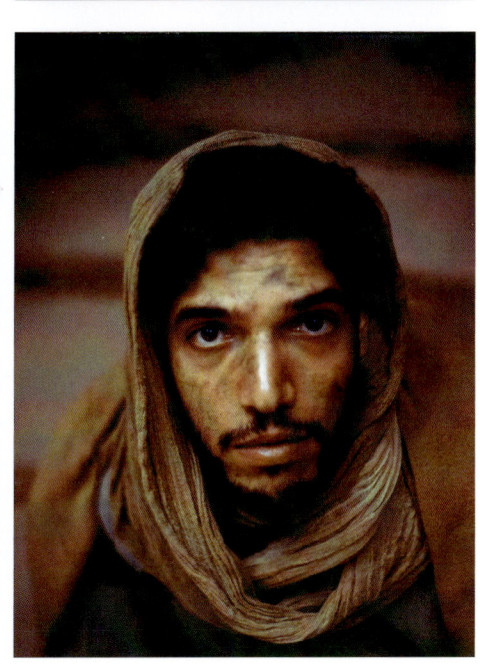 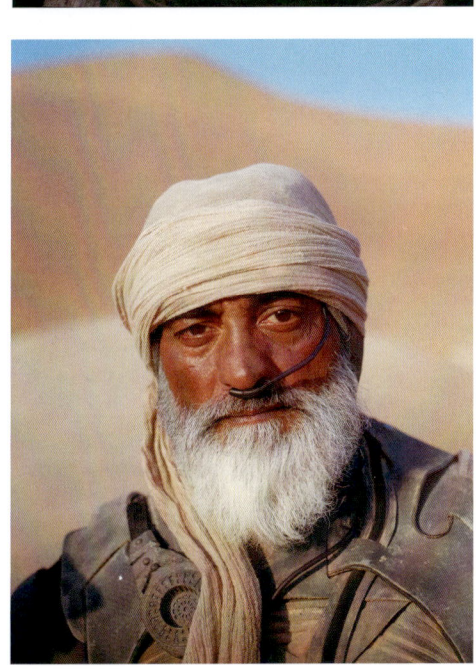 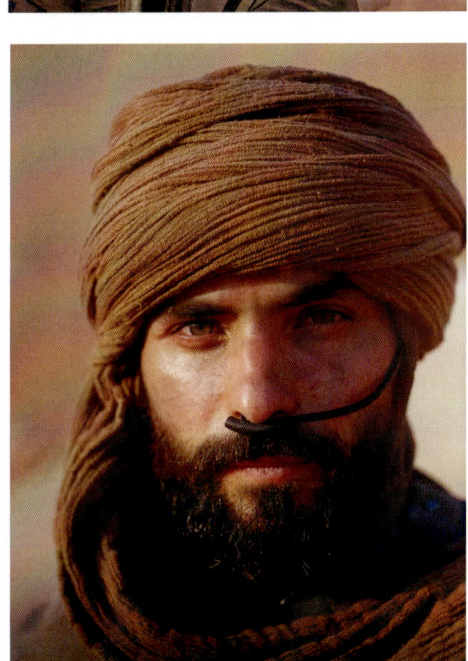

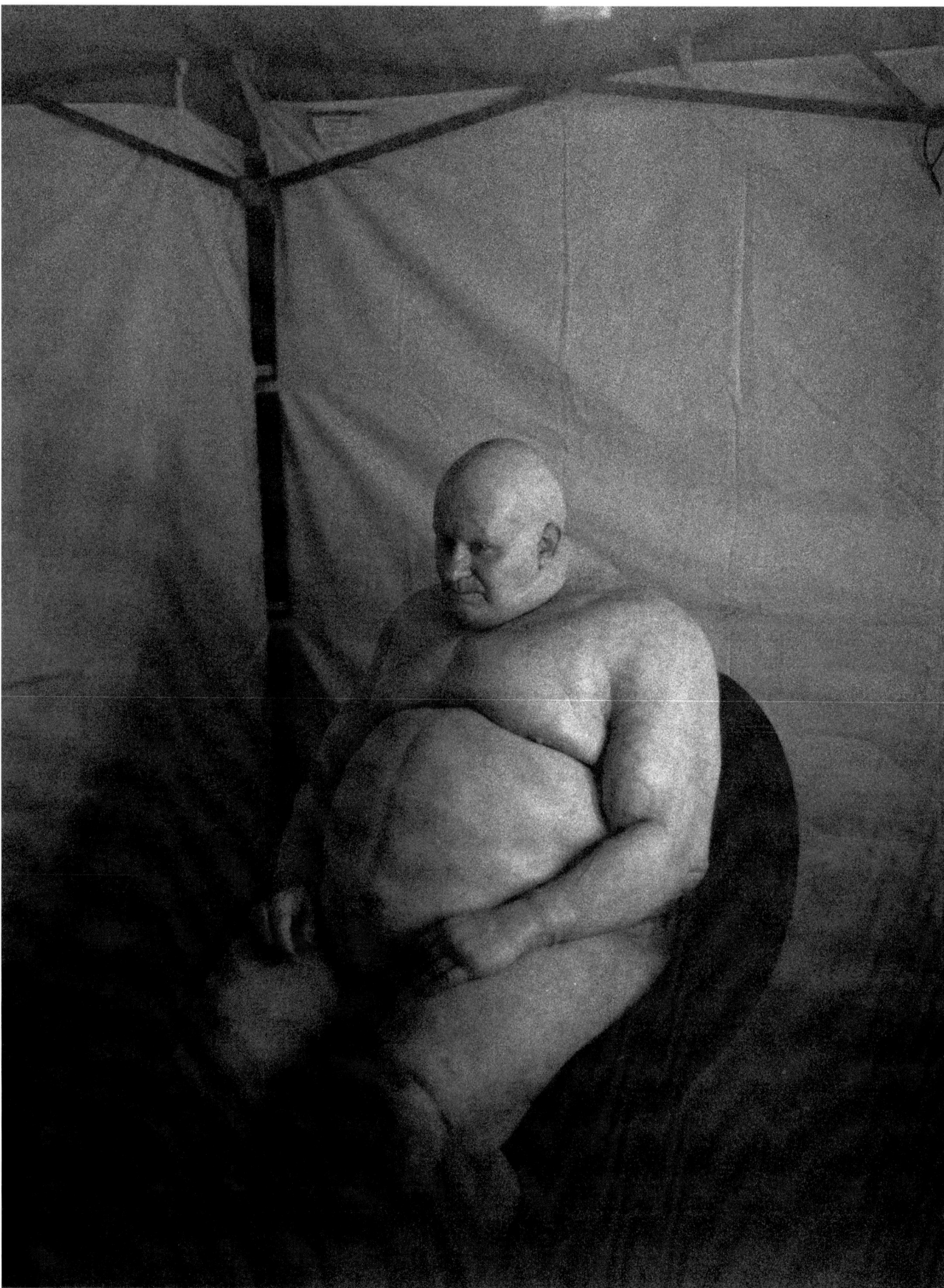

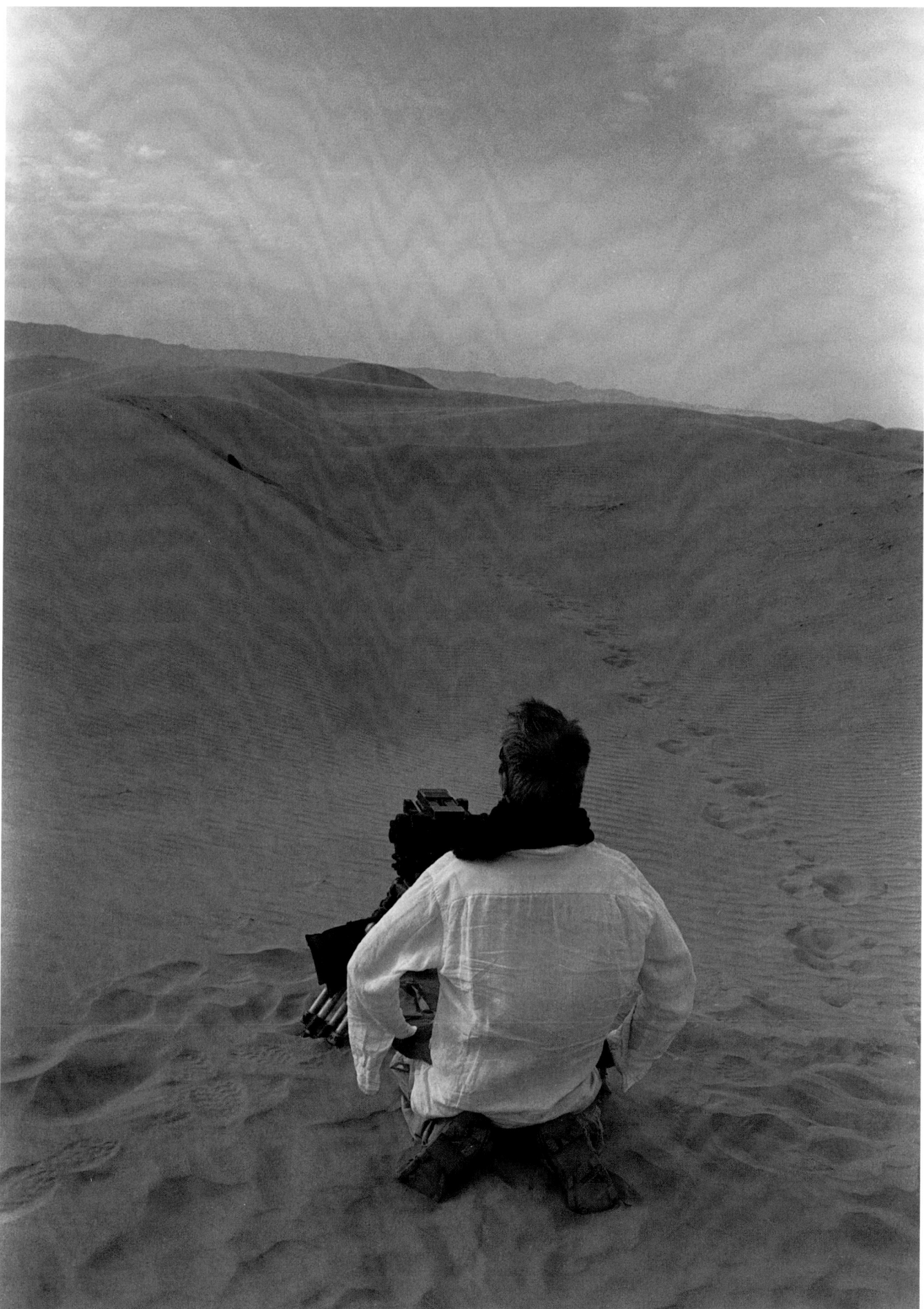

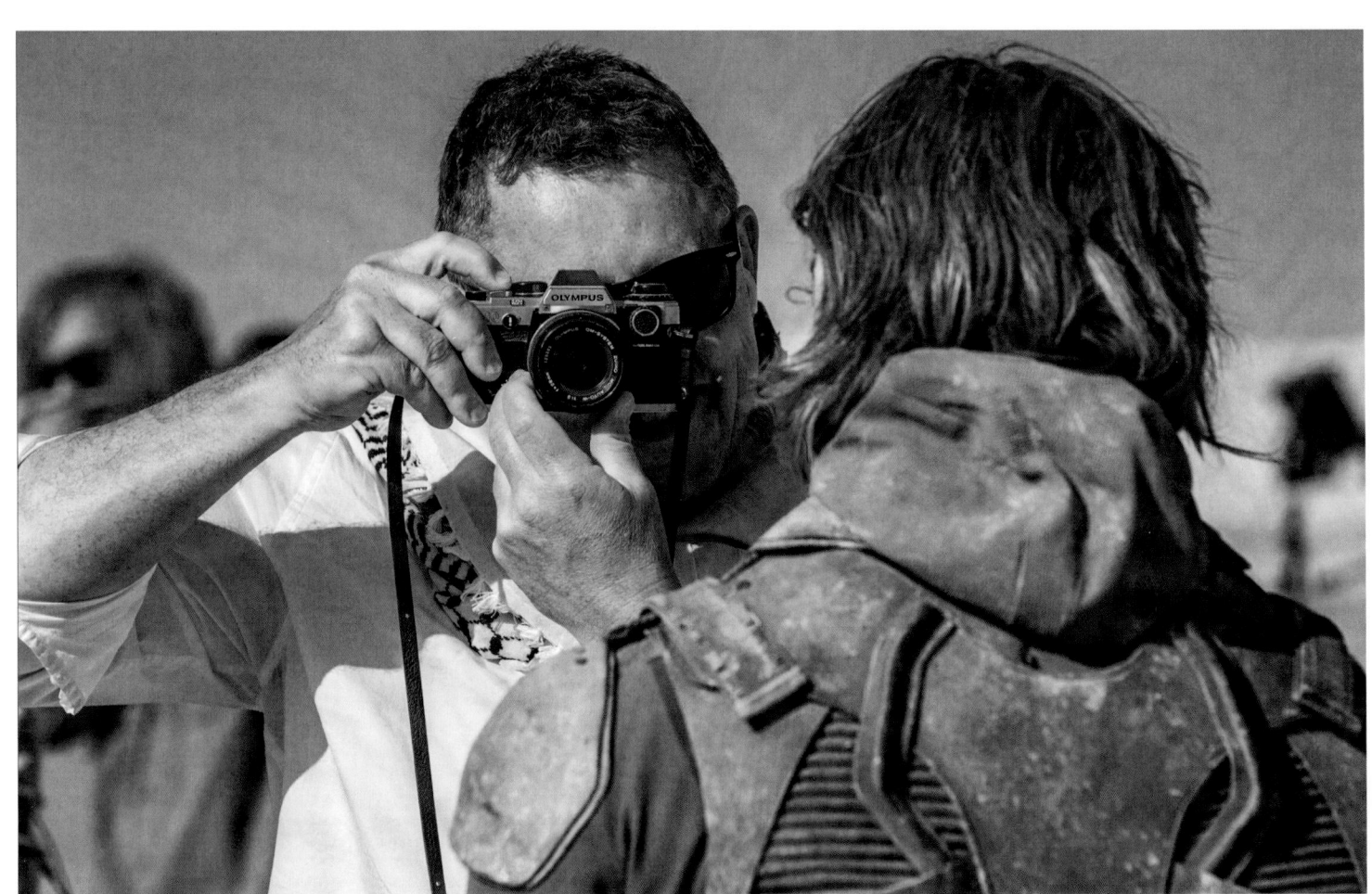

사진: 니코 타베르니스

그레이그 프레이저에 관해

위대한 사진작가 로버트 카파는 말했다. "사진이 만족스럽지 않다면 충분히 다가가지 않았다는 거다." 이것이 바로 우리 촬영 감독 그레이그 프레이저의 사고방식이다. 촬영 감독이기 때문에 생기는 이점들이 있었다. 프레이저는 가까이 다가갈 수 있었다. 우리의 하루가 어땠는지 물어보기도 하고, 가족들이 마을에 왔다며 이 지역에 가 볼 만한 좋은 식당이 있는지 물어보기도 했다. 우리를 교묘히 조종한 게 아니라 우리의 신뢰를 얻고 있었다는 뜻이다. "아, 잠깐, 거기 잠깐만 서 봐요!" 그러고는 사진을 찍는다. 모두가 너무나도 태연했다. 그레이그가 원래 하는 일의 일부처럼 느껴졌다. 노출계를 20센티미터 거리에서 얼굴을 향하게 들어 '찰칵' 하고 그 일을 다시 되풀이한다. 어느 날은 부다페스트 어딘가에서 열린 벼룩시장에서 산 카메라를 들고, 또 어느 날은 떠나기 전 베니스 해변의 판자 길에서 찾은 카메라를 들고 찍었다. 항상 필름 카메라였다. 빛이 필름과 만나 작용하는 방식 그리고 그 작용이 어떻게 얼굴을 변화시키는지 누구보다 잘 알고 있었다. 사진작가의 일이란 순간 포착에만 그치는 게 아니라 그 순간을 자신의 관점과 자신이 선택한 구성 요소 그리고 결국 그 찰나에 존재하는 빛의 세상을 자신의 취향으로 채우는 것이다. 사진작가의 일이 점점 개인적인 성격을 띠면서 작가가 창작 중인 이미지에 개성이 투영되기 시작한다. 빛은 작가와 대화를 시작하고 소재 위에 자신이 어떻게 내려앉길 바라는지 묻는다. 최고의 사진작가들은 다 안다. 다른 모든 요소와 마찬가지로 당신의 눈을 깨우고, 대화의 포문을 열어야 최종 결과물인 이미지가 죽은 채로 목소리도 없이 나오지 않게 하는 열쇠임.

이 모든 일을 그해 최대 예산이 투입된 영화를 촬영하는 동안 진행했다.

왜일까?

예술의 인격을 위해서였다. 예술을 한참 붙잡고 있다 보면 인격체가 되기 때문이다. 명상처럼 넘쳐 나는 어리석은 생각들로 마음이 산란하다는 걸 솔직히 인정할 수 있어야 하고, 또 그에 대해 솔직해야만 그런 생각들을 벗어던질 수 있다. 물론 그 생각들이 나중에 다시 주의를 흐트러뜨리려고 대기한다는 건 알지만.

하지만 당장은 수백만 톤의 모래밭 너머로 해가 떠오르고 모래 언덕 꼭대기에는 오로지 당신만이 감지하는, 말하지 않은 주제들과 느낌들, 유령들과 감정들이 왈칵 드러나고 있다. 당신은 분명 예술과 함께할 자격이 있고, 예술과의 하룻밤을 통해 은밀한 곳으로 들어가 새로운 예술의 탄생을 가능케 할 수 있어야 한다. 그래야 예술은 당신에게 하나의 존재를 선사한다. 그 이미지가 실재하는 한 당신의 객석이라는 마을에서 자라날 그 존재를.

그렇게 한 장의 사진이 완성된다.

마치 나비를 탄생시키는 번데기처럼.

이 사진들은 예술과의 그런 관계를 노래한다. 예술을 최우선으로 하고 그 가운데 소재를 예술적으로 드러낸 결과물이다. 빛과 함께, 어둠과 함께, 감정과 함께, 행동과 함께, 그림을 본 사람이 가장 크게 감명받은 말이나 문장과 함께 말이다. 드니 빌뇌브는 이 일을 끝까지 밀어붙였다. 예술을 끝까지 성취해야 이긴다는 걸 알았기 때문이다. 그때부터 미스터리가 집착이 되고 그 집착이 그릴 수 있는 어떤 것이 된다.

이 이미지들은 곁들어진 방랑하는 언어들을 통해 이야기하는 우리의 그림이자, 우리가 마담 아트와 함께 체류한 짧은 기간을 상상하는 데 도움을 줄 것이다.

조시 브롤린

조시 브롤린에 관해

〈듄〉1부 제작에 들어가기 전에 드니는 나에게 영화를 제작하는 여정을 비공식적으로 기록해 주면 어떻겠냐고 제안했다. 드니는 오랜 세월 나조차도 잊고 지내던 나의 사진작가 경력을 알고 있었다. 처음에는 주어질 책임의 무게에 살짝 짓눌려 조심스레 제안을 거절했다. 나는 이렇게 말했다. "영화가 더 잘 돼야 하니까요."

그래도 나는 이 과업에 대해 다시 생각하기 시작했고 촬영을 준비할 때 세트장에서 실제로 사진을 찍기 시작했다. 드니는 그 사진들을 개인 수집용으로만 쓸 거라고 장담했다. 이후 놀랍게도 어떤 패턴이 생겨나기 시작했다. 일련의 사진들은 영화 홍보에 도움이 되진 않아도 우리 세트장의 느낌과 분위기를 전달할 수 있을 것 같았다. 내 예상과 달리 세트장에서 스틸컷을 찍는 일은 연출 도중에 그리고 배우 회의 시간에 한눈을 팔지 않게 열중하도록 해 주는 환상적인 도구였다.

하지만 그렇다고 해도 이 이미지들이 존재할 이유는 없었다. 목표도, 목적도 없었다.

그러던 어느 날 헤어와 메이크업을 테스트하고 있는데 180센티미터에 86킬로그램의 존재 이유가 걸어 들어왔다.

조시와 나는 〈듄〉을 통해 서로를 처음 알게 되었고, 우리는 점차 글과 사진을 공유하기 시작했다. 글과 사진을 한데 모으니 새로운 생명력을 얻은 듯 보였다. 심지어 애초에 내가 영화 제작에 왜 그리 끌렸던 건지를 다시금 깨닫게 해 주었다. 사진과 글이 결합하면 각각의 부분을 전부 합친 것보다도 위대해질 수 있다는 걸 알았다.

브롤린은 글에서 뉘앙스에 대한 예리한 이해를 보여 주며 여러 겹의 의미와 감정이 깃든 문장들을 솜씨 좋게 만들어 냈다. 각 단어는 특정 감성을 떠올릴 수 있게 신중히 고른 것이었고, 독자가 기쁨에서 명상, 자기 성찰에 이르는 다양한 감정을 경험하게 해 준다. 브롤린은 숙고한 표현을 통해 마음속 이미지를 생생하게 그려내 자신이 창작하는 세상 속에 독자를 깊이 빠져들게 한다.

하지만 브롤린의 글에 독특한 힘을 부여하는 건 브롤린이 전하는 말뿐만이 아니라 전하지 않은 말들 때문이기도 하다. 브롤린은 간결성의 중요함을 잘 알아서 종종 더 적은 말로 더 많은 것을 말한다. 불필요한 디테일을 생략함으로써 독자가 스스로 결론을 내릴 수 있는 공간을 남겨 두고, 독자가 작품과 좀 더 개인적으로 연결될 수 있는 환경을 조성한다. 브롤린의 미니멀한 접근법은 독자가 상상의 나래를 펼치게 해 주고 연계된 이미지들과 더불어 글에 더 많은 힘을 부여한다.

우리가 작업 중이던 작품의 중요성 또한 모르지 않았다. 프랭크 허버트 소설에서 허버트의 말들은 장엄하고 복잡한 어떤 영역으로 우리를 인도한다. 허버트가 마술처럼 만들어 내는 이미지들은 정적인 장면에 불과한 것이 아니라 감각을 아우르며 살아 숨 쉬는 환경이다. 우리는 사막의 숨 막히는 열기를 느끼며 스파이스 가득한 공기를 맛보았고, 행성과 문명의 운명을 형성하며 떠다니는 모래들을 본다. 허버트의 글은 우리가 영화로 제작하고 있는 세계관의 근간이고 이 책에서 우리가 자신의 목소리를 찾을 수 있게 도와준 시발점이다.

시각적 스토리텔링 영역에서 말과 이미지의 힘은 부인할 수 없다. 적절한 말을 신중히 선택해 배치하면 이미지에 생명을 불어넣을 수 있고, 그 이미지는 시각적 경계를 뚫고 나와 감정과 개념, 서사를 비할 데 없는 깊이로 전달하게 한다. 이와 비슷하게 글에 적절한 이미지가 결합하면 한 단어만으로도 의미의 세계를 드러내고 여러 겹의 해석을 추가하여 관객의 마음에 수많은 감정을 불러일으킬 수 있다.

그레이그 프레이저

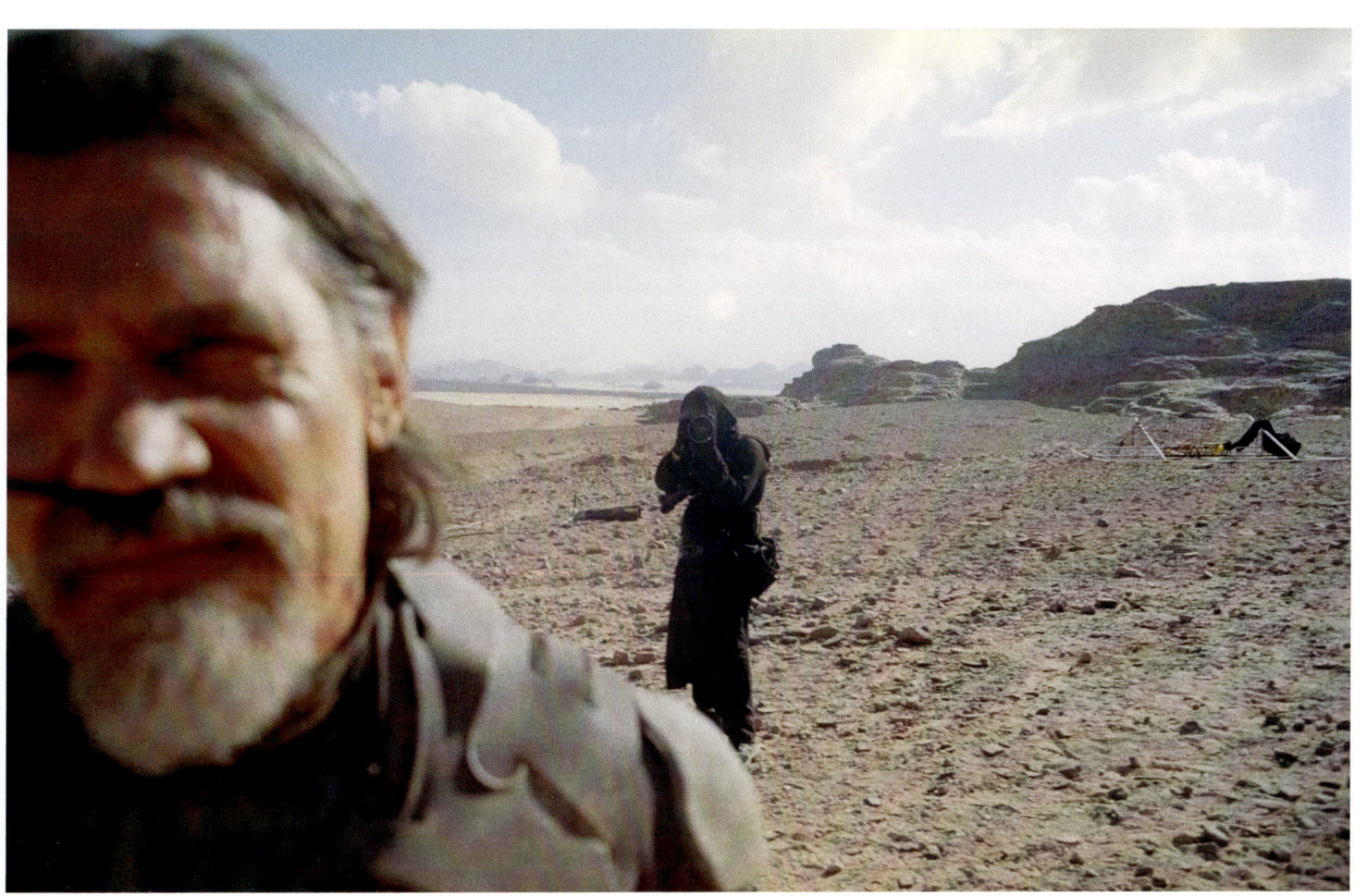

프랭크 허버트

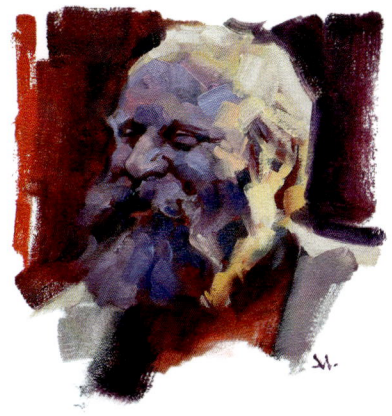

프랭크 허버트(1920~1986)는 공상 과학 소설 분야에서 역사상 가장 큰 사랑을 받은 소설 《듄》을 집필했다. 허버트는 머릿속에 복잡하게 뻗어 나가는 수많은 길이 나 있던 정신의 소유자이자 다양한 면모를 가진 인물이었다. 이 점은 허버트의 대표작에도 반영되었다. 장르를 불문하고 지금까지 쓰인 소설 중 가장 복잡하고 다층적인 소설 중 하나로 우뚝 선 고전적인 소설 《듄》은 오늘날 그 어느 때보다 큰 인기를 누리고 있다. 독자들의 추천과 입소문을 통해 여전히 끊임없이 독자들이 유입되는 이 책은 전 세계에서 40개국 이상의 언어로 번역되었고 수백만 부가 넘게 판매되었다.

어린 시절 워싱턴 주에서 자란 프랭크 허버트는 세상만사에 호기심을 가졌다. 보이스카우트 배낭에 책을 넣어 다녔고 언제나 책을 읽었다. 《로버 보이즈Rover Boys》의 모험 이야기를 좋아했고 H.G. 웰스와 쥘 베른을 좋아했으며 에드거 라이스 버로스의 공상 과학 소설을 좋아했다. 프랭크 허버트는 여덟 번째 생일날 가족과 아침을 먹다가 식탁 위에 올라가서 이렇게 선언했다. "나는 작가가 되고 싶어요." 호기심과 독립적인 정신은 자라는 동안 허버트를 여러 번 곤경에 빠뜨렸고 어른이 되고 나서도 같은 이유로 곤란한 상황에 처하고는 했다. 전공 필수 수업을 안 듣겠다며 거부하는 바람에 대학을 졸업 못했고 자신이 흥미 있는 것만 공부했다. 수년 동안 생계를 유지하느라 힘든 시기를 보냈고 이 일 저 일을 전전하며 떠돌아다녔다. 너무 독립적인 나머지 특정 시장을 위해 글 쓰기를 거부했고 쓰고 싶은 글만 썼다. 허버트가 《듄》을 집필하기 위한 조사를 하고 글을 쓰는 데는 5년이나 걸렸는데 그 모든 고난과 희생을 겪었음에도 23개 출판사에서 거절을 당했다. 드

디어 한 출판사에서 받아들여졌지만 허버트가 선금으로 받은 건 고작 7,500달러였다.

그 전까지는 37년 동안 부부로 지낸 아내 베벌리가 저임금 백화점 광고 카피라이터로 일하면서 생계를 유지했다. 프랭크 허버트는 첫 아내 플로라 파킨슨과 이혼하고 1946년에 워싱턴 대학교 문예 창작 수업에서 베벌리 스튜어트를 만났다. 당시 두 사람은 반에서 자신이 쓴 작품을 출판사에 팔아본 유일한 학생들이었다. 프랭크는 삼류 소설인 모험 이야기 2개를 잡지사에 팔았는데 각각 〈에스콰이어Esquire〉와 〈독 새비지Doc Savage〉에 실렸다. 베벌리는 〈모던 로맨스Modern Romance〉 잡지에 이야기 한 편을 팔았다. 이 장르들에는 두 젊은 연인의 관심이 반영되어 있었다. 프랭크는 모험가이자 강인한 야외 활동 애호가였고, 베벌리는 로맨틱하고 여성스럽고 말투가 부드러웠다는 점이다.

두 사람은 오랜 결혼 생활을 통해 아들을 둘 낳았는데, 1947년에 태어난 브라이언과 1951년에 태어난 브루스였다. 프랭크에게는 첫 번째 결혼에서 1942년에 태어난 페니라는 딸도 있었다. 프랭크와 베벌리는 20년이 넘게 어렵사리 먹고살며 어려운 시기도 많이 겪었다. 베벌리는 남편에게 창작의 자유를 주기 위해 자신이 작가가 되는 길을 포기하고 생활비를 해결하며 남편의 창작 활동을 지원했다. 프랭크는 자신이 쓰는 이야기의 모든 면을 아내와 상의했고, 아내는 그의 작품을 편집했으니 두 사람은 하나의 저술 팀이나 마찬가지였다. 브라이언은 두 사람의 비극적이지만 놀라운 러브스토리를 《듄의 몽상가Dreamer of Dune》에서 사무치게 묘사했다. 베벌리가 사망한 뒤 프랭크는 테리사 섀컬퍼드와 재혼했다.

프랭크 허버트는 총 30권에 달하는 대중 소설과 단편 모음집을 썼는데, 듄의 우주에서 시작된 6권의 책 《듄》, 《듄의 메시아》, 《듄의 아이들》, 《듄의 신황제》, 《듄의 이단자들》, 《듄의 신전》이 포함된다. 이 책은 전부 세계적인 베스트셀러가 됐다. 《화이트 플래이그》와 《도사디 실험The Dosadi Experiment》을 포함하여 다수의 다른 공상 과학 소설도 마찬가지였다.

프랭크 허버트의 완전한 전기는 브라이언 허버트의 《듄의 몽상가》에서 만날 수 있다.

감사의 말

그레이그 프레이저Greig Fraser

이 책은 (그리고 전반적인 내 삶은) 내 아내 조디와 아이들 펠릭스, 레오, 포피가 없었다면 분명 불가능했을 거다. 지속적으로 지원해 주고 영감을 준 타냐 라푸앵트와 드니 빌뇌브 감독에게 감사의 인사를 전한다. 미 앤드 더 부트메이커의 헨리와 마니자에게는 지금까지 경험한 모든 것에 대해 감사한다. 〈듄〉에서 함께 일한 촬영 팀에게는 사진과 영화 예술 어느 한쪽의 리듬도 잃지 않고 균형을 맞추는 일을 가능하게 해 준 것에 대해 감사한다. 내 카메라맨 조수 제이크 마르쿠슨과 〈듄〉과 〈듄:파트 2〉에서의 내 어시스트로 일한 닉 터너와 터마시 팝스에게도 감사하다. 엉뚱한 현장 아이디어를 지지해 준 인사이트와 레전더리 팀에게도 감사하다. 또한 당연히 조시 브롤린에게도 감사하다. 그의 글들은 단지 사진보다 훨씬 많은 것에 영감을 불어넣어 주었다.

조시 브롤린Josh Brolin

다른 누구보다 먼저 이야기꾼인 우리의 여정이 어떤 미로를 통과하는지 실제 그대로 숨김없이 보여 주는 사진들과 부조리한 특성을 가진 사진들을 창조한 그레이그 프레이저에게 감사의 말을 전하고 싶다. 프랭크 허버트의 《듄》을 통해 우리는 노래하는 세상을 함께 발견했고, 그 안에서 헨리 홉슨 그리고 타냐 라푸앵트 두 사람은 드니 빌뇌브가 키를 잡고 꿈을 현실로 만들어 내는 오페라의 아리아를 완성했다. 또한 재능이 있음에도 늘 현실에 기반을 두고 진정한 자신을 잃지 않는다는 게 무엇인지 알게 해 준 모든 배우에게 감사하고 싶다. 현실 감각을 유지하며 쉴 새 없이 열심히 일하고, 이 세상의 기준으로는 헤아릴 수 없을 정도로 재능이 있는 크루들에게도 감사하고 싶다. 그리고 모든 걸 새로이 볼 수 있게 해 주고 늘 감사하는 마음을 갖도록 나를 끝없이 고쳐시키는 내 가족에게도 감사하고 싶다. 〈듄〉은 지금 여기에 있다.

프랭크 허버트와 허버트 자산 유한회사Herbert Properties, LLC에 감사드린다.

채효정

경기대학교 영어 영문학과를 졸업하였으며 현재 번역에이전시 엔터스코리아에서 전문 번역가로 활동 중이다.
주요 역서로는 《시크릿 맨: 워터게이트 사전의 딥스로트 이야기》, 《인플루엔자 D와 빅 블랙 큐브》, 《수줍어서 더 멋진 너에게》, 《숙제 파업》, 《책가방 속 미니백과》, 《우리아이 첫 백과사전》, 《엽기 과학자 프래니》, 《실패 예찬》, 《나날들(출간 예정)》, 《차이니즈 테이블에서(출간 예정)》 등이 있다.

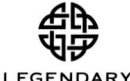 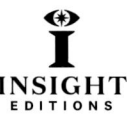

Published by arrangement with Insight Editions, LP, 2505 Kerner Blvd, San Rafael, CA 94901, USA, www.insighteditions.com
TM & © 2023 Legendary. All rights reserved.
Korean translation rights © 2024 Charmdol
Korean translation rights are arranged with Insight Editions through AMO Agency Korea.

듄: 익스포저

1판 1쇄 발행   2024년 11월 15일

지은이   그레이그 프레이저Greig Fraser, 조시 브롤린Josh Brolin
서문   브라이언 허버트Brian Herbert
옮긴이   채효정
펴낸이   하진석
펴낸곳   ART NOUVEAU
주소   서울시 마포구 독막로3길 51
전화   02-518-3919
팩스   0505-318-3919
이메일   book@charmdol.com
신고번호   제2016-000164호
신고일자   2016년 6월 7일
ISBN   979-11-91212-47-1 03680